高等职业教育物业管理专业规划教材

GAODENG ZHIYE JIAOYU

WUYE GUANLI ZHUANYE GUIHUA JIAOCAI

物业服务费用管理与财务基础

WUYE FUWU FEIYONG GUANLI YU CAIWU JICHU

主编/屈昌辉　　副主编/朱红英　张帮凤　　主审/曾祥荣

重庆大学出版社

内容提要

本书是高等职业教育物业管理专业规划教材之一,全书以物业收费员岗位能力为基点,以物业服务费用管理工作流程为主线,将物业服务费用管理相关的基本理论和基本知识有机地融合,突出了对学生实际工作能力的培养。

本书可作为高等职业学校物业管理、房地产经营与估价、楼宇智能化等专业的教学用书、继续教育的自学用书,也可供从事物业管理的工作人员和科研人员参考。

图书在版编目(CIP)数据

物业服务费用管理与财务基础/屈昌辉主编.—重庆:重庆大学出版社,2012.10(2022.7 重印)

高等职业教育物业管理专业规划教材

ISBN 978-7-5624-6987-2

Ⅰ.①物… Ⅱ.①屈… Ⅲ.①物业管理—财务管理—高等职业教育—教材 Ⅳ.①F293.33

中国版本图书馆 CIP 数据核字(2012)第 220580 号

高等职业教育物业管理专业规划教材

物业服务费用管理与财务基础

主　编　屈昌辉
副主编　朱红英　张帮凤
主　审　曾祥荣
策划编辑:林青山

责任编辑:王　婷　钟祖才　　版式设计:黄俊棚
责任校对:邹　忌　　　　　责任印制:赵　晟

*

重庆大学出版社出版发行
出版人:饶帮华
社址:重庆市沙坪坝区大学城西路 21 号
邮编:401331
电话:(023) 88617190　88617185(中小学)
传真:(023) 88617186　88617166
网址:http://www.cqup.com.cn
邮箱:fxk@ cqup.com.cn (营销中心)
全国新华书店经销
重庆巍承印务有限公司印刷

*

开本:787mm×1092mm　1/16　印张:18.75　字数:367 千
2012 年 10 月第 1 版　　2022 年 7 月第 3 次印刷
印数:3 001—3 500
ISBN 978-7-5624-6987-2　定价:45.00 元

前　言

　　我国高等职业教育正在进行一场变革,以典型工作任务为导向,基于工作过程的课程研究与开发在高职院校广泛开展。物业服务费用管理与财务基础作为物业管理专业的一门专业课程,不仅是一门专业理论课,而且具有很强的实践性。

　　我们打破了传统教材的编写模式,在教学研究和工作调研的基础上,以物业收费员岗位能力为基点,以物业服务费用管理工作流程为主线,以物业服务公司的典型工作任务为基础,设计了 7 个学习模块。每个模块中设计了若干学习项目,其中的任务情景尽可能真实地再现了物业服务工作过程,并且将物业服务费用管理相关的基本理论和基本知识有机地融合,采用了"教、学、做"合一的教学模式,突出了对学生实际工作能力的培养,使学生在学习的过程中,逐步进入工作角色,对物业服务费用管理工作有一个完整的认识和体验,从而锻炼和提高了学生在物业服务费用管理工作中分析问题和解决问题的综合职业能力。

　　我们根据物业管理专业的教学要求,结合高等职业教育的特点,以理论够用为度,注重能力培养;并力求反映我国物业服务费用管理发展变化的新特点、新理论和新方法;力争实现科学性与系统性的统一,知识性与实用性的统一。本书内容充实、体例新颖,不仅模拟工作情景教学,而且提供了知识训练和能力训练,既方便教师教学,又便于学生自学。

　　物业服务行业是快速发展的行业,要编出一部指导物业收费员岗位实践的教材是很困难的。虽然我们已经做了许多努力,力求使教材尽善尽美,但由于编者的学识水平所限,加之编写时间仓促,书中会有不少缺点和错误,恳请读者批评指正。

　　本书由重庆城市管理职业学院屈昌辉担任主编,重庆房地产职业学院朱红英、重庆商务职业学院张帮凤共同担任副主编,重庆深国贸物业管理有限公司曾祥荣担任主审。屈昌辉编写模块一,并负责对全书的初稿进行修改和总纂,朱红英编写模块二,张帮凤和屈昌辉编写模块四,重庆谛威造价咨询有限公司蒋志和编写模块三,重庆城市管理职业学院杨琼宇编写模块五,重庆城市管理职业学院刘婷编写模块六,重庆城市管理职业学院黄倩编写模块七。

　　同时,本书在编写过程中得到了重庆大学出版社的大力支持,在此一并表示衷心的感谢。

编　者

2012 年 5 月

目 录

模块一　物业服务费用认知

教学目标：

能力要素	实作标准	知识要求
物业服务费用的认知	对物业服务做出正确的认识和分析； 按照物业服务质量标准要求进行物业服务	物业与物业服务的概念； 物业服务质量标准； 物业服务的内容； 物业服务费用的概念； 物业服务费用与服务成本的区别
物业收费员的素质要求与沟通能力	能够掌握物业收费的素质要求和岗位职责	物业收费员的素质要求； 物业收费岗位职责

教学内容：

项目一　物业服务费用的认知

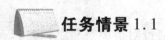 **任务情景** 1.1

物业服务费用是否要保密

张医生在某高层住宅买了一套房屋,花去半生积蓄。谁知入住后,张医生发现买房费用只是一个开始,还要交维修基金、管理费押金、装修保证金等。这些都交齐后,本以为可以安心居住了,谁知物业公司又发通知要缴纳这个费、那个费。张医生非常疑惑,到物业公司去询问费用的去向,要求物业服务公司提供财务支出账目。物业服务公司财务人员回答:"财务支出是商业秘密,只可以向业主委员会公开,不是每位业主都可以了解的。"张医生非常气愤,先是向物业公司投诉该财务人员,又到政府主管部门投诉物业公司乱收费,还发动邻居拒交物业服务费。

工作任务：

(1)请回答物业服务费用是什么？

(2)该企业财务人员的回答是否正确？

(3)物业服务费用是否应该公开？应怎样公开？

知识讲解

1. 什么是物业

物业的英文为 Real Estate 或 Real Property。"Real"意为"不动产的"，"Estate"意为"不动产、地产、产业"，"Property"意为"财产、所有物、所有权"，表面看意思都是指不动产或房地产，但物业和房地产、不动产是不同的：房地产是不动产的通俗或狭义解释。不动产范围大，多为宏观用词，是生产、流通、消费中的房地产产品；物业是指进入具体消费领域的房地产最终产品，是指某个具体的群体建筑物或单体建筑物。在中国广东、香港等地区，物业主要是指单元性房地产。本书采用中国建设部文献资料，即物业是指已建成并投入使用的各类房屋及与之相配套的设备、设施和场地。

一个完整的物业包括 4 个部分：建筑物、设备、设施、场地。

完整地把握物业的概念，需注意两点：

①物业的主体是建筑物，辅助部分是配套的设备、设施与场地等。如果没有建筑物，而是单独的设备、设施或是单独的场地（如空地），就不能称其为物业。

②物业管理中的物业（适用于住宅小区）主要是物业的共同部分：共同部位、共用设施设备、物业规划红线内的市政设施和附属建筑及附属配套服务设施。

业主自用物业建筑物部分和自用设备通常不是物业管理的范畴。

2. 物业服务的概念及内容

(1)物业服务的概念

物业服务，是指物业服务企业按照物业服务合同约定，通过对房屋及与之相配套的设备、设施和相关场地进行专业化维修、养护、管理，以及维护相关区域内环境卫生和公共秩序，为业主提供服务的活动。对物业服务含义的理解如下：

①物业服务企业接受业主委托提供有偿服务。

②对房屋及配套设备、设施和相关场地的维护管理是物业服务的基本内容。

③为业主提供服务有一定的外延性。

(2)物业服务的内容

物业服务的基本内容包括常规性的公共服务、针对性的专项服务和委托性的特约服务三大类。

①常规性的公共服务。公共管理服务是物业内所有业主和非业主使用人每天都能享受到的普惠性服务。

常规性的公共服务主要包括以下内容：

a.房屋建筑物的基本管理。这是为保持房屋完好率，确保房屋使用功能而进行的管理服务工作。包括：房屋使用的管理；建筑物的维修管理；建筑物的装修管理。

b.房屋设备、设施的基本管理。这是为保持房屋及其配套设备、设施的的完好及正常使用而提供的管理服务。包括：各类设备、设施基本情况的掌握；各类设备、设施的管理。

c.安全防范和消防管理。这是为维护物业正常的生活、工作秩序而提供的一项专门性管理服务。包括：安全监督控制以及突发事件的预防和处理；消防管理。

d.环境卫生和绿化管理。这是为了净化、美化物业环境而提供的管理服务。包括：清洁卫生管理；绿化管理。

e.车辆停放秩序和道路、场地的管理。这也是为维护物业正常的生活、工作秩序而提供的管理服务。包括：车辆和专用道路、场地的使用管理；交通秩序维护。

f.物业维修费用和维修基金的账务管理。这是指物业服务企业接受业主委托，代管物业共用部位、共用设施、设备专项维修基金；根据委托人的决定，做好维修基金的筹措和使用计划；对发生的维修费用进行分摊和收费等账目管理。

g.物业档案资料的管理。这是指建设单位和物业服务企业在办理物业承接验收手续时，应当向物业服务企业移交的资料，建立完整的业主和非业主使用人的资料。

h.公众代办性质的服务。这是为业主和使用人提供代收代缴水电费、煤气费、有线电视费、电话费等公共事业性费用的服务工作。

②针对性的专项服务。针对性的专项服务是满足其中一部分人和单位的一定需要而提供的各项服务工作。

a.专项服务的特点有：物业服务企业事先设立服务项目；公布服务内容和质量、收费标准；业主和非业主使用人可自行选择。

b.专项服务的内容包括：

● 日常生活服务类：为住户收洗衣物，代购日常用品，清扫卫生，代购代订车船票、飞机票，接送小孩上学、入托，接送病人看病，代住广保管自行车与机动车及车辆的保养、清洗与维修等。

● 商业服务类：指物业服务企业为开展多种经营而提供的各种商业经营服务项目。如开办小型商场、饮食店、美发厅、修理店等，安装、维护和修理各种家用电器和生活用品等。

● 文化、教育、卫生、体育活动服务类：指各类相关设施的建立与管理，以及各种活动的开展。如开办图书室、录像室、托儿所、幼儿园等，设立卫生站，提供家庭病房服务，开办各种健身场所，举办小型体育活动和比赛等。

● 金融服务类：代办各种财产保险、人寿保险等业务等。

● 各类中介服务:指物业服务企业拓展的经纪、代理与中介服务工作,如请家教、请保姆、房屋置换等。

③委托性的特约服务。委托性的特约服务是指为满足业主及使用人的个别需要受其委托而提供的服务,其实际上是专项服务的补充和完善。

a.委托性的特约服务特点有:通常指在物业服务委托合同中未要求;物业服务企业在专项服务中也未设立;而物业业主和非业主、使用人又需要。

b.委托性的特约服务常见项目有:代订、代送牛奶、书报;送病人就医、喂药、医疗看护;代请钟点工、保姆、家教、家庭护理员,代做家政服务;代接代送儿童入托、入园及上、下学等;代购、代送车、船、机票与物品;代洗车辆;代住户设计小花园,绿化阳台,更换花卉盆景等;代办各类商务及业主、使用人委托的其他服务项目。

上述三大类管理与服务工作都是物业服务的基本内容。第一大类是最基本的工作,是必须做好的。同时,应根据自身的能力和住用人的需求,确定第二、第三大类中的具体服务项目与内容,采取灵活多样的经营机制和服务方式,以人为本地做好物业服务的各项管理与服务工作,并不断拓展其广度与深度。

3. 物业服务的过程

(1)签订物业服务合同

《物业管理条例》规定,在业主、业主大会选聘物业服务企业之前,建设单位选聘物业服务企业的,应当签订书面的《前期物业服务合同》。业主或业主大会,依法通过适当方式选聘有相应资质的物业服务企业以后,应签订书面的《物业服务合同》。《前期物业服务合同》或《物业服务合同》应当对物业服务事项、服务质量、服务费用、双方的权利与义务、专项维修资金的管理与使用、物业服务用房、合同期限、违约责任等内容进行约定。

(2)验收接管物业

《前期物业服务合同》或《物业服务合同》签订以后,物业服务企业应当成立接管验收小组,对物业的共同部分和共用设施进行查验,并办理接管手续。

(3)履行服务合同

按照《前期物业服务合同》或《物业服务合同》所约定的内容,依法履行合同条款。要制定物业服务的各项规章制度、工作职责、操作规范,编制住户手册,建立物业服务的信息网络,以现代服务模式为业主提供经济、优质、高效的服务。物业服务企业也可以根据业主的委托,在力所能及的条件下,为业主提供物业服务合同约定以外的其他服务项目。

(4)终止合同,做好交接

物业服务合同到期或因某些原因终止时,物业服务企业要向业主委员会报告专项维修资金使用情况并接受审查。然后,物业服务企业应当将物业服务用房、在承接验收时所接收的各种图纸、资料以及其他物业服务中的相关文件交还给业主委员会。如果业主大会已经选聘了新的物业服务企业,业主委员会应当将物业服务用房、在承接验收时所接收的各种图纸、资料以及其他物业服务中的相关文件移交给新选聘的物业服务企业。条件允许的情况下,新老物业服务企业的交接工作可以同时进行,但必须明确各方的责任和义务。物业服务中的遗留问题,也应向业主委员会或新的物业服务企业交代清楚。

4. 物业服务的质量标准

(1)建设部制定的《全国物业管理示范住宅小区(大厦、工业区)标准及评分细则》

建设部于2000年5月25日发布了新的标准《全国物业管理示范住宅小区(大厦、工业区)标准及评分细则》(建住房物[2000]008号),该标准从2000年开始执行。标准及评分细则对全国物业管理示范项目标准作出了非常具体的规定,设定总分值为100分,按各管理项目分解。在考评验收中,对不符合标准条款要求的部分,扣除相应分值,最后累计得出总分。

(2)中国物业管理协会制定的《普通住宅小区物业管理服务等级标准(试行)》

为了提高物业管理服务水平,督促物业服务企业提供质价相符的服务,引导业主正确评判物业服务企业服务质量,树立等价有偿的消费观念,促进物业服务行业规范发展,中国物业管理协会制定了《普通住宅小区物业管理服务等级标准(试行)》(中物协[2004]1号),作为与开发建设单位或业主大会签订物业服务合同、确定物业服务等级、约定物业服务项目、内容与标准以及测算物业服务价格的参考依据。

该标准为普通商品住房、经济适用房、房改房、集资建房、廉租住房等普通住宅小区物业服务的试行标准。物业服务收费实行市场调节价的高档商品住宅的物业服务不适用该标准。该标准根据普通住宅小区物业服务需求的不同情况,由高到低设定为一级、二级、三级3个服务等级,级别越高,表示物业服务标准越高。

(3)国家行政管理部门和地方政府制定的其他服务质量要求

《城市新建住宅小区管理办法》《物业管理条例》《业主大会规程》《前期物业管理招标投标管理暂行办法》《物业服务收费管理办法》《城市房屋修缮管理规定》《房屋修缮范围和标准》等法律法规,从不同方面对物业服务作出了总体或单项具体要求。

此外,许多省市自治区都制定有更加具体的物业服务要求与标准。物业服务企业在各省市自治区辖区内实施物业服务时应同时遵照执行当地的服务要求与标准。

(4)业主与物业服务企业约定的服务质量标准

《物业管理条例》规定,业主委员会与业主大会选聘的物业服务企业订立的书面物业服务合同应当对物业服务事项、服务质量、服务费用、双方的权利义务、专项维修资金的管理与使用、物业管理用房、合同期限、违约责任等内容进行约定。物业服务企业还应当按照《物业服务收费管理办法》(发改价格[2003]1864号)的要求,在物业服务区域内的显著位置,将服务内容、服务标准以及收费项目、收费示准等有关情况进行公示。

5. 物业服务费用

（1）物业服务费用的内涵

广义上，物业服务成本与物业服务费用不相区别，这也是人们生活中的习惯做法，是业主接受物业服务而给予物业服务企业的报酬。狭义上，物业服务成本与物业服务费用有着严格的区别，为便于物业收费员准确理解物业服务成本与物业服务费用的差异，本书采用狭义概念。

物业服务费用是指物业服务企业按照物业服务合同的约定，对房屋及配套设施设备和相关场地进行维修、养护、管理，维护相关区域内的环境卫生和秩序，向业主收取的费用。各级价格主管部门会同同级建设行政主管部门负责物业服务收费的监督管理工作。在酬金制下，物业服务费用由服务支出和管理酬金构成；在包干制下，物业服务费用由物业服务成本、法定税费和企业利润构成。

①物业服务成本的构成。物业服务支出或物业服务成本构成一般包括 9 个方面（详细内容见模块二相关内容）：

a. 管理、服务人员的工资、社会保险和按规定提取的福利费。

b. 物业共用部位、共用设施设备的日常运行、维护保养费。

c. 物业管理区域清洁卫生费。

d. 物业管理区域绿化养护费用。

e. 物业管理区域秩序维护费用。

f. 办公费用。

g. 物业服务企业固定资产折旧费。

h. 物业共用部位、共用设施设备及公众责任保险费用。

i. 经业主同意的其他费用。

②对物业服务费用的理解：

a. 物业服务费用收取的依据是物业服务企业与业主（业主委员会）之间签订的物业服务合同，并在物业服务合同中约定的物业服务费用计算和收取的相关内容。

b. 物业服务企业在物业服务中的责任。物业服务企业为业主提供合同约定的物业服务，并对业主房屋及配套设施设备和相关场地进行维修、养护、管理，维护相关区域内的环境卫生和秩序。

c. 业主在接受物业服务中的责任。业主接受物业服务企业合同约定的服务，也有义务支付兑价——支付物业服务费用。物业服务企业是一个经济实体，其所提供服务的直接受益者为物业区域的全体业主，业主应当根据物业服务合同的约定交纳物业服务费用。业主与物业使用人约定由物业使用人交纳物业服务费用的，从其约定，业主负连带责任。

物业服务费用一般由物业服务成本、相关税费以及合理利润或管理酬金构成，因此,物业服务企业收取的物业服务费用不但要求收回物业服务成本,还要上缴国家税费和获得企业利润。

（2）物业服务经费的来源

①定期收取的物业服务费用。经物价部门批准,物业服务企业可以定期向住宅小区内的单位和居民收取一定数量的物业管理服务费。在物业管理经费的筹集中,物业管理服务收费应是物业管理经费的稳定的主要来源。

②物业共用部位、共用设施设备住宅专项维修资金。2007年12月4日,建设部会同财政部发布了《住宅专项维修资金管理办法》,于2008年2月1日起施行。该办法对加强住宅专项维修资金的管理,保障住宅共用部位、共用设施设备的维修和正常使用,维护住宅专项维修资金所有者的合法权益,都起着重要的作用。

商品住宅的业主、非住宅的业主按照所拥有物业的建筑面积交存住宅专项维修资金,每 m^2 建筑面积交存首期住宅专项维修资金的数额为当地住宅建筑安装工程每 m^2 造价的5%~8%。每 m^2 建筑面积交存的首期住宅专项维修资金的数额,由直辖市、市、县人民政府建设（房地产）主管部门根据本地区情况确定并公布。如重庆市规定业主按照多层住宅每50元/m^2、高层住宅每80元/m^2,交纳首次住宅专项维修资金。

出售公有住房的,业主按照所拥有物业的建筑面积交存住宅专项维修资金,每 m^2 建筑面积交存首期住宅专项维修资金的数额为当地房改成本价的2%。售房单位按照多层住宅不低于售房款的20%、高层住宅不低于售房款的30%,从售房款中一次性提取住宅专项维修资金。

未按照规定交存首期住宅专项维修资金的,开发建设单位或者公有住房售房单位不得将房屋交付购买人。

业主分户账面住宅专项维修资金余额不足首期交存额30%的,应当及时续交。成立业主大会的,续交方案由业主大会决定。未成立业主大会的,续交按照直辖市、市、县人民政府建设（房地产）主管部门会同同级财政部门制定的具体管理办法实施。

③物业服务企业开展多种经营的收入和利润。在不向政府要钱、不增加居民的经济负担情况下,物业服务企业可根据自身的情况,积极开办多种经济实体,开展多种经营,创造经济效益,以业养业,补充小区物业管理经费不足。如组建工程队,完善住宅小区配套建设,建小区围墙、自行车棚、车库,铺设甬道,建停车场等;组建装修队对新楼统一管理,统一装修,开办商店、餐饮、健身房、美容美发厅等。这些经济实体既为小区内住户服务,也向社会承接业务,用多种经营取得的部分利润,弥补管理经费的不足,实现以业养业的目的。

物业服务企业开展多种经营的收入和利润,从性质上讲属于物业服务企业的收入和经营利润。同时,其收入和利润事先无法准确地测算和预计,因此,这种收入和利润并不属于物业管理经费的稳定来源。这里之所以将物业服务企业开展多种经营的部分利润(注意,只是部分利润)也作为物业管理经费的来源之一,主要是考虑目前我国市场经济体制尚不完善,从推动物业管理的运作和人民群众经济承受能力的实际出发,而提出的在一定时期内带有较强过渡色彩的措施。

④政府多方面的扶持。考虑到目前我国的实际情况,广大居民的收入水平和低租金的住房政策,小区管理经费完全由住户负担,尚有较大困难。因此,为推动物业管理的发展和住房制度的改革,政府还在多方面对物业管理给予大力扶持,如划拨一定的城市建设维护费用于小区共用部位、共用设施设备的维护管理,以减轻小区日常管理费用的负担。

⑤开发建设单位给予的支持。开发建设单位的支持主要体现在以优惠的方式提供一定数量的管理用房和经营性配套商业用房,有以下两种优惠方式:一是按成本价出售。如有的城市规定,开发建设单位将规划建设的专业管理用房和小区住宅总建筑面积的 0.5% ~1% 作为商业网点房,按建筑成本价出售;二是物业服务企业利用商业网点用房开展方便住宅小区内居民生活的各项服务,由物业服务企业统一经营管理,经营收入用于小区物业管理。

⑥业主的赞助。主要是指依靠一些热心公益事业的业主,为本物业小区开展某项活动提供部分甚至全部费用支持。

(3)物业服务费用的性质

在酬金制下,物业服务费用由服务支出和管理酬金构成,物业服务费用属于业主所有,物业服务企业代收代支。

在包干制下,物业服务费用由物业服务成本、法定税费和企业利润构成,物业服务费用属于物业服务企业,且自负盈亏。

(4)物业服务费用确定的原则

①谁受益,谁承担的原则。在市场经济条件下,物业服务企业作为经营者,为业主和住户提供管理和服务应是有偿的。凡享受到物业服务企业服务的受益人就应缴纳相应的服务费用。受益大的,多支付费用;受益小的,少承担费用。

②根据《物业服务收费管理办法》(发改价格[2003]1864 号)第 5 条规定:物业服务收费应遵循合理、公开以及费用与服务水平相适应的原则。

a. 合理。商品的价格是价值的货币表现,物业服务收费实际上就是物业服务企业提供服务的价格,它取决于提供这类物业管理服务的社会必要劳动量的多少。根据社会必要劳动量来决定物业服务的收费,具有合理性。主要是服务费的测算方法科学,符合物业及物业服务的客观实际,收费项目及计费标准与合同约定一致,计算准确,分摊合理,收费公平,收费方式灵活便利。

b. 公开。物业服务企业与业主和住户的关系,是受托人和委托人的关系、提供服务和接受服务的关系。业主和住户作为委托人和接受服务人有权对物业管理收费情况进行询问、了解、检查和监督。物业服务企业也有义务将收费的详细情况向业主和住户说明。收费实行明码标价,收费项目、收费标准和收费办法应在经营场所或收费地点公布。有些收费项目应在与业主和住户协商后,公布执行。同时,物业服务企业应定期(一般为每季或每半年)向业主和住户公布收费的收入和支出账目,自觉接受业主和住户的检查和监督。按收费的公开原则办事,有利于物业服务企业与业主和住户的相互沟通,有利于得到业主和使用人的理解和支持,以保证收费的顺利实施。

c.费用与服务水平相适应。按照物业的类型、规模、功能、配备的设施以及物业服务标准确定收费标准,实行优质优价,质价相符。

任务指导1.1 完成任务情景1.1中的工作任务。

目的:熟悉物业服务费用的内涵、物业服务企业财务公开的要求。

步骤:第1步,仔细阅读任务情景1.1;

第2步,进行分组讨论,现场交流。

提示:物业服务企业是全体业主的"管家",一切工作都须置于业主的监督下。特别是物业服务费用的收取与支出,应定期张榜公布,以便让业主明白物业服务费的来龙去脉。不过业主虽然有财务监督权,但行使此项权利的方式并不是通过业主私人查账:一是因为业主个人不具备专业财务知识,即使是专业财务人员也无法以个人身份提取具有合法效力的审计证明;二是因为如果每个业主都去使用自己的查账权,就会干扰物业企业开展正常工作。

本案例所述物业企业应明确:业主作为费用支付人,有权利明白自己所缴费用的去向。该公司如果没有实行财务公开制度,则应尽快实行。如果已有财务公开制度,会定期公布财务报表,则可以向劳医生说明财务报表将于何时公布,请劳医生留意。如果劳医生执意要查账,财务人员可请劳医生要求业主委员会委托专业审计事务所审查。

任务解决方法:政府主管部门、业主委员会在接到投诉后,先后对物业公司进行审查。经核实该物业服务企业并未乱收费,要求管理公司尽快给业主交代明白;物业服务企业要重新修订财务公开制度,每季度一次,向全体业主公布费用开支情况;同时,物业服务企业还要对处理此事的财务人员进行教育,要求其耐心对待业主询问;管理公司主管还要登门向劳医生道歉,说明公司的财务制度,并提醒劳医生注意每次的财务公告情况。

活动1.1 制订"重庆佳居物业服务企业物业服务质量标准"。

目的:通过制订"重庆佳居物业服务企业物业服务质量标准"活动,让学生明白服务质量是物业服务企业的生命,训练学生质量意识,提升学生对优质物业服务的认识

（企业的背景资料见"技能实训1.1"）。

步骤：第1步，将全班分成评委组、资料准备组、物业服务质量标准制订组。评委组主要负责制定评分标准，当好评委；资料准备组主要做好资料准备，完成本职工作；物业服务质量标准制订组主要做好物业服务质量标准的制订工作，并做好事后总结工作；

第2步，进行资料、场地和材料准备；

第3步，分组讨论，得出结论。老师要对各组任务执行情况做记录和分析，并适时反馈任务执行的效果。

 知识训练

（一）单项选择题

1.房地产业属于（　　）。

　A.第一产业　　　　B.第二产业　　　　C.第三产业　　　　D.第四产业

2.下列哪一项不属于物业的特点（　　）。

　A.位置的固定性　　B.寿命的耐久性　C.产品的差异性　D.没有贬值的危险

（二）多项选择题

1.一个完整的物业包括（　　）。

　A.建筑物　　　　　B.设备　　　　　　C.设施　　　　　　D.场地

2.健康住宅标准主要涉及（　　）。

　A.人居环境的健康性　　　　　　　　B.自然环境的亲和性

　C.居住环境的保护　　　　　　　　　D.健康环境的保障

3.物业服务的质量标准包括（　　）。

　A.《全国物业管理示范住宅小区（大厦、工业区）标准及评分细则》

　B.《普通住宅小区物业管理服务等级标准（试行）》

　C.物业价值的增加

　D.业主与物业服务企业约定的服务质量标准

4.物业服务的基本内容包括（　　）。

　A.多样性的服务　　　　　　　　　　B.常规性的公共服务

　C.针对性的专项服务　　　　　　　　D.委托性的特约服务

（三）判断题

1.物业与房地产都是英文 Real Estate 或 Real Property，所以物业与房地产含义相同。　　　　　　　　　　　　　　　　　　　　　　　　　　　　　　　　（　　）

2.物业服务起源于19世纪末期的美国。　　　　　　　　　　　　　　（　　）

3.物业服务费用是指物业服务企业按照物业服务合同的约定，对房屋及配套设施

设备和相关场地进行维修、养护、管理,维护相关区域内的环境卫生和秩序,向业主收取的费用。 （　　）

4.物业服务费用由物业服务成本、法定税费和企业利润构成,物业服务费用属于物业服务企业,且自负盈亏。 （　　）

 技能实训 1.1　阅读资料,确定重庆佳居物业服务有限责任公司物业服务的内容。

重庆佳居物业服务有限责任公司资料简介

①企业名称:重庆佳居物业服务有限责任公司

②法人代表:王××

③注册地址:重庆市沙坪坝区××××18号

④注册资本:100万元

⑤企业资质:三级

⑥企业类型:民营企业

⑦企业经营范围:住宅物业管理与服务、商业物业管理与服务。企业现经营管理住宅小区2处,商业物业1处,分设3个管理中心。

⑧企业职工人数和组织机构:共有职工250人,其中卫生保洁100人,保安68人,工程42人;企业下设卫生保洁部、保安部、工程部、财务部、公司办公室。

⑨财务部共设9人,实行一级核算,岗位及人员分工如下:

会计主管1人:罗××

出纳1人:李××

会计3人:王××(记账)、张××(仓库保管)、刘××(税务、报表)

物业收费员4人:佳宛小区(关××)、新世纪小区(吴××)、新岸商业街(赵××、马××)

⑩开户银行:中国工商银行沙坪坝支行东街分理处;账号:02330981090201×××;税务登记号:3331126259××××。

⑪税率:企业所得税税率为25%;营业税税率为5%;城建税税率为7%;教育费附加为3%。

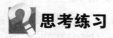 **思考练习**

(1)物业服务费用是什么?

(2)物业服务的内容有哪些?

(3)怎样区分物业服务费用与物业服务成本?

项目二　物业收费员的素质要求

任务情景 1.2

重庆某物业服务企业成立于 1997 年,注册资金人民币 500 万元,享有国家物业管理一级资质,是国内最早实行市场化运作的专业物业服务企业,也是第一个从沿海到内地,从深圳到重庆等内地城市拓展物业管理业务的物业服务企业。该公司具有通过ISO 9002 质量体系国际、国内双认证的优势,公司在成立之初便导入质量管理体系并予以实施,先后通过了 ISO 9002 质量保证体系和 ISO 9001 质量管理体系认证。多年来,公司奉行"业主至上、服务第一"的服务宗旨和"以人为本"的管理理念,以成熟的物业管理经验和牢固的服务意识为业主/用户提供科学规范的管理和竭诚高效的服务,受到业主/用户及社会各界的好评。公司所管理的物业项目多次获得重庆市物业管理优秀小区/大厦称号;公司所管理的部队医院,成为军队后勤保障社会化的典范,得到相关领导和总后勤部领导的高度评价。公司连续三届被评为重庆市"信得过物业服务企业"。现公司招聘物业收费员 3 名,其职位要求如下:

（1）年龄 23 岁以上;

（2）大专以上学历,物业管理相关经验或有会计证者优先;

（3）形象气质佳、工作严谨;

（4）具有良好的敬业精神,较强的学习能力和沟通能力。

工作任务:

分组模拟招聘与面试。

 知识讲解

1. 物业收费员的素质要求

（1）具有高尚的职业道德

①遵纪守法,爱岗敬业。物业收费员要有较强的法制观念,在复杂的情况下,能够依照政策和法律、法规,热情、沉着、耐心、细致的做好每一项工作,解决好每一个问题。树立全心全意为人民服务的思想,时刻想到物业服务工作的好坏,直接关系到业主或使用人能否拥有一个安全、舒适、宁静、优美的生活、工作、学习环境。同时事业心要强,忠于职守,爱岗敬业,把自己所做的工作看成是最有意义的事业。

②工作认真,尽职尽责。物业收费员必须具有强烈的职业责任感,认真负责地对待工作,尽职尽责,刻苦钻研,不断提高为业主或使用人提供满意服务的水平。

③诚实守信,热情服务。物业收费员必须增强服务意识,热情服务,谦虚谨慎,文

明礼貌,作风正派,忠诚可靠,办事公道,不谋私利,在工作上勤奋主动,实事求是。

（2）具有专业知识和专业技能

物业服务对于我们仍属于新兴行业,需要多方面的专业人才,没有一定专业知识和专业技能的人是无法从事物业服务工作的。《物业管理条例》规定,从事物业服务的人员包括物业收费员应当按照国家有关规定,取得职业资格证书。物业收费员要求取得会计从业资格证书,物业服务企业在每个管理处至少配备1名以上物业收费员。

①具有现代管理专业知识。为了实现物业服务行业的现代化与科学化,降低成本,提高效益,物业收费员必须具有科学头脑,科学思想,运用科学的手段从事服务工作。

②具有物业服务的专业技能。物业收费员涉及收费、接待、账目管理、财务管理等多个方面,如果对这些方面的知识一概不知或知之不多,是难以从事这项工作的。因此物业收费员必须善于学习,勇于实践,提高物业收费服务技能。

③掌握现代管理手段。掌握现代管理手段主要是指学会使用计算机和其他现代设备。物业收费工作的信息化、系统化、网络化已势在必行,我们只有通过计算机才能更好地收集、整理、筛选、储存、提取各种信息,才能节省人力、节省资金,快捷有效地搞好物业收费工作。

（3）具有较高的个人素质

①具有较强的语言表达和沟通能力。在工作中,物业收费员需要与业主和使用人打交道,需要与内部各类人员打交道,需要与各个相关部门打交道。在打交道过程中,如何准确地传递信息、交流思想,没有语言表达能力是难以完成其工作任务的。因此在与客户交流时应有自信心,注意目光交流,面带微笑,有亲和力,音量、语速适中,有节奏感,表达内容有条理,表述方法有新意,有幽默感,说话时间要控制好。

②具有良好的心理素质和个人形象。物业收费员首先要有良好的心理素质和较强的承受能力,能够应对日常工作中遇到的各种问题。物业收费员在与各种不同的人员打交道时,要自强、自信。遇到困难不畏惧,遇到挫折不动摇,取得成绩不骄傲,遇到失败不气馁。要有坚忍不拔的意志,勇往直前的精神,具有一定的承受能力。同时,还要有端庄的仪表仪容,得体的表情姿态,奋发向上的精神面貌,从而树立自己的良好形象,给人们带来信任感,让人们感到你有工作经验,有处理事情的能力,让他人对你要办的事情放心,并且愿意与你共同去完成工作任务。

③拥有健康的体魄。身体是一切工作成功的保证。物业收费员事情繁多,工作任务重,要更好地为业主和使用人服务,完成物业收费及其他相应工作,没有强健的身体是不行的。那么要有强健的身体,就必须坚持适度锻炼身体,把不规律的生活习惯规律化,把工作安排得有条有理。

2.物业收费岗位职责

《财务管理的机构及职责》在"财务部门机构的设置"部分规定,物业服务企业财会部门一般设置下列人员:财务会计部经理、主管会计、出纳、电脑员、统计员、收费员。另外,物业服务企业所辖区业主(住户)较多时,可专门在各管理处配备收费员,其岗位职责如下:

①负责物业服务费等各项费用的通知和收缴。

②对缴费情况随时进行统计,及时追讨欠缴费用。

③承接与物业服务相关的经营服务收费,为业主办理各项公用事业费的缴付。

④和业主(使用人)交朋友,争取他们对物业管理工作的理解和支持,协助搞好"窗口"服务。

⑤完成企业和部门领导交办的其他任务。

根据以上规定,特制定重庆佳居物业服务企业物业收费员如下岗位职责:

①负责管理处的收费、催缴费、账目登记等财务方面工作,兼任资料管理员。

②做好每月的打单工作,仔细核对,保持交费通知单的投诉率在5%以下。

③每月做好管理处的收费管理工作,并做好账本登记。

④每月定期做好业主(住户)的交费清查工作,及时催缴费用。

⑤熟悉物业管理、财务管理方面的法律法规。收费时要做到笑脸相迎,住户投诉要做好登记,能解释的尽量解释清楚,要求处理的移交主任,由主任全权处理。

⑥收费期间,把每天的收费金额登记清楚交给主任,让主任随时掌握收费情况。

⑦每月 28 日前做好当月的月报表交给主任,让主任掌握当月的收支情况,盈亏情况,并做好每季度的季度报表及年度报表。

⑧未经批准,不得私自借款。

⑨熟悉掌握管理资料的存放位置,要求做到随查随拿,熟悉掌握物业管理软件以及电脑的正确使用。

⑩闲人不得随便出入资料室。未经主任批准,管理资料不得借阅;同意借阅后,应填好借阅表,按约定时间送回资料室,否则,实行经济处罚。

🐌 任务指导 1.2　完成任务情景 1.2 中的工作任务。

目的:熟悉物业收费员职业的工作内容、工作特点和要求。

步骤:第 1 步,仔细阅读情景任务 1.2;

　　　第 2 步,做好模拟招聘的现场环境、资料和物品准备;

　　　第 3 步,学生分成学习小组,分别模拟招聘方和应聘方进行现场问答。

注意:

(1)招聘方在进行提问设计时要注意兼顾对应聘者知识、能力和职业道德等素质要求;应聘方要注意在面试回答时能够对物业收费员岗位职责和相关要求有清晰的认识。

（2）老师要对各组任务执行情况做记录和分析，并适时反馈任务执行效果。

（3）各组要分别完成任务,不要同步进行,便于其他各组同学观摩学习和交流。

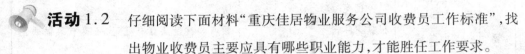 **活动**1.2　仔细阅读下面材料"重庆佳居物业服务公司收费员工作标准",找出物业收费员主要应具有哪些职业能力,才能胜任工作要求。

目的:通过阅读"重庆佳居物业服务公司收费员工作标准"活动,让学生明白要胜任物业收费员的工作需要应具备相应的职业能力,训练学生形成职业意识,找准自己努力的方向。

步骤:分组讨论,并做好事后总结工作。

提示:物业收费员的主要职业能力包括收费能力、接待能力、账目管理能力（报账、做账、编制收支报表、票据管理）、物业管理法律知识应用能力、网络办公平台和物品发放等。

重庆佳居物业服务公司收费员工作标准

工作范围	工作细则	每日/次	每周/次	每月/次	工作标准
管理处管辖区域范围内	上班	2			打开物业公司网络办公平台,查看相关信息,发现新消息,立即向管理处主任汇报
	收费	根据实际情况确定			热情、有礼貌、票据数据清晰、大小写一致、合理解释相关问题
	接待	根据实际情况确定			服务态度好,使用文明礼貌用语
	接受并处理业主投诉	根据实际情况确定			讲究礼貌礼节、熟练使用文明礼貌用语。登记清楚、安排处理或汇报,及时反馈
	准备收费、催费通知单			2	数据清晰、核算仔细、内容清楚、派单到人
	催收费	不限			电话或上门催缴费、态度和蔼、使用文明礼貌用语、催缴通知数据清晰
	报账、做账			2	数据准确、账单、账目排列有序、不做假账、没有假发票等,便于核查
	收支报表、收缴率、追缴率			1	数据准确,不虚报,不漏报

续表

工作范围	工作细则	每日/次	每周/次	每月/次	工作标准
管理处管辖区域范围内	业主信息	根据实际情况确定			熟悉掌握业主的姓名、电话、房号、缴费情况
	票据管理	根据实际情况确定			领取和报销票据有登记,不得有票据缺张短页、大头小尾等现象
	法律法规	根据实际情况确定			必须熟悉掌握国家财务、物业管理方面的法律法规
	参加会议	根据实际情况确定			按时参加管理处或分公司的管理会议
	业务培训	根据实际情况确定			参加管理处或分公司组织的各项业务培训
	物品发放	不限			有登记、数据清楚、准确

 技能实训 1.2　　仔细阅读"重庆佳居物业服务公司收费员操作规程",演练服务收费员上班工作过程,体验物业收费员工作过程。

步骤:第 1 步,场地准备,以一个班学生人数进行设计;

第 2 步,现场环境、资料和物品准备;

第 3 步,学生按分组要求进行现场演练并体验物业收费员的工作过程。

提示:不仅要考虑物业收费员工作过程的设计,还要考虑收费时对业主或使用人提出问题的解答以及与业主沟通等情景。

重庆佳居物业服务公司收费员操作规程

目的:强化收费员的检查落实管理,提高服务质量

适用范围:收费员的操作

实施细则:

①收费员每天上班时,应打开公司网络办公平台,查看有无新的信息,发现新消息,应立即向管理处主任汇报。

②上班后,接听电话并做好相关笔录或通知有关人员。

③接受业主的投诉并在《投诉记录本》上进行登记,通知相关处理人员进行处理,处理完毕,及时进行反馈。

④上班期间,没有业主投诉或收费时,应做好管理处的账目或整理资料。

⑤每月月底,做好收费通知单,让管理处的保安员或水电工派发到各业主家中。

⑥每月1~7号,不管是星期六或星期天,必须在管理处值班收费。

⑦每月月底,到分公司财务室报账,并做好当月的收支报表、收缴率、追缴率等上交给管理处主任和分公司经理室。

⑧每月月底或季度末,做好管理处各物业点的欠交水电管理费情况表并上交给管理处主任和分公司经理室。

⑨注意保管好管理处的各种票据,要做到领取和报销票据有登记,不得有票据缺张短页、"大头小尾"等现象。

⑩收费时,注意钞票的真伪,要仔细验证清楚。

⑪熟悉掌握业主的各种信息,如业主姓名、电话、房号、业主对待物业管理的态度、缴费情况等。

⑫掌握投诉记录本、物业收费情况表、业主信息表、收支报表、月度季度欠费情况表、管理处流水账本、管理处物品领取表、收费通知单、催费通知单等表格的有关情况。

⑬参加管理处或分公司的管理会议。

⑭参加管理处或分公司的各项业务培训。

⑮熟悉掌握国家有关财务、物业管理等方面的法律法规,以便及时妥当地处理业主的各种投诉。

⑯完成管理处交代的其他工作。

 知识训练

(一)单项选择题

1.物业收费员必须具有强烈的职业责任感,认真负责地对待工作,尽职尽责,刻苦钻研,不断提高,为业主和使用人提供满意的服务。这属于物业收费员职业道德中的( )。

    A. 坚持原则,听从指挥　　　　　　B. 遵纪守法,爱岗敬业

    C. 工作认真,尽职尽责　　　　　　D. 诚实守信,热情服务

2.下列哪一项不属于收费员的岗位职责( )。

    A. 负责物业服务费等各项费用的通知和收缴

    B. 承接与物业服务相关的经营服务收费,为业主办理各项公用事业费的缴付

    C. 和业主(使用人)交朋友,争取他们对物业管理工作的理解和支持,协助搞好"窗口"服务

    D. 做好企业的投资可行性研究

(二)多项选择题

1.物业收费员应当具有的个人素质包括( )。

    A. 具有较强的语言表达和沟通能力   B. 具有良好的心理素质和个人形象

    C. 拥有健康的体魄   D. 具有较强的赚钱能力

2. 物业收费员职业道德主要包括(　　　)。

    A. 一切以公司利益为重   B. 遵纪守法,爱岗敬业

    C. 工作认真,尽职尽责   D. 诚实守信,热情服务

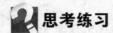 **思考练习**

(1)物业收费员应具备什么样的素质才能胜任工作的要求?

(2)物业收费员的岗位职责有哪些?

模块二　物业服务费用测算

教学目标：

能力要素	实作标准	知识要求
物业服务费用构成的确定	物业服务费用的构成； 物业服务费用的计费形式； 物业服务费用的定价形式	物业服务费用的测算依据； 物业服务费用的测算原则； 包干制和酬金制； 政府指导价、市场调节价
居住性物业服务费的测算	物业服务费的测算理论和测算方法； 居住物业服务费测算	物业服务费测算应考虑的因素； 物业服务费的测算方法； 居住性物业服务费测算
商业地产服务费用的测算	商业地产物业服务费的测算理论和测算方法； 商业地产物业服务费的测算	商业地产的概念、模式、分类； 商业地产的测算方法； 商业地产服务费用的测算

教学内容：

项目一　物业服务费用构成的确定

 任务情景 2.1

重庆佳居物业服务企业接管了雅园商品房住宅小区,物业服务收费实行包干制。公司新来的会计小王负责测算该物业项目的物业服务费,他所测算的费用中包括:物业服务企业的酬金,物业共用部位、共用设施设备的大、中、小修和更新、改造费用。

工作任务：

(1)你认为这样的测算对吗?

(2)根据《物业服务收费管理办法》的规定,实行包干制计费方式的物业服务费用应该包括哪几个部分?

知识讲解

1. 物业服务费用的测算依据

（1）国家发改委、建设部印发的《物业服务收费管理办法》（发改价格〔2003〕1864号）

该办法于2004年1月1日执行，规定业主应当按照物业服务合同的约定按时足额交纳物业服务费用，业主违反物业服务合同的约定，逾期不交纳服务费用，业主委员会应当督促其限期交纳；逾期仍不交纳的，物业服务企业可以依法追缴。

（2）国家发改委、建设部印发的《物业管理服务收费明码标价规定》（发改价检〔2004〕1428号）

该规定根据《中华人民共和国价格法》《物业管理条例》和《关于商品和业务实行明码标价的规定》制定，进一步规范了物业业务收费行为，提高物业业务收费透明度，维护业主和物业服务企业的合法权益，促进物业管理行业的健康发展。

（3）所在地政府有关物业管理法规及市住宅局、物价局有关文件的规定

（4）招标文件所提供的资料和实地考察情况

（5）本物业服务公司物业管理的成功经验

2. 物业服务费用测算的原则

（1）遵循物业管理行业特点的原则

物业管理行业属保本微利的服务性行业。客观、准确、完整地核算物业管理的成本支出，是物业服务企业正常运转的基础，也是为业主创造舒适工作环境、达到物业保值增值目的的基本条件。

（2）有偿服务原则

物业服务企业有偿服务的管理模式是在市场经济条件下产生的，符合社会主义按劳分配的原则。一方面，物业服务企业应积极主动提供全方位服务，为居民创造良好的生活环境；另一方面，物业服务企业收费应根据"谁享用、谁受益、谁负担"的原则（即由享用人、受益人来负担这笔费用），及物业管理服务内容、服务质量等进行经营性收费。如为了防止在小区乱停放车辆，可以修建专门的收费停车场收取停车费。

（3）服务水平与管理费用相匹配的原则

住宅物业的物业管理服务收费标准应按质价相符的原则，分别选择各服务项目的一个等级组合确定，物业管理服务收费标准为各物业服务项目所选等级收费标准的总和。

①根据不同的住宅种类，确定不同的收费标准。如2010年，深圳地区一般住宅2.40元/m²；乙类住宅2.82元/m²；甲类住宅为3.50元/m²。按有关规定，商品房的类别分为普通住宅（内含甲类、乙类和一般住宅）和高档住宅两类，普通住宅物管费依据

《物管服务收费办法》执行,而高档住宅物管费则由业主与物管公司协商确定。

②物业服务费用根据物业不同的功能,确定不同的收费标准。居民住宅小区与高档商住楼、别墅、宾馆、酒楼等物业服务费用的收取就不相同。如2010年,深圳地区住宅区管理标准为 $2 \sim 4$ 元/m^2,商业物业一般为 $4 \sim 10$ 元/m^2。

(4)"零预算"原则

物业服务费实行"零预算"原则,"以支定收",根据物业管理服务的要求和标准,确定物业服务费用的支出;再根据物业服务费用的支出确定物业管理的收费标准。这样,物业服务费用收入和支出相抵后的结果为"零"。

(5)分层次收费的原则

物业服务收费实行分级管理,普通住宅区现行收费标准按建价(2004)37号文件执行政府指导价,高标准公寓、别墅区及非住宅物业服务和特约服务的收费标准实行市场调节价。

(6)管理透明原则

物业服务企业收取的各项服务费用要合理,测算方法要科学、符合实际,要编制费用计划,物业公司仅收取合理的管理佣金,其余的均要投入管理中,费用开支要经过业主委员会的审查确认,并按照规定定期进行公布。

3. 物业服务费用的定价形式

(1)定价形式的分类

①政府指导价:由政府价格主管部门或者其他有关部门,按照定价权限和范围,规定基准价及其浮动幅度,指导经营者制定的价格。

②市场调节价:由经营者自主制订的价格形式。

(2)两种定价形式的区别与联系

①定义不同。政府指导价是指有定价权限的人民政府价格主管部门会同房地产行政主管部门根据物业管理服务等级标准等因素制定相应的基准价及其浮动幅度,并定期公布的价格形式;市场调节价,是指通过市场竞争形成的价格。

②收费标准不同。政府指导价的收费标准由业主与物业服务企业根据规定的基准价和浮动幅度在物业服务合同中来约定;市场调节价的收费标准则由业主与物业服务企业在物业服务合同中自主约定。

③范围不同。由于物业服务与人民生活关系重大,因此政府指导价应当遵循公平、公开和效率的原则,既要考虑物业服务的社会平均成本和市场的供求状况,又要考虑国民经济与社会发展要求以及社会承受能力。因此,政府指导价针对的是一般商品房物业服务而确定的价格形式。在市场调节价下,一般来说,物业服务费用取决于物业服务的内容和物业服务的供求状况。物业服务项目多,成本就高,价格也高;物业服务项目少,成本低,价格也低。供过于求,价格就会下跌;供不应求,价格便会上扬。

《物业服务收费管理办法》实施后,采取政府指导价和市场调节价对物业服务收费进行管理,具体定价形式由省、自治区、直辖市人民政府价格主管部门会同房地产行政主管部门确定。

4. 物业服务费用的计费方式

《物业服务收费管理办法》规定,物业服务企业和业主可以采用两种形式来约定物业服务费用,即包干制和酬金制。

(1)包干制

①包干制的概念。是指由业主向物业服务企业支付固定物业服务费用,盈余或者亏损均由物业服务企业享有或者承担的物业服务计费方式。

②包干制的收费形式:业主按照物业服务合同支付固定的物业服务费用,物业服务企业必须按照物业服务合同要求和标准完成物业管理服务。换句话说,无论物业服务企业的盈亏、收费率高低或物价波动,物业服务企业都必须按照合同约定的服务标准提供相应服务。包干制是目前我国住宅物业服务收费普遍采用的一种形式。不过包干制物业收费形式比较简捷,但交易透明度不高。

(2)酬金制

①酬金制的概念。所谓酬金制也称佣金制,是指在预收的物业服务资金中按约定比例或者约定数额提取酬金,支付给物业服务企业,其余部分全部用于物业服务合同约定的支出,盈余或者不足均由业主享有或者承担的物业服务计费方式。预收的物业服务资金由物业服务企业代管,不是企业收入,其所有权仍归业主所有。

②酬金制的收费形式。酬金制实质是实报实销制,物业服务企业按照双方协商确定的预算预收基本费用,一个会计年度结束后进行决算并向业主多退少补。在这种模式下,物业服务企业只拿业主事先约定好的酬金部分(酬金可事先预定提取比例或固定额度)。

酬金制的收费方式在非住宅物业管理项目中较多采用,目前,不少高档住宅物业管理也已采用。实行物业服务费用酬金制时,预收的物业服务资金包括物业服务支出和物业服务企业的酬金。预收的物业服务支出属于代管性质,为所缴纳的业主所有,物业服务企业不得将其用于物业服务合同约定以外的支出。如果物业服务收费采取酬金制方式,物业服务企业或者业主大会可以按照物业服务合同约定聘请专业机构对物业服务资金年度决算和物业服务资金的收支情况进行审计。

(3)包干制和酬金制的优、缺点

①包干制的优缺点。

包干制的优点在于:

- 执行起来较为简单,有利于小型的物业服务企业采用。
- 在业主委员会成员专业水平有限、精力有限的情况下,实行包干制避免了对物业服务企业进行账目监督和审计等的工作,简便易行。

●由于包干制中节省的开支可能成为物业公司的利润,所以在一定程度上可以刺激物业服务企业进行管理方式创新,节约成本。

包干制的缺点在于:

●在包干制中,物业服务质量的好坏主要靠企业自律,为了获取更高的利润,物业服务企业可能会收到钱不花或者少花,往往导致物业服务企业为了降低管理成本而对工作草率了事的行为。

●由于包干制的成本限制,导致物业服务企业对需要进行维修的工作,往往产生拖延或小修小补的现象,不做彻底解决,对物业的使用寿命和价值都会产生一定影响。

●实行包干制的物业服务企业在费用不足时,只有依靠多元化经营维持企业的发展,不利于物业管理专业化。

②酬金制的优缺点。

酬金制的优点在于:

●酬金制费用透明高,业主对物业服务企业的费用支出可以监控,更加体现了业主的自主管理。

●物业服务企业服务支出的多少对企业利润没有直接影响,有了固定的酬金,则企业不必考虑多元化经营,有利于企业的专业化。

●酬金制体现了物业服务企业对业主"管家"式的服务关系,减少了物业服务企业和业主在物业收费方面的矛盾。

酬金制的缺点在于:

●酬金制需要对物业服务企业进行账目监督和审计,要求业主对物业管理有较高的认识水平和专业水平。

●物业服务企业由于利润的驱动,可能会提高酬金支付的基数,即物业服务支出。由于业主在专业知识方面处于相对劣势地位,所以很难找到有理、有利、有效的压缩开支的根据,由此可能带来物业服务费用的攀升。

(4)包干制和酬金制的对比分析

①两种收费方式各有利弊。从上述对两种收费方式的优缺点分析可以看出,包干制简便易行,对业主的要求不高,节省了业主的管理成本,但是会存在更多的非市场行为,不利于业主和企业之间的沟通,对物业服务企业提高技能和专业化发展有一定的阻碍,在一定程度上制约着物业管理行业的发展。

酬金制更体现了市场经济的要求,更透明化,有助于企业自我管理,有利于物业服务企业专业化水平的提高,但是酬金制对业主的要求较高。从目前我国物业管理发展的阶段来看,两种收费方式都有其存在的理由和必要性。

②二者的侧重点不同。酬金制侧重于进行公示和各环节的透明度。根据《物业管

理收费管理办法》第 12 条规定,物业服务企业应当向业主大会或者全体业主公布物业服务资金年度预决算,并且每年不少于一次公布物业服务资金的收支情况。公示的内容包括服务内容、收费项目、收费标准等,对于预算额与实际开支额较大的项目要说明原因。业主或者业主大会对公布的物业服务资金年度预决算和物业服务资金收支情况提出质询时,物业服务企业应当及时答复。而包干制的各项支出自行负责,不需向业主公开。

③酬金制是物业收费方式的发展方向。物业管理目的之一是提升物业价值,实现其稳定持续的收益、保值、增值,所以从两种收费方式的特点来看,酬金制是日后物业服务收费的发展方向。在物业管理发展成熟的国外和港澳地区,物业服务收费普遍采用酬金制,他们实行酬金制的前提是物业服务企业会对业主进行定期培训,让广大业主更多了解物业管理知识,既便于和物业服务企业之间的沟通,也有利于监督物业服务企业的行为。由于我国内地物业管理行业发展还未完全成熟,专业培训仅限于行业内部,而针对业主的几乎没有,所以很多业主对物业管理的认识较为表面化,观念停留在"服务—满意"这一层面上。业主对物业管理认识的不足使得普通的居民很难实现和物业服务企业的正确沟通,以及对物业服务企业的有效监督,所以目前在国内全面推行酬金制还有一定的难度。

④包干制仍然具有其存在的必要性。虽然包干制相对来说存在更多的非市场因素,从服务的周到有效,到对物业的保值、增值等方面,都不如酬金制具有优势。但我国大部分小区的物业管理收费目前仍然采用包干制。主要原因是,我国居民对物业服务消费的承受能力不高,在业主专业水平较低的情况下,包干制的收费方式省去了账目审计等监督工作,尤其对于中低档物业来说,一方面受业主委员会物业管理知识水平的限制,另一方面包干制收费的相对低廉,对业主更加具有吸引力。

5. 物业服务成本的构成

物业服务企业实行微利经营,成本控制与正确测算要求高。

(1)物业服务支出

依据 2004 年 1 月 1 日起施行的《物业服务收费管理办法》(发改价格[2003]1864号)的规定,物业服务支出一般包括 9 个方面:

①管理、服务人员的工资、社会保险和按规定提取的福利费。指物业服务企业向所聘用的管理、服务人员按月发放的工资和按工资的 14% 提取的职工福利费。具体包括基本工资、津贴、福利基金、保险金、服装费及其他补贴等,不含奖金。

②物业共用部位、共用设施设备的日常运行、维护保养费。主要是指门厅、楼梯间、电梯间、走廊通道、室外墙面、屋面、供水管道、排水管道、照明灯具、电梯、邮政信箱、避雷装置、消防器具、道路、绿地、停车场库、化粪池、垃圾箱等的维修、养护费用及公共照明费等。

③物业管理区域清洁卫生费。指物业管理区域内公共区域的清洁卫生费,包括清洁用具、垃圾清理、水池清洁、消毒灭虫等费用,有时还包括单项对外承包费,如化粪池清淘等。

④物业管理区域绿化养护费用。指物业管理区域绿化的养护费用及开展此类工作所购置的绿化工具及绿化用水、农药、化肥、杂草清运、补苗等费用。

⑤物业管理区域秩序维护费用。指物业管理公共区域的秩序维护费。包括安全监控系统、设备、器材的日常养护费等。

⑥办公费用。指物业服务企业开展正常服务工作所需的有关费用,如交通费、通信费、低值易耗办公用品费、节日装饰费、公共关系费及宣传广告费。

⑦物业服务企业固定资产折旧费。物业服务企业拥有的各类固定资产如交通工具、通信设备、办公设备、工程维修设备等按其总额每月分摊提取的折旧费用。

⑧物业共用部位、共用设施设备及公众责任保险费用。为从经济上保障物业管理区域内水电、电梯等设施遭受灾害事故后能及时进行修复和对伤员进行经济补偿,物业服务企业必须对这些建筑物及设备设施投财产保险和相关责任保险。对于险种的选择是由所管物业的类型、性质来决定的,但必须考虑业主的意愿和承受力。

⑨经业主同意的其他费用。经与业主协商,其同意包括在物业服务费中的内容。应当注意的是,物业共用部位、共用设施设备的大修、中修和更新改造费用,应当通过专项维修资金予以列支,不得计入物业服务支出或物业服务成本。实行物业服务费用酬金制的,预收的物业服务支出属于代管性质,为所交纳的业主所有,物业服务企业不得将其用于物业服务合同约定以外的支出。物业服务企业应当向业主大会或者全体业主公布物业服务资金年度预决算,并且每年不少于一次公布物业服务资金的收支情况。业主或者业主大会对公布的物业服务资金年度预决算和物业服务资金的收支情况提出质询时,物业服务企业应当及时给予答复。物业服务收费采取酬金制方式,物业服务企业或者业主大会可以按照物业服务合同约定聘请专业机构对物业服务资金年度预决算和物业服务资金的收支情况进行审计。

(2)物业服务成本的概念

物业服务成本是物业服务企业因提供物业服务而发生的对象化耗费,包括直接成本和间接成本。

物业服务直接成本是物业服务企业在物业服务过程中发生的直接服务人员的工资、直接材料费。直接人工费包括企业直接从事物业管理活动等人员的工资、津贴及职工福利费等,如直接从事卫生保洁、安保服务、绿化美化等服务活动人员的工资属于直接工资。直接材料费包括企业在物业管理活动中直接消耗的各种材料、辅助材料、燃料和动力、构配件、零件、低值易耗品、包装物等,如在直接服务活动中消耗的清洁剂等材料属于直接物料消耗。

物业服务间接成本是物业服务企业基于管理过程而发生的不能归属于某一服务过程的管理费用和财务费用,物业服务企业一般不单独核算营业费用,如企业因经营的需要产生了营业费用可在管理费用中核算。管理费用包括企业所属物业管理单位管理人员的工资、津贴及职工福利费、固定资产折旧费及修理费、水电费、取暖费、办公费、差旅费、邮电通信费、交通运输费、租赁费、财产保险费、劳动保护费、保安费、绿化维护费、低值易耗品摊销及其他费用等。物业服务企业为筹措资金而发生的各项费用为财务费用,也属于物业管理成本费用的支出范围,包括利息净支出、汇兑净损失、金融机构手续费等。

任务指导 2.1　完成任务情景 2.1 中的工作任务。

目的:熟悉物业服务费用的构成,能区分物业服务费的计费方式。

步骤:第 1 步,仔细阅读情景任务 2.1;

　　　第 2 步,进行分组讨论,现场交流。

提示:

①共用设备设施的大修费用应当从维修基金里支出。

②物业服务费应当包括以下内容:

- 人工费,包括管理及服务人员的工资和福利费用、劳保、统筹费、公积金等,也可以按工作岗位核算,如行政管理、保养、维护、清洁绿化、安防等
- 公共设施设备日常运行、维修及保养费,包括各种维修与保养费用以及消防费用,比如灭火器的购置,锅炉的检查等;室内装修费(办公、设备等用房等),生活用水和排污费,能源消耗(水、电、气、油等),康乐设施费、其他杂项(比如画车位线、做指示牌等)绿化管理费(考虑办公室的植物摆放)
- 清洁卫生费(考虑垃圾清运、处理费,包括有害垃圾分类处理)
- 绿化养护费用
- 保安费用,即物业区域秩序维护费用
- 办公费用(考虑低值易耗品采购、广告宣传、市场推广费用、法律费用等)
- 固定资产折旧费
- 保险费(各种火险,锅炉保险,财产损毁保险、业主和租客责任保险等)与不可预见费(考虑物价上涨,突发事件等)
- 法定税费
- 企业管理费及利润

活动 2.1　仔细阅读以下资料,测算不同计费方式下的物业服务费。

目的:通过测算不同计费方式下的物业服务费,让学生了解不同计费方式下物业

服务费的不同,训练学生对计费方式的理解,提升学生测算能力,加深对物业服务费构成的理解。

步骤:第1步,将全班分成评委组、物业服务费测算组。评委组主要负责制定评分标准,当好评委;物业服务费测算组主要负责测算物业服务费;

第2步,进行资料、场地和材料准备;

第3步,分组讨论,得出结论。老师要对各组任务执行情况做记录和分析,并适时反馈任务执行的效果。

佳居物业有限公司可收费总建筑面积10万 m²,经测算全年各项费用如下:

①各类管理服务人员的工资、社会保险等	50万元
②共用部位、共用设施设备的运行维护费	20万元
③清洁卫生费	15万元
④绿化养护费	10万元
⑤公共秩序维护费	10万元
⑥办公费	5万元
⑦固定资产折旧	2万元
⑧物业共用部位、共用设施设备及公众责任保险费	2万元
⑨业主委员会办公费、社区文化活动费等其他费	6万元
合　计	120万元

问:在不同的计费方式下,该项目应收取多少物业服务费?

提示:若采用酬金制方式,约定物业管理酬金比例为10%,则该项目单位物业服务费标准为:120万元×(1+10%)÷10万 m²÷12月=1.1元/(m²·月);若采用包干制方式,预测该项目法定税费和利润约12万元,则该项目单位物业服务费标准为:(120万元+12万元)÷10万 m²÷12月=1.1元/(m²·月)。

 技能实训 2.1　讨论物业服务收费管理办法[2003]1864号的内容。

收费员小王收取物业服务费时,业主询问物业服务费都包括哪些收费项目,请你帮助小王将国家发改委、建设部关于印发《物业服务收费管理办法》规定的物业服务支出的具体内容向业主说明。请按学习小组分组讨论。

 知识训练

(一)单项选择题

1.酬金制条件下,物业服务企业应当向业主或者业主大会公布物业服务资金年度预决算,并(　　)不少于一次公布物业服务资金的收支情况。

　　A.每周　　　　　　B.每月　　　　　　C.每季　　　　　　D.每年

2.物业服务费区分不同的物业性质和特点,分别实行( )。

  A.政府定价、政府指导价和市场定价　　　B.政府定价和市场定价

  C.政府指导价和市场定价　　　D.政府定价和政府指导价

3.按照目前国家政策法规的规定,业主与物业服务企业可以采取( )等形式约定物业服务费用。

  A.包干制　　　B.酬金制

  C.佣金制　　　D.包干制或者酬金制

4.在预收的物业服务资金中按约定比例或者约定数额提取酬金,支付给物业服务企业,其余全部用于物业服务合同约定的支出,结余或者不足均由业主享有或者承担,这种计费方式称为( )。

  A.包干制　　　B.酬金制　　　C.委托制　　　D.合同制

(二)多项选择题

1.在包干制下,物业服务企业作为一个独立的法人,应该( )。

  A.自主经营　　　B.联合经营　　　C.自负盈亏　　　D.风险分担

  E.结余归己

2.如果以包干制形式计费,物业服务费用包括( )。

  A.物业服务成本　　　B.专项维修资金

  C.法定税费　　　D.物业服务企业的利润

3.根据国家发展和改革委员会、建设部联合印发《物业服务收费明码标价规定》,物业服务收费明码标价的内容包括( )。

  A.收费对象　　　B.计费方式　　　C.价格举报电话　　　D.收费依据

4.《物业服务收费管理办法》规定,业主与物业服务企业可以采取( )等形式约定物业服务费用。

  A.政府定价制　　　B.回扣制　　　C.酬金制　　　D.包干制

5.实行市场调节价的物业服务收费,由( )与( )在物业服务合同中约定。

  A.业主　　　B.承租户

  C.物业服务企业　　　D.行业主管部门

(三)判断题

1.物业管理行业属保本微利的服务性行业。　　　( )

2.包干制是指在预收的物业服务资金中按约定比例或者约定数额提取酬金,支付给物业服务企业,其余全部用于物业服务合同约定的支出,盈余或者不足均由业主享有或者承担的物业服务计费方式。　　　( )

3.包干制体现了市场经济的要求,更透明化,有助于企业自我管理。　　　( )

4.物业服务企业不得利用虚假的或者使人误解的标价内容、标价方式进行价格欺诈。 （　　）

5.物业服务收费采取酬金制方式,物业服务企业或者业主大会可以按照物业服务合同约定聘请专业机构对物业服务资金年度预决算和物业服务资金的收支情况进行审计。 （　　）

 技能实训 2.2　　确定重庆佳居物业服务有限责任公司佳宛小区物业服务费用的计费方式。

（重庆佳居物业服务有限责任公司资料简介见技能实训 1.1。）

思考练习

（1）简述物业服务费用的测算的依据。
（2）什么是包干制？简述其优缺点。
（3）什么是酬金制？简述其优缺点。

项目二　居住性物业服务费的测算

任务情景 2.2

某居住小区面积为 50 000 m^2,容积率为 1.5,绿地率为 25%,物业公司收费为三级,共配置 10 名人员。根据相关规定:①物业人员配备为 2 人/万 m^2。②人员比例按如下标准:经理 1 人, 收费人员 1 人, 保安人员占 50%, 保洁人员占 20%, 绿化人员占 10%,水电维修人员占 10%。③工资标准参照该市劳动和社会保障的有关文件,具体标准见表 2.1,福利费按照工资总额的 17.5% 计提。④养老保险金按工资总额的 21% 计提,医疗保险、住房公积金等费用按照工资总额的 20.3% 计提。⑤公用照明设施费(包括外墙、楼梯、消防系统、发配电系统等处照明)一般按 900 元/(万 m^2 · 年)计算。⑥公共区域绿化养护等费用按 2.0 元/(m^2 · 年)计算。⑦保安费按保安人数 300 元/(人 · 年)计算,保洁费按保洁人数 50 元/(人 · 月)计算。⑧办公费(包括文具、办公用品杂费、交通邮电费及公共关系费用等)按照管理人员工资的 25% 计提。⑨折旧费按财务部门规定计提,该小区按 3 000 元/年计算。另外,法定税费按上述③～⑨项总和的 5.5% 计算,利润按上述③～⑨项总和的 5% 计算。

表 2.1　某物业公司工资标准表

职务名称	工资标准（单位：元／月）
经理	3 500
收费人员	2 500
治安保卫人员	1 500
绿化保洁人员	1 000
水电维修人员	3 000

工作任务：

请测算该小区的单位物业费用。

 知识讲解

1. 物业服务费测算应考虑的因素

（1）计费方式

物业服务费测算应根据不同物业性质和特点，并考虑该物业的定价形式，是政府指导价还是市场调节价。

（2）服务的内容

物业服务费测算应根据物业服务的项目、内容和要求，科学测算确定物业服务成本。

（3）折旧费用

物业服务企业为该项目投入的固定资产的折旧费用和物业管理项目机构用物业服务费购置的固定资产而产生的折旧费用，这两部分均应计入物业服务费的测算中。

（4）合理的利润

物业服务企业物业服务费的测算和物业管理的运作应做到收支平衡，略有结余，在确保物业正常运转的前提下，获取合理的利润，使物业服务企业得以可持续发展。

2. 居住性物业服务费测算的方法

居住性物业服务费的测算方法一般有以下 3 种：成本法、经验法和综合法。

（1）成本法

成本法是指物业服务企业根据当地物业管理市场行情和被测算物业区域内实际发生费用支出的金额，先计算出所有物业服务费各项分项费用的成本价，如：人工费用、设施设备日常维护费、清洁卫生费、绿化维护费、秩序维护费等，然后求和，得到总成本。在总成本的基础上加上物业企业合理的利润及其不可预见因素的费用就是该物业管理区域内的物业服务费。

物业服务费测算公式为：

物业服务费＝各项分项费用成本价总和＋合理利润＋不可预见因素的费用

物业服务费单价＝物业服务费÷被测算的物业收费总面积

（2）经验法

根据对当地物业管理行业情况进行考察、调研、分析，参照当地同类型、同档次物业收费价格后，根据物业面积计算出总收入，根据经验来确定新的物业服务费用。

表2.2所列为优秀物业管理成本构成比例经验值，仅供参考。

表2.2 优秀物业管理成本构成比例经验值

项目	人工费用	办公费用	财产费用	物料消耗	小区公共费用	其他
比例	40%	5%	5%	10%	25%	15%

（3）综合法

综合法是在上述成本法和经验法的基础上，通过综合比较、各取所长，制定出最佳的物业服务费用标准的方法，该方法具有较强的实践性。

3. 物业服务费的测算说明

（1）人工费用的测算（单位：元/月）

该项费用测算方法是根据所管物业的档次、类型和总建筑面积，先确定各级各类管理、服务人员的编制数，然后确定各自的基本工资标准，再加上相应的社会保险，计算出基本工资总额，再按基本工资总额计算上述各项的金额，汇总后即为每月该项费用的总金额，最后分摊到每月每 m^2 建筑面积。人工费用包括：工资、奖金、工资附加费、社会保险费、补贴及过节费、其他。

①工资。物业企业管理人员、服务人员的工资标准根据企业的性质，参照物业所在地平均工资水平确定。

②社会保险费。根据物业所在地政府规定，由企业确定，按照当地劳动部门的规定进行社会保险费的测算（一般户口所在地与非户口所在地的标准）。一般包括养老保险、医疗保险、失业保险、生育保险、工伤保险和住房公积金等。

③按规定计算的福利费。主要包括3项：福利基金，物业企业按照工资总额的14%计算；工会经费，按照工资总额的2%计算；教育经费，按照工资总额的1.5%计算。

④服装费。按照服装的制作成本和使用年限进行分摊。

⑤其他杂费。

（2）设施设备日常维护费的测算（单位：元/月）

①公共电费。根据小区设施、设备的清单，按照设备的功率、每天实际工作时间进

行公共电费的测算：

a. 电梯系统电费。

电梯电费 = 电梯数量 × 电梯功率 × 30 天 × 电梯每天的使用时间（折算成小时数） × 电费单价（元/度）；

电梯通风、照明、降温电费 = 电梯通风、照明、降温等设备的数量 × 功率 × 30 天 × 每天的使用时间（折算成小时数） × 电费单价（元/度）。

b. 公共照明系统电费。包括室内照明、室外路灯、大堂、楼道、走廊、消防楼道、停车库、小区公共景观等所有照明系统的电费。

公共照明系统电费 = 照明器具的功率 × 30 天 × 相应照明电器的每天的使用时间（折算成小时数）的总和 × 电费单价（元/度）

c. 供配电系统电费。

变压器的电费：各地供电收费政策可能会有差异，依各地供电部门的收费标准为准。变压器的电费 = （变压器基本电费 + 超出基本电量的实际使用电量） × 电费单价；或：变压器的电费 = 变压器功率 × 电费单价 × 24 小时 × 30 天

d. 消防系统电费。消防水泵（按每季度检修 2.5 小时计算） = 消防水泵的数量 × 消防水泵的功率 × 电费单价 × 2.5 小时 ÷ 3 月；送、排烟风机（元/月）（按每季度检修 2.5 小时计算） = 送、排烟风机数量 × 送、排烟风机功率 × 电费单价 × 2.5 小时 ÷ 3 月；中央控制室电费 = 中央控制室所有电器的功率 × 30 天 × 每天实际工作时间 × 电费单价。

e. 给排水系统电费。

供水变频泵、潜水泵使用的电费 = 泵的功率 × 数量 × 30 天 × 每天实际工作时间 × 电费单价。

②维护费。包括：

a. 设备设施维护中的材料费；

b. 代维费；

c. 蓄电池的维修费；

d. 其他。

（3）清洁卫生费（单位：元/月）

①清洁工具折旧费。清洁工具一般包括洗地机、吸尘吸水机、打蜡机、剪草机、高压清洗机等。

折旧费用 = 固定资产的原值 ÷ 固定的使用年限 ÷ 12 月

②清洁用具的购置费，如清洁桶、扫把、地刷、鸡毛掸等。

③劳保用品费。

④卫生防疫消杀费；如地毯清洁剂、去污粉、洁厕灵等。

⑤化粪池清掏费。

⑥垃圾外运费。

⑦其他。

（4）绿化维护费（单位：元/月）

绿化维护费用是指为美化物业环境进行管理和服务而发生的各种费用，根据物业管理的绿化面积及绿化品种，按养护的需要测算材料的消耗，包括楼道绿化盆栽放置及裙楼绿化、施肥、杀虫、植物药剂、小区消杀等。主要包括以下几个方面：

①绿化设备购置费、维修费、折旧费。

②绿化用水费（每年每平方米浇水 1.5～2 吨）。

如每月平均浇水 15 天，每次浇水渗透土壤 3 cm，渗透土壤含水率 50%，则绿化水费＝绿化面积×0.03×50%×15 天×水费单价（含排污费、加压费）。

③农药化肥。

④杂草清运费。

⑤草坪补苗费、剃剪费。

⑥景观再造费。

（5）秩序维护费（单位：元/月）

秩序维护费是物业企业为维护物业区域正常工作和生活秩序，保护业主和使用人生命财产安全进行管理和服务而发生的各种费用。主要包括：

①保安人员器材的装备费。

②消防监控系统的运行维护费、耗材费。

③灭火器具的检测费、药液费。

④巡更系统（器具）维护费。

⑤其他。

（6）办公费（单位：元/月）

①办公耗材费用。

②能源消耗费。其中，水费根据管理处水费的使用情况进行计算，电费根据管理处的照明、空调、办公设备配置的情况进行计算。

使用水费金额＝使用量（立方/月）×水费收费单价；

照明用电费用＝办公照明的功率×按每天实际使用时间（折算成的小时单位）×电费收费标准；

办公电器用电费用＝空调等办公设备的功率×按每天实际使用时间（折算成的小时单位）×电费收费标准。

③办公设备维护费用：主要指复印机、传真机、打印机、空调等设备每月的保养费。

④通讯费：指物业管理所需的通讯费用。包括：手机费、电话费、网络通讯费、其他

通讯费用、对讲机等。

⑤交通费。应根据管理服务业务的需要,确定每月固定外出办事的车辆费用。

⑥招待(公关维护)费。

⑦电脑维护费用。根据管理处配置的电脑数量以及管理处业务的需要确定电脑维护费,包括电脑的升级、维护费用、网络使用费、软件开发费用的分摊等。

⑧报刊资料费。因管理需要订购的资料、书籍、报刊、杂志等费用。

⑨咨询及诉讼费。聘请法律顾问的费用分摊,业主拖欠管理费向法院提请诉讼的诉讼费等。

⑩办公设备折旧费用。管理处正常管理服务需要所购置的固定资产(单价在2 000元以上,使用年限超过1年),按使用年限进行折旧。包括:电脑、复印机、传真机、打印机、空调、电视机、保险柜等。

⑪员工宿舍租金(若开发商提供宿舍,此项费用不计)。

⑫社区文化费用。指根据小区的本年度社区文化计划确定所需的费用,是一个因年度计划而变化的量。

⑬(财产)保险费(公共设施、设备购买的保险)。购买保险是业主及物业服务企业规避风险的一种管理手段,所以必须计提,必须投保。业主如有异议,必须经业主大会决定并形成法律文件,否则物业公司会因未尽管理责任而丧失物业管理资格。

保险费=(投保的公共设施、设备)总金额×保险费率÷保险受惠物业的总面积。

(7)税费(单位:元/月)

按现行税法,物业服务企业在进行企业经营活动过程中应缴纳的税费,一般包括营业税及附加税收。在计算营业税时,企业的经营总收入不包括物业服务企业为有关部门代收取的水费、电费、燃(煤)气费、房租及专项维修资金,对这些费用不计征营业税。但对其从事这些代收项目所收取的手续费则应当计征营业税。

①营业税。是对在我国境内提供应税劳务、转让无形资产或销售不动产的单位和个人,就其所取得的营业额征收的一种税。营业税属于流转税制中的一个主要税种,物业服务企业的营业税率为5%。计算公式为:

$$营业税应纳税额=营业额×税率$$

在营业税改增值税后,服务业增值税率一般为6%,按以下方法计税:

$$增值税应纳税额=\frac{营业额}{1+税率}×税率-可以抵扣的进项税额$$

②城市维护建设税。是我国为了加强城市的维护建设,扩大和稳定城市维护建设资金的来源,对有经营收入的单位和个人征收的一个税种,简称城建税。税率按纳税人所在地分别规定为:市区7%,县城和镇5%,乡村1%。其计算公式为:

$$应纳城建税税额=(增值税+消费税+营业税)×适用税率。$$

③教育费附加。它是对缴纳增值税、消费税、营业税的单位和个人征收的一种附

加费,其作用是发展地方性教育事业,扩大地方教育经费的资金来源。教育费附加的征收率为3%。计算公式为:

$$应纳教育费附加 = (增值税 + 消费税 + 营业税) \times 3\%。$$

(8)不可预见的费用(单位:元/月)

在进行物业测算时应考虑一些不可预见因素,如材料费用的上涨、突发事件的发生等。

(9)经业主同意的其他费用(单位:元/月)

一般按照总支出费用3%~6%(参考值)确定。

(10)合理的利润(单位:元/月)

物业企业作为自负盈亏的经济实体,利润率根据各省、自治区、直辖市政府物价主管部门结合本地区实际情况确定的比率计算。对普通住宅小区物业管理的利润率一般以不高于社会平均利润率为宜。其利润应考虑以下因素:

①由当地物价主管部门根据本地区实际情况确定利润比率。

②市场竞争情况。

③物业企业收费惯例。

④由物业企业实际管理成本确定。

(11)管理酬金(单位:元/月)

按照当地政府规定的比率计提管理酬金(北京10%),如:管理酬金 = 以上包括税金在内的所有费用×酬金提取比率。

(12)计算各类物业服务费的收费标准

根据上述(1)~(11)项总计后测算出的总成本,按各类分摊管理面积。

注意:

①南北差异。注意南北地域在设备、设施方面的不同,从而带来的费用测算上的差异。

②法规差异。注意各地在劳动法规、保险条例、征收税率方面的不同而带来的费用测算上的差异。

③根据物业服务合同的约定,物业服务收费采取酬金制方式,酬金可按某个固定的标准从物业服务资金中提取,也可按预收物业服务资金数额的一定比例提取。实行酬金制收费模式的物业企业,物业服务支出应当全部用于物业服务合同约定的支出。物业服务支出年度结算有结余的,转入下一年度继续使用;物业服务支出年度结算亏损的,由业主承担。

【例2.1】佳园大厦物业费用测算

1)基本数据

●目前管理面积:6 万 m²;

● 人员配置(39人)：

①管理处办公室：经理1人，财务人员2人，客服人员2人，收费员1人，共6人；

②工程维修组：水电专业维修5人，综合维修2人，共7人；

③安全管理组：安管员14人；

④环保绿化组：保洁员12人。

2)物业服务费测算

物业服务费测算汇总表见表2.3。

表2.3　物业服务费测算汇总表

序号	服务项目	金额/元	备　注
1	人工费用的测算	124 413.60	见测算(1)
2	设施设备日常维护费	136 168.00	见测算(2)
3	清洁卫生费	1 923.00	见测算(3)
4	绿化维护费	583.00	见测算(4)
5	秩序维护费	2 686.00	见测算(5)
6	办公费	2 961.00	见测算(6)
7	其他	8 977.00	见测算(7)
8	合理利润	8 331.35	见测算(8)
9	税费	15 732.36	见测算(9)
	合　计	301 775.31	

由上得知：物业费 = 299 007/60 000 = 4.98 元/(月·m^2)

3)测算步骤

(1)物业管理服务人员的工资、社会保险和按规定提取的福利费(共计124 413.60 元/月)

①基本工资的测算见表2.4。

②按规定提取的保险费：77 200×41.3% = 31 883.60 元/月。

注：41.3%为：养老保险21%，失业保险2%，工伤保险0.5%，生育保险0.8%，医疗保险9%，住房公积金8%。

③按规定提取的福利费：77 200×17.5% = 13 510 元/月。

注：17.5%为社会福利14%，工会经费2%，教育经费1.5%。

④服装费：39×1 400/30 = 1 820 元/月

注：每人按冬夏两季4套衣服平均1 400 元/人，2.5 年使用期计算。

表2.4 物业服务企业人员工资表

职 务	人数/人	工资标准/元	月工资总额/元
经理	1	5 500.00	5 500.00
财务人员	2	2 500.00	5 000.00
收费人员	1	2 100.00	2 100.00
客服人员	2	2 000.00	4 000.00
工程人员	7	3 500.00	21 000.00
保安员	14	1 800.00	25 200.00
保洁员	12	1 200.00	14 400.00
合计	39	—	77 200.00

(2)设施设备日常运行维护费用(共计136 168元/月)

①公共照明系统的电费和维修费:119 495元/月。

a.弱电系统电费:弱电系统是指安防、可视对讲、温感报警等弱电设施设备,按每层每日平均10度电计算:18层×10度/(层·日)×30日/月×0.98元/度=5 292元/月;

b.高压电年检,维修费:0.15元/月×6万m²=9 000元/月;

c.地下车库电费:3 528元/月;

d.大堂,外墙,室外车库电费:(13+160)×30×0.98=5 087元/月;

e.避雷针年检:0.002元/m²,120元/月;

f.热换机房:37 kW×6×10×30×0.98=65 268元/月;

g.电动门:5×30×0.98×4=588元/月;

h.排风机:30 kW×10×30×0.98=8 820元/月;

i.空调主机,循环泵:(60 kW+4 kW×2)×10×30×0.98=19 992元/月;

j.设备设施耗材费:1 800元/月。

②给排水设施的费用:4 578元/月。

a.消防泵的电费:按每月消防设施启动3小时计算(正常应24小时稳压),每层有功率为75 kW的消防泵4台,4 kW的消防泵6台。

计算公式=总功率×开启时间×动力电价,则有:(75×4)×3×0.98=882元/月;

b.排污泵的电费:按每月开启5小时计算。排污泵功率7.5 kW有4台,4 kW有6台。

计算公式=总功率×开启时间×动力电价,则有:30×5×0.98=150元/月;

c.消防水箱清洗费:消防水箱 20 吨,每年清洗 1 次用水 5 吨:$25 \times 2.9/12 = 6$ 元/月;

d.排水清污费

按 40 个下水井,每次清洗每个井约 30 元,一年 2 次:$40 \times 30 \times 2/12 = 200$ 元/月;

e.给排水设施维修费:400 元/月;

f.无负压供水:$10 \text{ kW} \times 10 \times 30 \times 0.98 = 2\ 940$ 元/月。

③共用建筑、道路维修费:1 000 元/月。

④其他(按上述费用总和的 9% 计):$123\ 273 \times 9\% = 11\ 095$ 元/月。

(3)清洁卫生费(共计 1 923 元/月)

①清洁器械、材料费(拖布、笤帚、手套、清洁剂、垃圾袋等)按价值和使用年限折算,每年 $2\ 400$ 元/12 月 = 200 元/月;

②垃圾桶购置费。垃圾桶约 120 个,每个 50 元,3 年使用期,则有:$120 \times 50/36 = 500$ 元/月;

③垃圾清运费。

每年 $12\ 000$ 元/12 月 = 1 000 元/月;

④保洁用水。经实际测算,一层楼道清洁一次用水 0.1 吨,则有:$16 \times 30 \times 0.1 \times 2.9 = 140$ 元/月;

⑤消杀费:每年 $1\ 000$ 元/12 月 = 83 元/月。

(4)绿化养护费用(共计 583 元/月)

①绿化养护费 83 元/月。

②购置景观 500 元/月。

(5)秩序维护费(共计 2 686 元/月)

①保安系统设备电费(监控、巡更、背景音乐,有线电视等):按消防监控室每天 30 度电计算。$30 \times 0.98 \times 30 = 882$ 元/月;

②保安系统日常运行费用(对讲机电池,停车道闸等):每年 $5\ 000$ 元/12 月 = 416 元/月;

③日常保安器材装备费(对讲机、消防用品、警用物品)。总计 50 000 元,按 3 年使用期计算:$50\ 000/36 = 1\ 388$ 元/月。

(6)办公费(共计 2 961 元/月)

①通讯费用:500 元/月。

②文具、办公用品费用:300 元/月。

③节日装饰费(含彩灯电费):200 元/月。

④公共关系费:200 元/月。

⑤书报费:50 元/月。

⑥宣传费:250 元/月。

⑦培训费:100 元/月。

⑧办公区、员工生活区电费:按每月 15 度计算:$15 \times 0.98 = 28$ 元/月。

⑨办公区、员工生活区用水:按每月用水 10 吨计算:$10 \times 2.9 = 29$ 元/月。

⑩能耗费:1 104 元/月。

⑪杂费:200 元/月。

(7)业主同意的其他费用(8 977 元/月)

(8)物业公司利润(8 331.35 元/月)

按上述(1)~(7)项费用的 3% 计算:$277\ 711.60 \times 3\% = 8\ 331.35$ 元/月。

(9)法定税费(15 732.36 元/月)

按营业额缴纳 5% 的营业税,按营业税税额缴纳 7% 的城市建设维护税、3% 的教育费附加,合计缴纳税费为营业额的 5.5%。$286\ 042.95 \times 5.5\% = 15\ 732.36$ 元/月。

(10)总费用

按上述(1)~(9)项测算的费用汇总,得出佳园大厦物业总费用为 301 775.31 元。

(11)物业服务费标准

物业服务费 $= 301\ 775.31 / 60\ 000 = 5.03$ 元/(月·m^2)

注:以上测算未考虑收费率问题。

任务指导 2.2　完成任务情景 2.2 中的工作任务。

目的:熟悉居住性物业服务费用测算。

步骤:第 1 步,仔细阅读情景任务 2.2;

　　　第 2 步,做好模拟测算物业服务费的环境、资料和物品准备;

　　　第 3 步,学生进行分组,分别进行物业服务费用测算。

提示:

①工资:共计 234 000 元。

a. 管理人员工资 72 000 元。其中:

　经理 1 人:$3\ 500 \times 12 = 42\ 000$ 元;

　收费人员:$2\ 500 \times 12 = 30\ 000$ 元。

b. 服务人员工资 162 000 元。其中:

　保安 5 人:$1\ 500 \times 5 \times 12 = 90\ 000$ 元;

　保洁 2 人:$1\ 000 \times 2 \times 12 = 24\ 000$ 元;

　绿化 1 人:$1\ 000 \times 1 \times 12 = 12\ 000$ 元;

　水电维修 1 人:$3\ 000 \times 1 \times 12 = 36\ 000$ 元。

②社保福利费:137 592 元。其中:

社保费:234 000×41.3% =96 642 元。

福利费:234 000×17.5% =40 950 元。

③公共照明设施补偿费:900×5=4 500 元。

④绿化养护管理费:2×50 000÷1.5×25% =16 667 元。

⑤保安补偿费:300×5=1 500 元。

⑥保洁补偿费:50×2×12=1 200 元。

⑦办公费:72 000×25% =18 000 元。

⑧折旧费:3 000 元。

⑨税费:(234 000+137 592+4 500+16 667+1 500+1 200+1 800+3 000)×5.5% =416 459×5.65% =22 905.25 元。

⑩利润:(234 000+137 592+4 500+16 667+1 500+1 200+1 800+3 000)×5% =20 822.95 元。

⑪总费用为:

234 000+137 592+4 500+16 667+1 500+1 200+1 800+3 000+22 905.25+20 822.95 =460 187.20 元。

⑫物业服务费用为:460 187.20÷50 000÷12=0.77 元/(月·m^2)。

 活动2.2　仔细阅读资料,测算居住性物业服务费。

目的:让学生能够具备初步测算居住性物业服务费的能力。

步骤:第1步,将全班分成评委组、物业服务费测算组。评委组主要负责制定评分
标准,当好评委;物业服务费测算组主要负责物业服务费进行测算;

第2步,进行资料和材料准备;

第3步,分组测算,得出结论。

资料:重庆佳居物业服务有限责任公司管理的物业面积为5万 m^2,容积率为1.2,绿地率为38%,物业收费为二级,共配置20名人员。

根据规定,有:①二级物业人员配备为2人/万 m^2。②人员比例按如下标准:经理1人,财务人员2人,收费人员2人,保安人员8人,保洁人员3人,绿化人员2人,水电维修人员2人。③工资标准参照该市劳动和社会保障的有关文件,具体标准见表2.5。④养老保险金按工资总额的21%计提,医疗保险、住房公积金等费用按照工资总额的20.3%计提,福利费按工资总额的17.5%计提。⑤公用照明设施费(包括外墙、楼梯、消防系统、发配电系统等处照明)一般按900 元/(万 m^2·年)计算。⑥公共区域绿化养护等费用按2.0 元/(m^2·年)。⑦保安费按保安人数300 元/(人·年)计算,保洁费按保洁人数50 元/(人·月)计算。⑧办公费(包括文具、办公用品杂费、交通邮电费及公共关系费用等)按照管理人员工资的25%计提。⑨折旧费按财务部门规定计提,

该小区按 3 000 元/年计算。另外,法定税费按上述③～⑨项总和的 5.5% 计算,利润按上述③～⑨项总和的 5% 计算。请测算该住宅小区的物业服务费。

表2.5 工资标准表

职务名称	工资标准
经理	3 500
财务人员	2 500
收费人员	2 000
治安保卫人员	1 800
绿化保洁人员	1 000
水电维修人员	3 000

 技能实训 2.3 如果你是某物业公司的管理人员,公司委派你开展物业服务费的测算编制工作,请说明物业服务费的测算编制应考虑哪些因素?按学习小组分组讨论。

提示:

①物业服务费测算编制应当区分不同物业的性质和特点,并考虑其实行的是政府指导价还是市场调节价。

②物业服务费的测算编制应根据物业服务的项目、内容和要求,科学测算确定物业服务成本。

③物业服务企业为该项目管理投入的固定资产的折旧费用和物业管理项目机构用物业服务费购置的固定资产的折旧费用,这两部分均应纳入到物业服务费的测算中。

④物业管理属微利性的服务行业,物业服务的测算和物业管理的运作应做到收支平衡、略有结余,在确保物业正常运行维护和管理的前提下,获取合理的利润,使物业服务企业得以可持续发展。

 知识训练

(一)单项选择题

1.(   )一般适用根据预定的物业管理标准,测算物业服务费单价。

    A. 倒推法   B. 定额法   C. 比例法   D. 列举法

2.对物业服务费的测算编制应考虑的因素叙述不正确的是(   )。

    A. 物业服务费的测算编制应当区分不同物业的性质和特点,并考虑其实行的是政府指导价还是市场调节价

    B. 物业服务费的测算编制应根据物业服务的项目、内容和要求,科学测算确定物业服务成本

    C. 物业服务企业为该项目管理投入的固定资产折旧和物业管理项目机构用物业服务费购置的固定资产折旧,这两部分均不应纳入物业服务费的测算中

    D. 以上都不对

（二）多项选择题

1. 物业服务费测算应根据物业服务的(　　),科学测算确定物业服务成本。

    A. 要求　　　　　　B. 内容　　　　　　C. 指标　　　　　　D. 项目

2. 物业服务费测算应根据不同物业性质和特点,并考虑该物业的定价形式,即(　　)。

    A. 政府定价　　　　B. 协议价　　　　　C. 政府指导价　　　D. 市场调节价

（三）判断题

1. 南北地域在设备、设施方面的不同,费用测算上有些差异。　　　　　　　　　（　　）

2. 列举法一般适用根据预定的物业服务费单价,测算出合理的物业管理服务承诺。　　　　　　　　　　　　　　　　　　　　　　　　　　　　　　　（　　）

思考练习

（1）简述影响物业服务费用测算的因素。

（2）简述居住性物业测算的步骤。

项目三　商业地产物业服务费测算

任务情景 2.3

    据机构统计显示,北京 2011 年 1—8 月共售出了 276 万 m^2 商业地产,达到了近十年间的次高,仅略低于去年同期,但同时,商业地产成交价格却创下十年来的最高,每 m^2 的平均售价达到了 23 942 元。另外,2011 年前 8 个月北京商业地产的销售市场值高达 661 亿元,相当于同期住宅地产销售市场值的 48%,这一比值也是近十年来的最高,显示出 2011 年在住宅地产成交低迷的情况下,商业地产一枝独秀,量价齐升。市场的投资热情开始向商业地产转移。

工作任务:

（1）商业地产是指什么?

（2）商业地产包含哪些内容? 结合实际进行举例。

知识讲解

1. 什么是商业地产

商业地产(Commercial real-estate)有广义和狭义之分。广义的商业地产是指各种非生产性、非居住性物业,包括写字楼、公寓、会议中心以及商业经营场所等;狭义的商业地产是指用于商业服务业经营用途的物业形式,包括零售、餐饮、娱乐、健身、休闲设施等。无论是广义的商业地产还是狭义的商业地产,其目的都是房地产企业为了实现对商铺的租售。商业地产的消费群主要有两类:一类是商业地产的商铺投资者,另一类是最终的消费者。

2. 商业地产经营管理模式

目前,商业地产经营管理模式共有3种。

（1）出售模式

出售模式又称为百货公司模式,是商业地产最原始的模式。从商业地产的开发惯例来看,有实力的开发商对于商业地产项目多采取"只售不租"的策略,通过持续有效的经营管理提升商业价值。其优点是开发商可在短时间内收回资金,迅速获利而不考虑买家日后的实际商业经营业绩。缺点是负面影响很大,由于开发商把一个完整的商业地产项目分割成上百个小商铺出售,造成产权多元化,难以进行统一招商、统一经营管理。随着商业地产的火爆,单纯的出售模式已不再适应商业地产的发展。

（2）只租不售模式

这一类模式通常在物业建成并形成独立的产权后,通过招商合作,以租金作为其主要的收入来源;再通过商业运营包装进入资本市场,获取良好的融资。全球最大的连锁商店沃尔玛是这个模式的典型代表。由于商业地产具有"总价高、利润率及开发风险较高、投资回收期长"等特点,使得有能力全额购买商业地产的投资者实在少之甚少;即使有能力购买,理性的投资者也不愿将大笔资金积压在投资回收期如此漫长的项目上。这使得开发商在开发商业地产时不免会面临两难局面:一是开发的商业地产用于整体出售时,难以找到买家,开发资金无法回笼;二是自己经营时,由于投资回收期过长而承受巨大的资金压力,无法尽快回收资金投入其他项目的开发,影响整体运作。因此开发商为了解决自身的困境,大部分高档写字楼都采用只租不售或租售并举的方式入市。

（3）租售结合模式

采用这种经营模式,要把握好出售和出租的比例及结构。这种模式是投资商和开发商把其中的一部分物业出租,另一部分销售。通常情况下,开发商都掌握大部分的产权,出售的只是小部分,往往将高楼层整体出租给品牌商家,以品牌商家为商场经营的主体,发挥他们的品牌效应,将低楼层作为大商家的辅营区分割后出售,即"主力店＋辅营区"的模式,主力店品牌商家的进驻能提升辅营区的销售价值。而销售区和非销售区相对完整独立,即使未来销售区经营出现问题,也不影响高楼层的经营。如深圳华强北燕南路 88 号商城共 18 000 m²,二、三层以优惠的租金引进连锁商店沃尔玛,首层仅售 2 500 元/m²。沃尔玛的入驻,增强了吸引消费者的能力,而出售首层商铺让开发商的资金得以回笼,缓解了经济上的压力。

3. 商业地产物业管理内容及方式

（1）一般性管理

①对小业主或承租商的管理。统一产权型的公共商用楼宇,其经营者都是承租商,可以在承租合同中写进相应的管理条款,对承租户的经营行为进行规范管理,也可以以商场经营管理公约的形式对他们管理进行引导。对于分散产权型的公共商用楼宇,一般宜采用管理公约的形式,明确业主、经营者与管理者的责任、权利和义务,以此规范双方的行为,保证良好的经营秩序。也可由工商部门、管理公司和业主、经营者代表共同组成管理委员会,由管理委员会制定管理条例,对每位经营者的经营行为进行约束,以保证良好的公共经营秩序。

②安全保卫管理。公共商业楼宇面积大、商品多、客流量大,容易发生安全问题。因此,安全保卫要坚持 24 小时值班巡逻,并安排便衣保卫人员在场内巡逻。商场晚上关门时,要进行严格的清场。同时在硬件上要配套安装电视监控器及红外线报警器等报警监控装置,对商场进行全方位的监控,为顾客购物提供安全、放心的环境,确保商场的货品不被偷盗。

③消防管理。由于公共商业楼宇属于人流密集性场所,所以消防安全非常重要。消防工作要常抓不懈,不仅要管好消防设备、设施,还要组织一支义务消防队,并要有一套紧急情况下的应急措施。

④设备管理。管好机电设备,保证其正常运转是经营场所管理的一项重要工作。要保证电梯、手扶电梯、中央空调、电力系统等的正常运行,否则就会影响顾客购物和商家经营,造成不必要的损失。

⑤清洁卫生及车辆管理。要有专门人员负责场内流动保洁,将垃圾杂物及时清理外运,时刻保持场内的清洁卫生,对大理石饰面等要定期打蜡、抛光。车辆管理要分别设置汽车、摩托车、自行车停放保管区。要有专人指挥,维持良好的交通秩序,同时应设专人看管,以防偷盗。

（2）特殊管理

①商业形象的宣传推广。公共商业楼宇物业管理的一项重要工作,就是要做好楼宇商业形象的宣传推广,扩大公共商业楼宇的知名度,树立良好的商业形象,以吸引更多的消费者。这是整个商业楼宇统一管理的一项必不可少的工作。

②承租客商的选配。公共商业楼宇是一个商业机构群,其所有人主要是通过依靠

经营商业店铺的出租而赢利,因而公共商业楼宇的管理者必须十分重视对客商的选择及其搭配。从五个方面对承租商进行分类选择:

a.零售商店的经营品种范围。按照经营品种,零售企业可分为家电商店、交电商店、家具商店、食品店、文化用品商店、书店、服装商店、床上用品商店、皮鞋店、五金店、灯具店、日用小百货商店、杂货店等。公共商业楼宇的管理者在选配承租商时,要尽量做到经营各种商品的零售商店"齐"和"全",以满足购物者各方面的需要。

b.不同形式的零售商店。零售商店除了传统上分为综合商店和专业商店外,现在还分为百货公司、连锁店、超级市场、自选商场、折扣商店、样品展销商店等。这些零售商店在经营上各有特色,它们能够适应各种收入水平和社会阶层的不同需求。

c.不同层次的商店。零售商店就其信誉和实力可以划分为不同的层次,如全国性的、省市级的以及其他一般商店。公共商业楼宇的管理者在招租时应充分考虑不同层次商店的选配。

d.不同的商业机构。商业机构在这里是一个广泛的概念,除了纯商业机构,还包括饮食业企业,如饭店、快餐厅、酒吧、酒楼;服务性企业,如照片冲扩店、干洗店、修理店、理发店、沐浴室;旅游业企业,如旅行社、旅馆;娱乐业企业,如录像室、电子游戏室、游泳池、溜冰场、儿童乐园;金融机构,如银行、信用社,等等。公共商业楼宇实际上可以看成是一个商业区,里面可以包容城市商业街区的各行各业。

e.承租客商在公共商业楼宇的不同作用。根据承租客商向公共商业楼宇承租营业场所的期限,可以将他们分为3种类型,即基本承租户、主要承租户和一般承租户,他们对公共商业楼宇的作用是不同的。基本承租户又称关键承租户,他们的租期通常要在20年以上,这对于稳定公共商业楼宇的经营管理及其收入具有主要作用,是公共商业楼宇发展的基础;主要承租户的租期一般在10年以上,他们对公共商业楼宇的经营稳定性起到重要作用;租赁期在10年以下的为一般承租户。安排这三类承租客商在公共商业楼宇中的结构比例是公共商业楼宇管理的一项十分重要的工作。根据国外经验,一座公共商业楼宇的基本承租户承租的营业面积应达50%以上,即公共商业楼宇营业面积的一半以上要有长期的客户;主要承租户承租的营业面积应达30%以上;其余的20%由一般承租户承租,尽管他们的变动性比较大,但能体现公共商业楼宇对市场变化的适应性。

公共商业楼宇的管理者,应主要依据所管理的公共商业楼宇的规模大小和不同层次去选配承租客商。大型公共商业楼宇,如省级、国家级的,甚至是国际级的,其经营的商品范围、零售商店的类型以及商业机构门类应该是越齐越好,应尽量争取一些省市级、全国性乃至世界级的分店为基本承租户,给人以购物天堂、度假去处的感觉;中型公共商业楼宇,如大城市区一级的,其经营的商品和零售商店类型应该尽量齐全,也应有其他各种商业机构,同时应尽量争取省市级和区级大商店的分店作为基本承租户;小型公共商业楼宇,如一些住宅小区的购物中心,各方面都不必太全,其主要功能是为附近居民提供生活方便。

4. 商业地产的分类

(1)按照使用功能分类

商产地产泛指用途为商业、服务业的物业。国内常见有底层商铺、步行街、购物街(MALL)、购物中心、专业性市场。

(2)按照地域性分类

根据不同的城市发展规模,城市中存在单个或多个商业中心、商圈的情况。如北京有燕莎、朝外、CBD、建国门、王府井、亚奥、北三环、西单、阜成门等多个分散的商业中心,商业分布呈现多极化现象;上海、南京等国内诸多大中城市中虽有不同的商业中心,但均有商业密集度极大的核心商业区。分析和研究不同地域的商业特色有助于完成理想的商业选址。

(3)按照服务对象和辐射范围分类

有区域商业中心、城市核心商业中心、次中心、邻里中心、小区配套商业等。

5. 商业地产服务费用的测算

商业地产服务费用一般采取定额法和比例法测算。

(1)定额法

定额法是指业主按照某一固定的数额承担物业服务费用。具体测算方法可参考居住性物业服务费的测算方法。也可参照本章情景2.2。

(2)比例法

比例法是指业主为物业服务企业定出最低的年租金收入任务和物业维修养护目标,完成后按租金收入的一定比例支付服务费。这种将物业服务费与物业服务结合的方法适合代理收益性物业租赁的物业服务企业。

【例2.2】已知有一间商铺,出租价为12元/(m^2·月),商铺的面积为100 m^2,那么,若物业服务公司按租金的8%收取物业费,则该商铺每月应缴物业费为12×100×8% = 96元。

任务指导2.3 完成情景任务2.3中的工作任务。

目的:熟悉商业地产。

步骤:第1步,仔细阅读情景任务2.3;

第2步,学生进行分组讨论。

提示:商业地产,顾名思义,是作为商业用途的地产,区别于以居住功能为主的住宅房地产和以工业生产功能为主的工业地产。商业地产广义上通常指用于各种零售、批发、餐饮、娱乐、健身、休闲等经营用途的房地产形式,从经营模式、功能和用途上区别于普通住宅、公寓、别墅等房地产形式。商业地产的形式多样,主要包括购物中心、超级购物中心、大卖场、商业街、主题商场、专业市场、写字楼。工业园区一般不划为商业地产。实际上,大家看到很多地产形式,是融合了住宅地产、商业地产、工业地产、旅游地产等的复合地产。

 活动 2.3　调查本市某一商业地产,测算商业地产物业服务费。

　　目的:让学生能够具备初步测算商业地产物业服务费的能力。

　　步骤:第1步,将全班分组,分别调查本市某一商业地产,并对该商业地产的物业服务费进行测算;

　　　　　第2步,进行资料和材料准备;

　　　　　第3步,分组测算,得出结论。

 技能实训 2.4　讨论商业地产如何定位?

　　提示:按照市场调研的事实和数据,商业地产项目进行市场定位是制定基本策略的重要步骤。环境分析、市场分析,发现机会市场,确定目标市场,确定营销策略,是市场定位的基础。市场定位是项目成败的转折点。商业地产项目定位包含功能、客户、价格、形象定位,更深一步延伸,包括服务定位和技术定位。例如,功能定位就是确定建筑的用途及发挥的作用;客户定位就是确定谁是建筑的投资者、使用者、运营者、物业管理者和消费者;价格定位就是确定建筑的目标价值和价格;形象定位就是确定建筑在人们心目中的形象;服务定位就是确立建筑使用过程中所提供的服务水平,如宾馆、酒店按照星级标准提供服务。

 知识训练

　　(一)单项选择题

　　1.沃尔玛属于(　　)的商业地产的代表。

　　　　A.出售模式　　　　B.只租不售模式　　　C.租售结合模式　　　D.以上都不对

　　(二)多项选择题

　　1.商业地产包括(　　)。

　　　　A.会议中心　　　　B.住宅小区　　　　C.公寓　　　　　　　D.写字楼

　　2.商业地产模式有(　　)。

　　　　A.租售结合模式　　B.只租不售模式　　C.出售模式　　　　　D.以上都不对

　　(三)判断题

　　1.商业地产是指用于商业服务业经营用途的物业形式。　　　　　　　　(　　)

　　2.商业地产目的都是房地产企业为了实现对商铺的租售。　　　　　　　(　　)

技能实训 2.5　确定重庆佳居物业服务有限责任公司新岸商业街物业服务费用的构成。

　　资料：重庆佳居物业服务有限责任公司新岸商业街物业收费处收费现场有物业收费员2~6名，现场保安1~2名。物业使用人若干名。

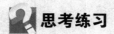 **思考练习**

　　(1)什么是商业地产？如何分类？

模块三　物业服务费用收取服务

教学目标：

能力要素	实作标准	知识要求
物业服务费用收取的依据	熟练陈述收费依据； 正确运用收费方面的法律法规	物业服务合同对收费方面的条款； 物业服务收费方面的法律法规； 物业服务收费地方性法规； 物业服务收费的条款
物业服务费用收取的方法	能运用正确的方法进行物业服务收费	目前物业服务费收费遭遇的困境； 规范物业服务收费的原则； 物业服务费收费的方法
物业服务费用催缴方法	了解业主欠费的真正原因； 掌握正确的催缴方式； 针对不同原因采用不同的方式催缴	业主欠费的原因分析； 正确的催缴方式； 寻找合理的催缴方式
物业服务费用纠纷的处理方法	面对纠纷时的态度和心理准备； 冷静分析纠纷的起因和现状； 采用合理的方式和技巧处理纠纷	物业服务费用的常见纠纷； 纠纷的分析思路； 纠纷的处理方式和技巧

教学内容：

项目一　物业服务费用收取的依据

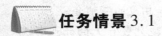 **任务情景**3.1

业主不满，拒交物业费

　　华成嘉园小区业主由于对物业服务不满，屡屡和物业公司发生矛盾，并拒绝支付物业费。面对拒绝交费的业主，先后有两家物业公司在物业委托合同期满前就单方面撤离小区。与此对应的,是该小区屡被中断的物业服务窘境。对此,律师认为业主委员会有权解聘物业公司,物业公司单方面撤离小区属违约行为。为了追讨物业费,提前撤离的物业公司将3名拒交物业费的业主委员会委员告上法庭。

2009年9月,华成嘉园迎来了第一批业主,当时向小区提供物业服务的是A物业管理有限公司。多名业主抱怨称,A物业公司存在乱收费问题。以物业费为例,根据规定,一年内未入住的业主,按物业管理公共服务标准的50%交纳,但A物业公司却要求全体业主支付全年的物业服务费用。"尽管如此,我们还是多付了物业费。但业务公司的服务态度差,小区内经常是杂草丛生、垃圾成堆,失窃案屡有发生。"为了表达对A物业公司服务质量的不满,小区业主们拒交物业费,并于2011年6月20日自发组织了业主大会。经过商议,业主们决定成立业主委员会,并选举了8名委员及6名楼栋长,他们的目标是更换物业服务公司。

7月初,主业裴女士家中到访了一位特殊的客人。此人自称是B物业管理有限公司总经理,他询问业主拒交物业费的情况,并表示A公司已撤离,B物业公司接管华成嘉园物业服务。听说换了新的物业公司,业主们很开心,但业主们很快发现,原先A公司的保安、保洁、电工,甚至和业主发生口角的管理人员,仍在小区内出没,只是变成了B公司的工作人员。"开发商的员工在小区内吵闹、随地小便,物业不管;有的业主与保安发生争执,还遭到殴打。"据小区业主反映,B物业公司进驻后,之前的问题并没有得到改善,物业服务水平仍然糟糕。对此,绝大部分业主继续拒交物业费。

9月1日,华成嘉园业主委员会成立,业主代表们开始着手选聘新的物业公司进驻小区。这直接引发了业主委员会和B公司之间的矛盾。10月16日晚,B公司的工作人员与多名身份不明者敲响了5位业委会委员的家门,要求委员们支付物业费,并以停小区的公用电和业委会委员家的自来水相威胁。

10月18日,B物业公司在小区内贴出公告,称因业主长期拒交物业费,该公司决定自10月19日起停止对华成嘉园小区提供物业服务,并将起诉拒交物业费的业主。两天后,B物业公司贴出第二份通告,称已起诉3位业委会委员,并催促其他业主交费。10月30日,第三份通告出现在小区内,B物业公司称,他们将于11月1日正式撤离小区,要求之前交年费的业主前去办理退费。10月下旬,南昌市××区法院收到了B物业公司递交的起诉书。起诉书中称,从7月1日进入华成嘉园起,业主无任何理由拒交物业费已326天,请求法院判令业主支付拖欠的物业费和相应的滞纳金。

"7月1日才进驻小区,11月1日就撤了,我们怎么可能拖欠326天的物业费呢?我家每个月的物业费是152元,B物业公司说我拖欠了1 524元的物业费,这让人感到莫名其妙。"一位业主质疑。

目前,南昌市××区法院已受理了B物业公司的起诉。"在房管部门、塘山镇政府和当地社区的调解下,我们和业主委员会签订了一份调解书,业主共拖欠物业费6万多元,将如数付清。届时我公司将不追究业主法律责任。"B物业公司总经理胡先生说道。而对于为什么7月份才接手的B物业公司却被业主欠费326天的问题,胡先生没有回答。

工作任务:

(1)请问业主和两个物业公司分别有什么过错?

(2)如果你是A物业管理有限公司的工作人员,你将采取哪些措施来解决业主欠费的问题?

(3)作为A物业管理有限公司的工作人员,请问在跟业主沟通过程中你如何向业主解释物业费的收取依据?

 知识讲解

物业服务收费的依据

物业服务收费的依据主要是两个方面:物业服务合同和国家法律法规。

首先,《物业服务合同》和《前期物业服务合同》都分别规定了物业服务费用的标准。这是物业服务主体双方权利义务确定的依据。合同方面在《物业管理实务》中有详细描述,这里不再赘述。

其次就是国家和地方的法律法规,是物业服务收费的重要依据。主要有以下几个方面:

(1)国家法律——《中华人民共和国物权法》

已由中华人民共和国第十届全国人民代表大会第五次会议于2007年3月16日通过,自2007年10月1日起施行。其中第八十三条规定:业主应当遵守法律、法规以及管理规约。业主大会和业主委员会,对任意弃置垃圾、排放污染物或者噪声、违反规定饲养动物、违章搭建、侵占通道、拒付物业费等损害他人合法权益的行为,有权依照法律、法规以及管理规约,要求行为人停止侵害、消除危险、排除妨害、赔偿损失。业主对侵害自己合法权益的行为,可以依法向人民法院提起诉讼。

(2)行政法规——《物业管理条例》

2003年6月8日中华人民共和国国务院令第379号公布,根据2007年8月26日《国务院关于修改〈物业管理条例〉的决定》修订。以下条款对物业服务费用进行了规定:

第七条 业主在物业管理活动中,履行下列义务:(五)按时交纳物业服务费用。

第三十五条 物业服务合同应当对物业管理事项、服务质量、服务费用、双方的权利义务、专项维修资金的管理与使用、物业管理用房、合同期限、违约责任等内容进行约定。

第四十一条 物业服务收费应当遵循合理、公开以及费用与服务水平相适应的原则,区别不同物业的性质和特点,由业主和物业服务企业按照国务院价格主管部门会同国务院建设行政主管部门制定的物业服务收费办法,在物业服务合同中约定。

第四十二条　业主应当根据物业服务合同的约定交纳物业服务费用。业主与物业使用人约定由物业使用人交纳物业服务费用的,从其约定,业主负连带交纳责任。

已竣工但尚未出售或者尚未交给物业买受人的物业,物业服务费用由建设单位交纳。

第四十三条　县级以上人民政府价格主管部门会同同级房地产行政主管部门,应当加强对物业服务收费的监督。

第四十四条　物业服务企业可以根据业主的委托提供物业服务合同约定以外的服务项目,服务报酬由双方约定。

第四十五条　物业管理区域内,供水、供电、供气、供热、通信、有线电视等单位应当向最终用户收取有关费用。物业服务企业接受委托代收前款费用的,不得向业主收取手续费等额外费用。

第六十七条　违反物业服务合同约定,业主逾期不交纳物业服务费用的,业主委员会应当督促其限期交纳;逾期仍不交纳的,物业服务企业可以向人民法院起诉。

（3）部门规章

①国家发展改革委、建设部颁布的《物业服务收费管理办法》,发改价格〔2003〕1864 号。

②国家发展改革委、建设部关颁布的《物业服务收费明码标价规定》的通知,发改价检〔2004〕1428 号。

③国家发展改革委、建设部颁布的《物业服务定价成本监审办法(试行)》,发改价格〔2007〕2285 号,二〇〇七年九月十日。

（4）地方法规(以重庆为例)

①《重庆市物业管理条例》,已于 2009 年 5 月 21 日经重庆市第三届人民代表大会常务委员会第十次会议通过,自 2009 年 10 月 1 日起施行。以下条款对物业服务费用进行了规定:

第五十六条　物业服务收费应当遵循合理、公开以及费用与服务水平相适应的原则,区别不同物业的性质和特点,由业主和物业服务企业按照市价格主管部门会同市房地产行政主管部门制定的物业服务收费办法,在物业服务合同中约定。

物业服务企业应当在物业管理区域内公示物业服务合同约定的收费项目和标准以及向业主提供特约服务的收费项目和标准。

第五十七条　物业管理区域内,供水、供电、供气、供热、通信、有线电视等专业单位应当向最终用户收取有关费用,最终用户应当按时、足额缴纳。其中,属物业专有部分的费用,由业主缴纳;属物业服务企业使用的费用,由物业服务企业缴纳。

专业单位不得强制物业服务企业代收有关费用,不得因物业服务企业或者其他管理人拒绝代收而停止提供服务。

物业服务企业接受专业单位委托代收有关费用的,可以根据双方约定向委托单位收取代收手续费,但不得向业主收取手续费等额外费用。

第八十一条　违反物业服务合同约定,业主逾期不交纳物业服务费用的,业主委员会应当督促其限期交纳;逾期仍不交纳的,物业服务企业可以向人民法院起诉,或者按约定申请仲裁。

②《重庆市城市物业管理服务收费实施办法》[渝价398号文]。

③《重庆市物价局关于对重庆市城市物业管理服务收费实施办法执行中有关问题的通知》(渝价[2004]778号)。

任务指导3.1　完成任务情景3.1中的工作任务。

目的:熟悉物业服务费用的收费依据。

步骤:第1步,仔细阅读任务情景3.1;

　　　第2步,进行分组讨论,现场交流。

提示:针对此事,江西某律师事务所陶律师表示,无论是前期的A物业公司,还是之后的B物业公司,在合同期满前,都不能擅自宣布中止物业服务。物业公司单方解除合同、从小区撤离的行为属于明显的违约行为,由此造成的损失应当由物业公司承担。

对于双方的物业费纠纷,陶律师认为,物业公司提供了物业服务,业主就应当支付物业费用。如果物业公司服务不到位,业主可以与物业公司协商减免费用。无论是多交了物业费,还是拒交物业费,双方都可以通过法律途径追究对方的责任。

活动3.1　列出相关法律法规中必须熟记的相关条款,进行熟记,组织知识抢答活动。

目的:通过物业服务费用法律法规条款知识抢答活动,让学生掌握相关条款,训练学生法律意识,提升学生对物业服务费用收取依据的认识。

步骤:第1步,将全班分组分别列举出物业服务收费的法律条款;预计用时40分钟。

第2步,将条款进行汇总,打印,分发;教师指出其中重要条款进行分析解读。预计用时40分钟。

第3步,让学生利用课余时间进行背诵记忆。组建活动筹备组,完成出题和其他准备工作。

第4步,现场进行抢答活动。从筹备组中选出评委和主持人,教师进行现场秩序维护和给每位学生的表现打分。预计用时90分钟。

技能实训 3.1　　根据案例资料,讨论是否应当缴纳物业服务费。

6 年前,张某在一个小区购买了一套二手别墅。发展商很多年前就已经破产了,所以整个别墅区只有少数人在住,路灯也没有,张某觉得不方便,一直没去住。几个月前,小区的物业公司找到张某要其支付十几万元的物业服务费和水电公摊。张某没同意,说他没有入住,没有享受过任何的物业管理服务,小区的路灯都是坏的,也不见物业公司去修,物业公司凭什么收物业服务费? 结果,昨天物业公司给张某发了律师函,说要起诉他。

请问:物业公司起诉张某有道理吗? 张某会输吗?

提示:张某是否应当缴纳物业服务费,要看他买的这个物业是否已竣工交付。根据《物业管理条例》规定,已出售但尚未交给物业买受人的物业,物业服务费用由建设单位交纳。如果发展商已经将别墅交付给张某或其上手业主,那么物业服务费就应当由张某承担。张某认为其没有入住,没享受物业管理服务,因此不应当缴纳物业服务费,这个理由是不能成立的。至于路灯坏了没更换,是否可以成为张某拒交物业服务费的理由,这要看物业管理合同的具体规定。如果物业管理合同明确约定,物业公司没有着手更换路灯是违反合同约定,业主有权拒交物业服务费,那么张某拒交物业服务费的理由才能成立。必须指出的是,如果物业公司已经着手就更换路灯事宜征询全体业主的意见,但因未能得到法定人数的业主的同意,而不能动用物业服务费或专项维修资金去更换路灯,张某拒交物业服务费的理由也不成立。

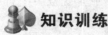 **知识训练**

(一)单项选择题

1.(　　)是我国第一部系统规范物业管理制度的规范性文件,是推动我国全面开展物业管理活动的基石,对我国建立物业管理活动秩序产生了重大影响。

　　A.《城市新建住宅小区管理办法》

　　B.《物业管理条例》

　　C.《深圳特区物业管理条例》

　　D.《全国物业管理优秀住宅小区标准》

2. 为规范物业服务企业财务管理行为,有利于企业公平竞争,加强财务管理和经济核算,财政部 1998 年颁布了(　　)。

　　A.《城市新建住宅小区管理办法》

　　B.《物业服务企业财务管理规定》

　　C.《城市住宅小区物业管理服务收费暂行办法》

　　D.《物业服务企业资质管理试行办法》

（二）多项选择题

1. 以下文件哪些不是 1998 年颁布的？（　　　）。

A.《住宅共用部位共用设施设备维修基金管理办法》

B.《全国优秀管理住宅小区标准》

C.《物业服务企业财务管理规定》

D.《城市住宅小区物业管理服务收费暂行办法》

2. 为规范物业管理市场秩序,加强对物业服务企业经营活动的管理,1999 年建设部印发了文件,以下哪些不是？（　　　）

A.《全国优秀管理住宅小区标准》

B.《城市住宅小区物业管理服务收费暂行办法》

C.《关于实行物业服务企业经理、部门经理,管理员岗位培训合格上岗制度的通知》

D.《物业服务企业资质管理试行办法》

3.《物业管理条例》的颁布,是我国物业管理发展历史上一件具有里程碑意义的大事,标志着我国物业管理进入了（　　　）发展的新时期。

A. 法制化　　　　　B. 民主化　　　　　C. 国际化　　　　　D. 规范化

4.《物业管理条例》第一条规定:为了规范物业管理活动,维护（　　　）的合法权益,改善人民群众的生活和工作环境,制定本条例。

A. 业主　　　　　　　　　　　B. 物业服务企业

C. 开发建设单位　　　　　　　D. 业主和物业服务企业

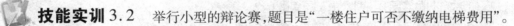 **技能实训** 3.2　举行小型的辩论赛,题目是"一楼住户可否不缴纳电梯费用"。

资料:李某是某小区的一名业主,住在一楼。2009 年 2 月入住时,李某与物业公司签订了物业管理服务协议,约定由李某按住房面积,每月每平方米缴纳 0.7 元物业服务费用,该费用包括管理费、共用部位维修费、公共设施设备维护费、电梯运营费用等。2010 年 1 月,李某觉得自己根本用不着电梯,也从未用过电梯,故虽物业公司多次催收,他提出拒绝支付电梯的日常运营维护费用。双方因而成讼。法院审理后,认为李某必须支付电梯的日常运营维护费用。

一方面,电梯属于全体业主的共有部分。就"共有部分"的界定,最高人民法院《关于审理建筑物区分所有权纠纷案件具体应用法律若干问题的解释》中指出,除法律、行政法规规定的共有部分以外,建筑物的基础、承重结构等基本结构部分,通道、楼梯、大堂等公共通行部分,消防、公共照明等附属设施、设备,避难层、设备层或者设备间等结构部分均属于共有部分。建设部和财政部联合颁发的《住宅专项维修基金管理办法》第三条也规定,业主共有的附属设施设备一般包括电梯、天线、照明、消防设施、绿地、道路、路灯、沟渠、池、井等。本案所涉及的电梯,既是通道,也是楼梯,明显是全体业主的公用设备,属于小区的共有部分。

另一方面,根据物权法第七十二条规定:"业主对建筑物专有部分以外的共有部分,享有权利,承担义务;不得以放弃权利不履行义务。"李某不必使用电梯,事实上也从未使用过电梯,并不能成为李某拒交电梯日常运营维护费用的理由。

当然,一楼业主也并非必须缴纳电梯运营维护费。在签订物业管理服务协议时,一楼业主可以和物业约定是否缴纳电梯费用。开发商在售楼时就应告知,一楼业主是否要承担电梯费,这就避免了因电梯费产生的纠纷和风险。尽管政府部门出台了相关收费规定,但在各小区具体操作上,政府也不会干预太多。因此,一楼住户首先要争取多数居民和业主大会的支持。

同时,物权法第八十条规定:"建筑物及其附属设施的费用分摊、收益分配等事项,有约定的,按照约定;没有约定或者约定不明确的,按照业主专有部分占建筑物总面积的比例确定。"国务院颁发的《物业管理条例》也指出,物业服务企业依据与业主签订的物业服务合同收取物业费。而本案中李某与物业公司的协议中,不仅没有免除李某的电梯运营费用,而且明确约定了物业服务费用包含电梯运营费。在有约定的情况下,双方自然就应当按约定履行。作为小区业主权力的执行机构——业主委员会,可以从业主利益的角度,多和物业公司沟通协调,最终产生一个双方都能接受的操作方案。如果物业公司坚持执行显失公平的收费规定,业主大会有权"罢免"物业公司。

思考练习

(1)物业服务费用的收费依据有哪些?
(2)物业服务费用的法律依据有哪些?请摘录 10 个条款。
(3)请问你知道当地的物业服务费用标准吗?

项目二　物业服务费用收取方法

任务情景 3.2

汪先生近日在办理入住手续时,遇到了一件很不舒心的事:开发商的工作人员要求汪先生一次性预先交纳一年的物业服务费,否则不办理入住手续。汪先生对此提出了几点疑问:一是凭什么房子还没有验收,就让交物业服务费?二是这家由开发商指定的物业服务企业,是开发商为这个项目专门新设立的,此前没有任何的物业服务经验和业绩,而物业管理不同于商品买卖,是一种延续性的服务,一次性交纳一年的物业服务费,意味着至少在一年内,自己对这家物业服务企业的服务无论满意与否,都没有任何制约力了。

　　工作任务:

　　(1)请分析物业服务公司提前预收物业服务费是否合理?

　　(2)物业服务企业可以选用哪些方法向汪先生收取物业服务费?

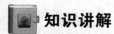 **知识讲解**

1. 目前物业服务费收费遭遇的困境

　　(1)房产商的遗留问题

　　房屋作为耐用不动产,在长期的使用过程中需不断地维修和保养,由此房产商的遗留问题也成为业主拒交物业收费的主要原因。如在验收接管房屋的过程中,将本来由开发商承担的工程质量遗留责任转嫁给业主,而业主分辨不清所发生的问题是建设开发环节的问题还是物业服务的问题,把本不应该由物业公司"埋单"的事项打包交给了物业公司,而物业公司又因各种条件的限制而无法解决,造成矛盾积怨,导致业主以不交物业费为主要手段来向物业公司施压。

　　(2)物业服务费用使用情况透明度差,缺少公示

　　物业公司应以自愿、公平与诚信、互利为原则,通过公开招标的方式来选聘,以增加工作透明度。目前由房地产开发商指定与其有关联的物业公司来打理小区的物业,并与之签订委托合同。通过不合法程序聘来的物业公司不仅服务质量差,甚至还不同程度地接受房地产开发商的资助。

　　(3)专业知识缺乏,服务水平低

　　员工素质的高低,直接关系到服务质量的优劣。霞浦县原有小区所聘的物业公司几乎是房地产开发商随带的。开发商对物业服务缺乏经验,更谈不上对物业公司进行相关的培训与指导。物业公司员工专业知识缺乏,业务素质不高,服务水平低下,业主意见大,导致物业服务费收缴困难。

　　(4)承诺不兑现,服务质量难保证

　　"承诺有信,一诺千金"已经成为了服务行业的不成文规矩。然而,在现实中,有些物业公司的承诺却与实际行动不一致。例如,霞浦×××物业公司在接管金海湾花园小区物业时,《物业服务委托合同》明确约定,物业公司保安坚持一天24小时巡逻,保证业主的财产安全。但保安夜间巡逻并不到位,业主店面被盗造成财产损失。物业公司既不赔偿,也不愿承担工作失职的责任,引发了纷争。

　　(5)收费行为不规范

　　由于各个物业公司经营方式与服务水平的差异,导致收费标准不统一,收费行为不规范。如金海湾花园小区业主财产被盗案件时有发生,物业公司为了逃避赔偿责

任,擅自在收费票据上故意将"物业综合服务费"写成"卫生费"。

2. 规范物业服务收费的原则

（1）完善收费许可制度

收费许可证是物业服务企业收费的依据,对已成立业主委员会的,物业服务企业与业主委员会通过一定程序约定收费标准的,凭约定合同向价格部门申领《收费许可证》。对尚未成立业主委员会的,物业服务企业与超过50%以上业主签订服务和收费合同的,凭有关证明手续向价格部门申领《收费许可证》,实行亮证收费,为物业服务企业收费提供收费依据。

（2）完善收费公示制度

规范收费行为,明确公示要求,增加收费工作透明度。物业公司在收费之前,一方面要向业主做好相关法规、政策的宣传解释工作,消除业主的心理疑虑;另一方面,要求各物业服务企业必须按照规定实行收费公示制度,收费公示不仅要公示物业服务收费、停车场收费和收支情况,而且要公示各种代收费和涉及小区住户电价、水价等相关价格,确保服务质量与收费标准质价相称。

（3）改革收费管理方式

对物业服务收费实行动态管理,对物业服务收费标准建立定期调整和公布制度。定期调整和公布物业服务政府指导价标准,该提高的要提高,该降低的要降低,及时解决和理顺收费中存在问题。

3. 物业服务费收费的方法

（1）由企业财务处统一收取

主要从以下几个方面采取措施:

①严格依法依规依合同收费。物业服务企业应当严格执行政府收费管理的政策和制度,住宅等实行收费许可管理的项目要按照收费许可管理办法执行,杜绝乱收费行为。对业主收费要按照物业企业与业主签订的合同,财务处要进行收费项目和标准的公开化。对业主有疑问的费用,财务处要耐心解释,做到有错必纠。

②与企业有关收费核算部门建立协调工作的机制,统一汇总应收款项。物业服务企业各部门在核定收费事项后,及时统一将收费科目报财务处。再由财务处核对后,统一以企业名义向各业主和服务对象发放物业收费通知书。

③借用计算机技术,熟练运用收费软件,精心组织好每个期间的集中收费工作,减少收费环节,尽量做到让缴费业主少排队,同时按质按量完成收费工作。

④做好代收费的结算工作。物业服务企业如果有代收水、电、气等单位的费用时,对代收的项目、金额要核对准确,及时结算,多退少补。因代收工作而取得的手续费等收入也要正确核算,及时入账。

这种收费方法适用于物业企业发展初期,且企业规模小,往往几个甚至只有一个物业服务项目,管理要求简单的物业服务企业。

（2）设置收费处收费

物业服务企业可以在物业管辖区域内设置固定的收费处进行收费服务,业主和使用人前来缴费,收费人员应及时受理,核对应收账目及金额。物业收费处要遵守以下工作制度:

①办理业主和物业使用人物业服务费用和预收资金的收取工作。

②收费员工作必须认真负责、态度和蔼、语言文明,耐心解释,不刁难,不推诿缴费人。准确掌握有关收费标准,努力提高效率,尽量缩短缴费人等待时间。

③收费人员在收到缴费人交付现金时,要唱收、唱付,当面点清。填写物业收费收据或预收资金收据,必须做到姓名相符、项目真实、金额准确、日期一致、字迹清晰。

④严格执行政府收费许可规定,按照服务合同收费,做到姓名、项目、金额相符,防止张冠李戴,错账漏账。

⑤收费人员应在每天规定时间内办理结账,核对所开收据与所收现金是否相符。将所收现金交出纳核收,做到当日收款当日结算上交,不得拖延积压,不准挪用公款。

⑥各种收据必须按日期、编号顺序使用,不得中断或间断。凡写错作废的收据,必须将原正副联粘贴在存根上,加盖作废章并写明注销原因。

⑦收费人员必须坚守岗位,工作时间不得擅自离岗,严禁室内会客,不准由他人代替收费、填写收据,否则追究处理。

⑧提高警惕、注意安全,非本室人员,未经许可不得入内。努力完成各项收费任务。

这种收费方法是各物业企业最常见的,适用于管理项目多并较分散的物业企业,管理要求高。一般要独立设置物业收费员岗位,并配备物业收费员。由物业服务企业各物业管理处分别收取,再集中缴至企业财务处。

（3）采取上门收费

为方便业主缴费,物业服务企业的财务部门事先对应缴费的业主统计后,发出收费通知,注明上门收费日期和具体时间,随后由收费员到业主家里进行收费服务。物业收费员上门收费注意事项如下:

①一定要事前公示和通知。在收费员上门收费前,就要将业主和使用人的费用情况进行公示,发出收费通知,将上门日期和具体时间标示清楚并提醒业主和使用人注意,必要时还可电话询问或短信提示。

②懂礼貌,态度好。收费员到业主和使用人家中时,要讲礼节、礼貌,注意服务态度。

③特别要注意人身安全。一般两人同行,且最好有一名男员工。

④同时要注意财物安全,谨防假钞。不仅要避免收到假钞,同时要注意收费后的

财物安全,要有应对紧急情况的预案,尽量避免意外的发生。

⑤注意收费技巧,提高办事效率。物业收费员要不断学习提高自身技能,并学会学习;物业服务企业要制定有效措施促进收费技巧的提高,要经常开展技能培训和技能竞赛。

这种收费方法适用于劳动力成本低或难以收缴以及没有设统一缴费处等特殊情况。这种情况对物业收费员的综合适应能力要求较高,只能在特殊情况、特殊时期或特殊环境下采用,日常收费慎用。

(4)采用物业收费智能化系统

在社会信息化进程日益发展的今天,人们对自己住宅的关注已不再仅仅局限于居室面积、周边自然环境、交通等方面,而是把更多的兴趣和注意力放在与外界沟通、信息服务、安全防范、物业管理等方面,正是适应这种社会需求,智能小区应运而生。智能小区包括物业管理计算机化、公用设备管理、家庭智能管理、信息网络系统等部分组成。其中,物业管理计算机化一般由房产管理子系统、财务管理子系统、收费管理子系统(物业管理/租金/服务等收费)、图形图像管理子系统、办公自动化子系统、查询子系统、Internet 和 Internet 服务子系统、维修养护管理子系统、公用模块及系统维护、IC 卡管理子系统功能模块组成,物业收费智能化系统包含收费管理子系统、查询子系统、Internet 和 Internet 服务子系统、IC 卡管理子等功能模块,是智能小区的重要组成部分。

有了物业收费智能化系统,物业服务企业可以利用收费系统软件或者计算机网络提供查询和收费服务,业主可以随时随地到自助交费系统办理缴费、查询业务。在物业管理计算机化的基础上,实现物业收费的规范化。业主可以通过 IC 卡交纳各种物业费用,包括租金、月收费、年收费、合同收费、三表收费等,此外还包括日常各种服务收费,如有线电视、Internet 网络服务、停车、洗衣、清洁等。由于主要通过业主自助完成,极大地降低了物业服务企业的人工成本和运营成本,但前期投入巨大。

这种收费方法效率高,成本低,使用方便,是未来发展的方向,应大力提倡。

任务指导 3.2 完成任务情景 3.2 中的工作任务。

提示:汪先生面临的情况具有一定的普遍性,其中包含了两个问题。

(1)应该先接收房屋,还是先交物业服务费?

购房人与开发商签约购房,双方之间是一种买卖关系,而购房人与物业服务企业之间是一种委托服务的关系,这种委托关系成立的前提是:购房人已经取得了所购买的标的物(房产),已成为业主。如果购房人在房产交接时,因各种原因退房(如工程质量、面积误差等),那么与物业服务企业之间也就不存在委托服务的必要了。

开发商提出购房人以交纳物业服务费作为房屋交付的前提,实质上是对房屋的交付增加了附设条件,是对双方之间买卖合同的一种变更,根据《合同法》的规定,合同只有在当事人协商一致的条件下,方可以变更,开发商单方变更合同的做法明显是不公平的,也是一种违约行为。因此,这两者之间的关系理应是先接收房产,再交纳物业服务费。

(2)物业服务企业要求预付物业服务费合理吗?

考虑到物业服务企业的正常运转,预收一定的物业服务费还是合理的,现行的有关法规也是允许物业服务企业预收费用的。但是这种预收应当有一定的限度,从物业服务费的构成来看,有按年、按季,也有按月收取的,如果物业服务企业一次性、长时间预收各项物业费用就不合理了,对此,北京市小区办《关于禁止一次性收取多年物业服务费的通知》中专门规定,物业服务企业"不得一次性预收多年的物业服务费。"

对于物业服务企业收费的方法,可以在由企业财务处统一收取、设置收费处收费、上门收费、采用物业收费智能化系统收费4种方法中进行选择,目前普遍采用设置收费处收费。

 技能实训3.3   阅读资料中物业收费员的工作步骤和要求,分组进行情景模拟。

目的:熟悉物业收费员职业的工作内容、工作标准和要求。

步骤:第1步,仔细阅读资料,了解收费员的工作要求;

第2步,学生分组做好情景模拟的编剧、角色、现场环境、资料和物品准备;

第3步,现场表演,教师给每个组打分,并且根据每个学生的表现给每个学生进行成绩评定。

重庆佳居物业服务有限责任公司物业收费员操作程序

(1)收费员工作流程

①正常上班时间工作流程:

a.8:30 上班

b.8:30—9:00 打开物业公司网络办公平台,查看《企业公告》《企业新闻》《增城分公司文件》是否有新的新闻和通知,发现新的内容,应第一时间向管理处主任汇报;

c.9:00—12:00 收费、接听电话、报账、作账、接受业主投诉,并处理、操作网络办公平台;

d.12:00 下班;

e.14:00 上班;

f.14:00—14:30 查看网络信息并向管理处主任汇报;

g.14:30—17:00 收费、报账、作账、接受业主投诉,并处理、操作网络办公平台;

h.17:00 下班。

②计划工作流程：

a. 参加管理处的骨干会议；

b. 参加每月的催缴费工作并上门催缴费；

c. 负责管理处的接待工作和处理业主的投诉；

d. 参加管理处和分公司的各项业务培训；

e. 做好每月的月收支报表和作账工作；

f. 统计月、季度费用收缴情况并向管理处主任汇报；

g. 保存和管理好管理处的票据；

h. 做好管理处的资料存档和借用管理工作；

i. 做好每月的收费通知单；

j. 完成管理处交待的其他任务。

(2)收费员操作规程

目　　的：强化收费员的检查落实管理,提高服务质量

适用范围：收费员的操作

实施细则：

①收费员每天上班时,打开公司网络办公平台,查看有无新的信息, 发现新消息,立即向管理处主任汇报；

②上班后,接听电话并做好相关笔录或通知有关人员；

③接受业主的投诉并在《投诉记录本》上进行登记,通知相关处理人员进行处理, 处理完毕,及时进行反馈；

④上班期间,没有业主投诉或收费时,应做好管理处的账目或整理资料；

⑤每月月底,做好收费通知单,让管理处的保安员或水电工派发到各业主家中；

⑥每月1—7号,不管是星期六或星期天,必须在管理处值班收费；

⑦每月月底,到分公司财务室报账,并做好当月的收支报表、收缴率、追缴率等上交给管理处主任和分公司经理室；

⑧每月月底或季度末,做好管理处各物业点的欠交水电管理费情况表并上交给管理处主任和分公司经理室；

⑨注意保管好管理处的各种票据,要做到领取和报销票据有登记,不得有票据缺张短页、大头小尾等现象；

⑩收费时,注意钞票的真伪,要仔细验证清楚；

⑪收费员必须熟悉掌握业主的各种信息,如业主姓名、电话、房号、业主对待物业管理的态度、缴费情况等；

⑫收费员必须掌握投诉记录本、物业点收费情况表、业主信息表、收支报表、月度季度欠费情况表、管理处流水账本、管理处物品领取表、收费通知单、催费通知单等表

格的有关情况；

⑬参加管理处或分公司的管理会议；

⑭参加管理处或分公司的各项业务培训；

⑮收费员必须熟悉掌握国家有关财务、物业管理等方面的法律法规，以便及时妥当地处理业主的各种投诉；

⑯完成管理处交待的其他工作。

（3）收费员工作标准

工作范围	工作细则	每日（次）	每周（次）	每月（次）	工作标准
管理处管辖区域范围内	上班	2			打开物业公司网络办公平台，查看相关信息，发现新消息，立即向管理处主任汇报
	收费	根据实际情况确定			热情、有礼貌、票据数据清晰、大小写一致、合理解释相关问题
	接待	根据实际情况确定			服务态度好，使用文明礼貌用语
	接受并处理业主投诉	根据实际情况确定			讲究礼貌礼节、熟练使用文明礼貌用语。登记清楚、安排处理或汇报，及时反馈
	准备收费、催费通知单			2	数据清晰、核算仔细、内容清楚、派单到人
	催收费	不限			电话或上门催缴费、态度和蔼、使用文明礼貌用语、催缴通知数据清晰
	报账、做账			2	数据准确、账单、账目排列有序、不做假账、没有假发票等，便于核查
	收支报表、收缴率、追缴率			1	数据准确，不虚报、不漏报
	业主信息	根据实际情况确定			熟悉掌握业主的姓名、电话、房号、缴费情况
	票据管理	根据实际情况确定			领取和报销票据有登记，不得有票据缺张短页、大头小尾等现象
	法律法规	根据实际情况确定			必须熟悉掌握国家财务、物业管理方面的法律法规
	参加会议	根据实际情况确定			按时参加管理处或分公司的管理会议
	业务培训	根据实际情况确定			参加管理处或分公司组织的各项业务培训
	物品发放	不限			有登记、数据清楚、准确

知识训练

（一）单项选择题

1.《物业服务收费管理办法》中所称物业服务费,是指物业服务企业按照( ),对房屋及配套的设施设备和相关场地进行维修、养护、管理,维护相关区域内的环境卫生,向业主收取的费用。

A. 本企业的规定　　　　　　　B. 国家的法律规定

C. 行业惯例　　　　　　　　　D. 物业服务合同的约定

2. 目前物业服务企业普遍采用的收费方法是( )。

A. 由企业财务处统一收取　　　B. 设置收费处收费

C. 采取上门收费　　　　　　　D. 采用物业收费智能化系统

（二）多项选择题

1. 物业服务成本中包括物业企业的( )。

A. 固定资产折旧　　　　　　　B. 员工工资

C. 办公费用　　　　　　　　　D. 员工服装费

2. 物业服务企业代收水费、电费、燃气费等,对于其手续费的收取问题以下说法不正确的是( )。

A. 可以向委托单位收取　　　　B. 可以向业主收取

C. 不得收取　　　　　　　　　D. 可以从所收费中提取

3. 按照有关规定,对物业服务企业( )不应当征收营业税。

A. 代收的水电费、燃(煤)气费

B. 代收的有线电视费

C. 代收的专项维修资金

D. 从事代理收缴费用业务取得的手续费收入

4.《物业服务收费管理办法》规定,物业服务收费应当区分不同物业的性质和特点,分别实行( )。

A. 政府调节价　　　　　　　　B. 政府指导价

C. 政府定价　　　　　　　　　D. 市场调节价

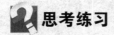 思考练习

(1) 物业收费的方式有哪几种?

(2) 物业收费员的工作任务有哪些?

(3) 物业收费的方式发展趋势将会是怎样的?

项目三 物业服务费用催缴方法

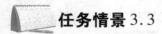

任务情景 3.3

催缴欠费

财务部罗新告诉我,小区欠费业主已经超过了百分之十,其中拖欠时间最长的差不多快一年了,如果管理处不抓紧时间采取措施加强物业服务费的收缴,恐怕问题会越来越严重。

其实早在罗新报告我之前,我就已经意识到物业服务费收缴工作的紧迫性了。前段时间考虑到小区正忙于召开业主大会会议并成立首届业主委员会,会上要重点讨论是否与我们公司续签物业管理服务合同的问题,我担心在那个时候过多强调催费容易引起部分业主的反感,从而被个别别有用心的业主抓住机会激化矛盾,影响到续约事宜,所以特意吩咐财务部门放松对物业服务费的催缴力度,没想到业主们都喜欢跟风,一听说有人开始欠费,大家都找出各种各样的理由不按时缴纳,结果两三个月下来,就有好几十户业主不缴物业服务费了。

一方面我让罗新将小区所有欠费超过三个月的业主名单详细列出来,一方面组织管理处管理人员开会。在会上我反复强调了催收物业服务费的重要性以及当前收费形势的严峻性,号召大家出主意想办法,齐心协力打赢一场收费攻坚战。根据大家的意见,我们首先把八名管理人员按照性别、性格以及工作岗位的不同分成四个小组,每个小组负责催收十来户物业服务费。各小组在拿到欠费业主名单后,可以根据各自与相关业主的熟悉程度、关系好坏进行自行调整,以便提高收费成功率。

工作任务:

请思考作为工作人员,应该如何催缴欠费?

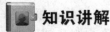

知识讲解

1.收取物业服务费的程序

(1)制订费用收取计划

(2)收费工作的实施

(3)定期汇总收费情况上报

(4)制订相应利于催缴的措施

(5)实施利于催缴的措施

(6)催缴工作

（7）记录存档

物业服务费收取工作流程如图3.1所示。

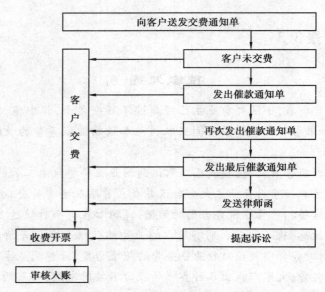

图3.1 物业服务费收取工作流程图

2. 具体工作步骤

①本项目物业服务费按季度收取,客户服务部在每收费季度前一个月制定费用收取计划,入伙费用的收取方式详见"入住管理程序",物业公司于每季度首月5号向业主发出交款通知单,业主在收到通知书20日内到接待中心缴纳或电话告知物业服务人员上门收取,特约有偿服务费执行各有偿"物业流程";

②财务部于收费季度前一个月10日前负责编制交款通知单转至客户服务部,客户服务部于每季度首月5号向业主发出交款通知单,业主按管理费账单上注明的缴费日期缴费;

③财务部负责根据收费情况编制《交款情况汇总表》上报总经理,区域物业服务人员根据客户拒缴费原因每月编制并更新"客户欠费原因分析表"上报客户服务部经理,客户服务部经理汇总后上报总经理助理和总经理;

④总经理负责组织相关部门根据"客户欠费原因分析表"中所述问题进行分析,采取相应措施利于催缴工作,或者予以客户一定的优惠,总经理助理每周以会议形式听取客户服务部催款汇报,并安排落实具体催缴措施;

⑤客户服务部采取电话沟通、传真、上门催缴等形式进行费用的催收并形成《催款跟进记录》,每月根据实际情况予以更新,超过"交款通知单"上规定的缴费时间的,客户服务部将向客户发放催款函,并要求业主在催款函复印件上签收,并告知业主从逾

期之日起每日加收应缴费用的千分之三作为违约金;逾期三个月不缴纳者,由客户服务部经理、总经理助理亲自与客户商谈并进行催缴;逾期半年不缴纳者管理公司将向客户发放催款律师函,并要求业主在催款律师函复印件上签收,管理公司可采取必要的法律手段追缴管理费,具体详见《业主临时公约》;

⑥当物业服务人员接到客户付款信息时,通知财务部收费,必要时由财务部或客户服务部上门收费;

⑦财务部和客户服务部将账单、收费单、凭证分别存入业主档案;

⑧客户服务部每月将客户欠费原因分析表及催款跟进记录上报总经理助理及总经理;

⑨所有催款函及律师函,存入客户分户档案中留存,客户欠费原因分析表及催款跟进记录单独存放,每年装订成册保管。

3. 催款通知单文本

催缴通知书(一)

敬启者:

账户编号:

阁下贵单元(＿＿＿花园小区＿＿＿期＿＿＿幢＿＿＿房)从＿＿＿年＿＿＿月至＿＿＿年＿＿＿月(共＿＿＿个月)所欠的物业服务费、水费、车位费、滞纳金共计人民币＿＿＿元。请阁下在百忙之中抽出时间到＿＿＿花园小区管理处查交,为确保小区物业服务的正常运作,敬望您对我们工作的支持与配合。

若阁下已缴付上述款项,请无须理会本通知书。

垂询电话:＊＊＊＊＊＊(张小姐、王小姐)

附表:

欠费月份	管理费	水　费	车位费	临时停车费	金　额	滞纳金	小　计
合　计							

此致

贵住户/租户

＿＿＿＿＿＿＿＿＿＿公司

物业经理＿＿＿＿＿＿启

催缴通知书(二)

敬启者:

　　账户编号:

　　阁下贵单元(＿＿花园小区＿＿期＿＿幢＿＿房)从＿＿年＿＿月至＿＿年＿＿月(共＿＿个月)所欠的物业服务费、水费、车位费、滞纳金共计人民币＿＿元。请阁下在百忙之中抽出时间到＿＿花园小区管理处查交,为确保小区物业服务的正常运作,敬望您对我们工作的支持与配合。

　　若阁下已缴付上述款项,请无须理会本通知书。本通知书是第二次催缴提示通知。

　　垂询电话:＊＊＊＊＊＊(张小姐、王小姐)

　　附表:

欠费月份	管理费	水　费	车位费	临时停车费	金　额	滞纳金	小　计
合　计							

此致

贵住户/租户

　　　　　　　　　　　　　　　　　　　　＿＿＿＿＿＿＿＿公司

　　　　　　　　　　　　　　　　　　物业经理＿＿＿＿＿启

催缴通知书(三)

敬启者:

　　账户编号:

　　阁下贵单元(＿＿花园小区＿＿期＿＿幢＿＿房)从＿＿年＿＿月至＿＿年＿＿月所欠的物业服务费、水费、车位费、滞纳金总额共计人民币＿＿元。我司管理处曾以书面、电话等形式通知催缴,但您户目前仍未配合交款工作。根据国家＿＿省、＿＿市有关物业服务政策法规及本小区管理规约等规定,阁下应交缴以上的费用。在此,再次敬请阁下于＿＿年＿＿月＿＿日前到＿＿管理处交清欠款。

　　为共同维护本小区物业管理服务系统的正常运作,对逾期仍未交款的住户,我司将按国家和地方的政策法规及本小区的管理规约等条款,采取相应合法的追讨措施。阁下若有疑问请与管理处直接联系。

　　垂询电话:＊＊＊＊＊＊(张小姐、王小姐)

附表：

欠费月份	管理费	水费	车位费	临时停车费	金 额	滞纳金	小 计
合 计							

此致
贵住户/租户

_____公司

物业经理_____启

任务指导 3.3　完成任务情景 3.3 中的工作任务。

活动目的：学会催缴欠费的措施和技巧。

活动步骤：第 1 步，仔细阅读情景任务 3.3；
　　　　　第 2 步，进行分组讨论，现场交流。

提示：上述管理处负责人是这样进行催缴欠费的：

三天时间下来，除了房屋长期空置、找不到联系方式的五六户业主外，其余 30 多户业主都已经联系上了。然而，通过各小组在电话中的反复沟通，主动前来缴费的竟然只有 4 户，剩下的这些业主要么借口房屋质量有问题，要么投诉管理服务水平低，还有的干脆表示自己下岗了没钱，反正就是不答应缴纳物业服务费。

我把欠费情况整理出来后，反映给了刚刚成立的业主委员会，希望能够得到他们的帮助，因为按照建设部的《业主大会规程》以及我们之间续签的服务合同，业主委员会应当督促违反物业服务合同约定逾期不交纳物业服务费用的业主，限期交纳物业服务费用。然而业主委员会的人显然不愿意，他们说你们物业公司自己都收不上来，我们怎么可能收得到呢？再说了，如果我们业委会的人去帮你们收物业费，人家业主会怎么看，他们一定会认为我们是一伙的，穿着同一条裤子整他们，今后我们还有什么威信，还有什么脸面在小区里面混啊？

业主委员会建议我们要么干脆停止对这些业主的服务，要么直接将他们告上法庭算了。可是，委员们不知道，停止服务容易激化矛盾不说，实际操作性也不大，物业公司提供的绝大部分都是公共性的服务，比如清洁卫生，我们总不可能整个小区都打扫了，就这些欠费的业主家门口不打扫吧！至于告上法庭，不到万不得已，任何一家物业公司都不会轻易将业主告上法庭对簿公堂，这样不仅使双方关系彻底搞僵，而且容易让其他业主造成逆反心理引起众怒，从而让物业公司费时费力费钱，还里外不讨好。

其实，我把皮球踢给业主委员会时，也没有奢望他们能真正解决多少实际问题，只不过是出于尊重，走那么一个形式，让他们体谅到我们物业公司的难处和不易。接下来，我便安排各组人员开始登门催缴，每天这些欠费的业主只要一进入小区，大门岗保安员便通过内部对讲系统报告管理处；等业主刚刚踏进自己家门，我们的收费人员已经笑呵呵地站在门口迎接他们了。当然，我们第一次上门的时候，会坐在业主家里，耐心地倾听他们的拒交理由，然后认真的记录下来，再一一地解释给他们听。对于那些的确是我们管理服务不到位的地方，我们及时加以改进；对于所谓的工程质量不合格、小区配套不完善等与物业公司没有直接关系的问题，我们当即反映给开发单位或施工单位，约他们抽时间和业主一起见面，三方会谈拿出解决方案。而且，我们每找一次业主或开发单位，都会让他们在相关记录上签字，既让业主感受到我们工作的认真和规范，同时也给他们的心理上造成物业公司这次开始较真了的感觉，尽量让他们就坡下驴缴费了事。

对于那些问题处理了仍然还不缴费的业主，我们开始进行轮流上门收缴的方式，第一组刚拜访完没两天，第二组第三组又开始登门了。刚开始我们还趁他们晚上回家的时候上门，后来我们便开始在他们早上起床准备上班的时候把他们缠住，或者等他们家里来了客人的时候冷不丁地上门去要钱，几个回合下来，搞得部分欠费业主哭笑不得，只得乖乖地掏钱缴费了事。

半个月时间下来，拖欠的物业服务费差不多收回了 3/4，还剩下的七八户就是真正的"顽固分子"了，他们所反映的问题能处理的都处理了，该协调的也协调了，可他们就是不缴费。对于这些人，我们专门开会进行了分析研讨，决定根据不同的情况采取不同的措施，无论如何都要把这些硬骨头啃下来。首先，我带着客服主管亲自上门一家一家地走访，其他业主还好说，至少都开门让我们进去了；最可气的是联排别墅区张先生，远远见我们过去了，竟然把门关上不让进，我们才按了一下门铃，他便从二楼窗户上浇了一盆水下来，要不是我反应快，当场就要淋成落汤鸡。客服主管劝我说算了吧，对于这样的钉子户，我们只能和他法庭相见了。

我说越是这样的人我们越不要把他告上法庭，我们还得从其他方面下手。回到管理处后，我们通过调查了解到，张先生和小区业主黄先生关系比较熟，两人以前是同学。于是，我们找到黄先生，黄先生说张先生就是这样的人，他们虽然是同学，可平时来往也不多，只知道他老婆是政府某部门的副处长。临走的时候，黄先生很抱歉地说他也帮不上什么忙，劝我们实在不行也就只能告他了。我表面一个劲地表示没关系没关系，其实心里想你已经帮了我们的大忙了！

第二天上午，我和客服主管拿着物业服务合同、政府有关规定以及张先生家的一些资料出现在张先生老婆的单位，在此之前，我已经将张太太所在部门各级领导的姓名、办公地址和办公电话了解得清清楚楚。在张太太的办公室，我和她谈了不到十分钟,她便咬着牙告诉我,中午下了班她会直接把她家拖欠的管理费以及违约金打到我们公司的账户上……

从张太太单位回来的路上,客服主管说把这颗硬钉子拔掉了,对其他业主就有信心了。然而,我的心里却怎么也轻松不起来,冤家宜解不宜结,我告诉客服主管,在接下来的工作中,不再负责催费的事情,而是把主要精力投入已经把物业服务费催收上来的业主身上,特别是那些我们采用非常方式催费的业主身上,想方设法搞好工作改善关系,让这样的催费手段永远成为历史。

 活动3.2 列出任务指导3.3中管理处工作人员的催缴方法或者技巧,并且对这些方法和技巧进行点评。

目的:让学生掌握催缴方法和技巧,提升学生对物业服务费用欠费的催缴技能。

步骤:第1步,将全班分组分别列举出案例中管理处工作人员的催缴方法或技巧,预计用时40分钟;

第2步,每个小组派一个代表发言,对其中印象深刻的方法和技巧进行点评,并且提出自己的方法和技巧,每个小组5~8分钟,预计共用时40分钟。老师要对各组任务执行情况做记录和分析,并适时反馈任务执行的效果。

 技能实训3.4 请分析自行车丢失拒交物业费合法吗?

小区业主李某在小区内丢失3辆自行车后,拒绝交纳物业服务费,在多次催缴无果的情况下,物业公司将李某告上法庭要求其交纳物业服务费。

提示:庭审中,被告李某辩称,自己交纳的物业服务费中包含保安费,可小区保安并没有真正做到保证自己财产安全的义务。原告物业公司诉称,保安只负责维护小区公共秩序和安全,定时开关小区大门,巡逻时发现火警、治安、交通事故及时处理,对可疑人员进行盘查。而丢失自行车是属于治安刑事案件,应由公安机关负责处理,与物业公司无关。最后,法院判决李某向物业公司交纳所拖欠的物业服务费。

本案中,物业公司收取的物业服务费中虽然包含每户每月4元保安费,但并不意味着住户丢失的财物都应由物业公司负责。物业公司的保安职责有一定的范围,盗窃分子的盗窃行为属于治安或刑事犯罪,应在公安机关破案后由行为人负责赔偿。在物业公司履行职责过程中没有明显过失的情况下,这一责任不应由物业公司承担。

 知识训练

(一)单项选择题

1.在业主、业主大会选聘物业服务企业之前,建设单位选聘物业服务企业的,应当签订书面的(   )。

    A.委托协议书   B.临时委托合同

C. 前期物业服务合同　　　　　　　D. 物业管理委托合同

2. 物业服务企业可以根据业主的委托提供物业服务合同约定以外的服务项目,服务报酬由( )。

A. 业主确定　　　　　　　　　　B. 物业服务企业确定

C. 政府物价部门确定　　　　　　D. 双方约定

(二)多项选择题

1. 物业服务企业挪用专项维修资金,情节严重的,由颁发资质证书的部门和司法部门( )。

A. 吊销资质证书　　　　　　　　B. 依法追究直接主管刑事责任

C. 依法追究直接责任人刑事责任　D. 依法追究法人代表刑事责任

2. ( )个人有下列规定行为之一的,处1 000元以上1万元以下罚款。

A. 擅自改变公共建筑、公共设施用途

B. 擅自占用、挖掘道路、场地

C. 擅自利用共用部位、公用设施经营

D. 擅自占用物业用房

3. 《物业管理条例》建立了十项基本制度,其中包括( )。

A. 招投标制度　　　　　　　　　B. 资质管理制度

C. 人员资格制度　　　　　　　　D. 专项维修资金制度

4. 《物业管理条例》明令四项禁止行为包括( )。

A. 物业管理用房不得擅自改变用途

B. 物业区域道路、场地不得占用、挖掘

C. 区域内公共建筑和设施不得改变用途

D. 不得将该区全部物业管理一并委托他人

 技能实训 3.5　请阅读资料后谈谈自己的看法。

高招催缴物业费——停电梯法

电梯4年没年检,有业主拒交物业费,物业称停电梯催费挺好使。

"电梯停一周了,老母亲想下楼晒太阳都是个难事。"业主无奈。

"不交物业费,电梯就不能开!"物业坚持。

一周来,物业用停运电梯的方式收上来两万余元物业费,他们表示这种催费方式"挺好使"。

业主:电梯没年检所以不交费。

从5月起,该小区14号楼1单元的电梯、感应灯、对讲门都停止了使用,居民每天都得摸黑爬楼梯。

王先生说,自2004年入住以来物业一直按照每平方米1.2元的标准收费,但因为电梯连续4年没有年检,他担心会有安全隐患,所以从去年6月起就没有继续交物业费。

"我去物业公司咨询,如果交了物业费,能不能给电梯进行安检,回答是否定的。最起码的安全都保障不了,我当然不能再交物业费了!"王先生说,他家住在高层,78岁的母亲每天只能在家里待着,"想晒太阳都挺难。"

记者在采访中了解到,小区内其他两个单元也有相同情况。业主刘先生说,不交物业费的根本原因就是电梯没有进行年检。

物业:这种催费方式挺见效。

物业公司员工介绍,该公司在2009年9月正式入住该小区,之前的两家物业公司弃管后,小区遗留的问题比较多,物业费一直收不上来,头4个月一直处于垫付费状态。

"这种方法主要是针对不交物业费的高层业主,现在看来还是挺见效的,不到一周时间就收到物业费两万多元。今年7月,我们将对仍不交费的业主进行起诉!"园区一共有12部电梯,电梯停运的单元都是拒交人数较多的,"交纳物业费的业主出入时,将有专人开电梯。"

"现在我们已经办理了电梯年检的相关手续,收上物业费就可以年检了。"至于感应灯和对讲门出现的故障,因为业主没交物业费,物业公司没有义务提供服务。

小区业主委员会主任说,虽然不希望用这种办法来催交物业费,但这也是没有办法的办法,"我们理解物业公司确实有困难,用于电梯的电费、维护费等费用,即使是专款专用,都得从其他费用中弥补一些,更何况有业主不交费,开销难以保证!"

提示:

交费才能享受服务。根据《物业管理条例》规定,在一个区域内,业主交费达到70%~80%,设施、设备才能保证正常运转,也就是说,只有在交物业费的前提下,业主才能享受物业服务!

"电梯费包含在物业费当中,欠费就没有使用权",物业公司的做法,在不损害其他正常交费业主的权益下,并没有不当之处,"如果业主觉得物业有做得不好的方面,可以采取诉讼的方式,而不应该拖欠费用。"

思考练习

（1）物业费的催缴方法有哪些?

（2）业主欠费的原因有哪些?

（3）面对欠费,物业公司应该怎么办?

项目四　物业服务费用纠纷的处理方法

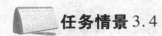 **任务情景** 3.4

　　仲裁案例：申请人是经批准合法设立的物业服务企业，于 2000 年 6 月开始对某大厦进行物业管理。被申请人张某于 2000 年 6 月签署《管理规约》，至今一直是某大厦内 × 号房的业主。物业公司于 2002 年 5 月 16 日与该大厦业主委员会签订了《物业服务合同》，约定由物业公司提供物业管理服务。物业公司于 2010 年向深圳仲裁委员会提出仲裁申请，要求张某支付 2008 年 6 月至 2009 年 12 月期间的物业服务费等业主有义务支付的款项、费用、滞纳金及本案的仲裁费用。张某提出反请求及答辩认为，物业公司提交的物业服务合同至 2009 年 6 月 24 日到期，业主委员会并未与之签订新的物业管理合同，因此物业公司请求的 2009 年 6 月至 2009 年 12 月期间的物业服务费无法律依据。2008 年 3 月 3 日张某家中被盗价值 3 万元的财物，张某多次要求物业公司赔偿损失，或相应减免物业服务费，但物业公司只同意免去张某 3 个月的物业服务费，张某认为至少应免除 3 年的物业服务费。因减免张某多少物业服务费没有达成共识，故张某一直没有缴纳相应的物管费用。张某提出反请求，要求主张 10 000 元赔偿金。

　　工作任务：

　　(1)请问双方的分歧在哪里？

　　(2)可能涉及哪些法律文件或者依据？

　　(3)应该如何处理该纠纷？

知识讲解

物业服务费用纠纷的处理

　　(1)业主支付物业服务费用的起始时间

　　房屋竣工验收合格已具备使用的条件，业主应当自房地产开发企业通知交付使用期限届满之次日起支付物业服务费用；当事人有约定的，从其约定。

　　(2)物业服务费用收费标准和支付方式的确定

　　①当事人对物业服务费用收费标准和支付方式有约定的，从其约定。

　　②当事人没有约定物业服务费用的支付标准和支付方式的，参照行政主管部门或行业协会推荐的支付标准和支付方式执行。

　　③当事人没有约定物业服务费用的支付标准和支付方式的，也没有行政主管部门或行业协会推荐的支付标准可供参照执行的，按市场指导价格执行。

　　④当事人对物业服务费用收费标准约定过分高于行政主管部门推荐的支付标准

的,参照行政主管部门或行业协会推荐的支付标准执行,或参照市场指导价格执行。

(3)业主与物业使用人交纳物业服务费的处理

①业主应当根据物业服务合同的约定交纳物业服务费用。业主与物业使用人约定由物业使用人交纳物业服务费用的,从其约定,业主负连带责任。

②已竣工但尚未出售或者尚未交给物业买受人的物业,物业服务费用由房地产开发企业交纳。

(4)业主以收费标准未经政府主管部门批准为由,拒交物业服务费的处理

①物业服务企业从事物业管理应当与业主签订物业管理合同,并按物业管理合同的约定标准向业主收取物业服务费。

②物业服务企业与业主未签订物业管理合同,物业服务企业的收费标准经有关行政管理部门批准备案的,则以有关行政管理部门批准备案的收费标准收取物业服务费。

③物业服务企业与业主无物业管理合同,收取物业服务费的标准未经有关行政管理部门批准备案,则按业主签署的业主公约或其他涉及物业管理的条款收取物业服务费。

④物业服务企业既不能提供物业管理合同或业主公约又不能提供业主签署的其他涉及物业服务费收取标准的文件,亦无有关政府主管部门批准的收费文件,则物业服务企业向法院提出的诉讼请求,应以收费无依据予以驳回。

(5)物业服务费用的减收

有下列情形之一,业主请求少交物业服务费用或请求物业服务企业退还多交的物业服务费用的,应予支持:

①物业服务企业提供的服务项目和质量与合同约定明显存在差距的。

②物业服务企业擅自扩大收费范围,提高收费标准或重复收费的。

(6)物业服务企业资质证书等级与所管理的物业住宅小区不相符的物业服务费用的收费标准

①物业服务企业资质等级低于所服务的物业住宅小区的,其收费标准按该物业服务企业资质等级所属的收费标准执行。

②物业服务企业资质等级高于所服务的物业住宅小区的,其收费标准按其实际提供的物业管理服务所属的收费标准执行。

(7)没有物业管理资质的物业服务企业进行物业管理的处理

物业服务企业未取得物业管理资质证书,而与各业主或业主委员会签订的《物业管理合同》无效,物业服务企业依照合同收取的物业服务费在扣除正当的物业服务费用后应当返还给业主或业主委员会。

（8）未实际居住房屋服务费用的处理

业主因自身原因未居住房屋并以此为由拒付或者请求减免物业服务费用的，不予支持。

（9）事实物业服务关系的处理原则

①物业服务企业与业主委员会或者业主虽未签订书面的物业服务合同，但业主事实上已接受了物业服务，物业服务企业请求业主交纳相应的物业服务费用的，应予支持。

②物业服务企业起诉前未取得物业管理资质证书，但对物业住宅区实际进行了物业管理服务，而业主已接受了物业服务，在起诉时物业服务企业取得物业管理资质证书的，视为物业管理服务关系成立。

（10）拖欠物业服务费用滞纳金标准的确定

①业主拖欠物业服务费用，物业服务企业请求业主按照合同约定支付滞纳金的，应当支持。

②约定的滞纳金数额过高，业主可依照《中华人民共和国合同法》第一百一十四条第二款规定请求调整，调整后的滞纳金可按所拖欠的物业管理服务费用总额参照中国人民银行规定金融机构计收逾期贷款利息的标准计算。

③未交纳物业管理服务费、住宅维修基金和物业委托管理合同约定的其他费用的，物业服务企业可要求有关业主限期交纳；逾期不交纳的，可按日加收应交纳费用万分之五的滞纳金。

④业主拖欠物业服务费用，双方在合同中对滞纳金没有约定，物业服务企业请求业主支付所拖欠的物业服务费用的银行同期贷款利息的，应当支持。

（11）住宅小区配套的幼儿园、学校支付物业服务费用的情形

物业服务企业向住宅小区配套的幼儿园园区、学校校区提供了物业管理服务，请求幼儿园、学校支付物业服务费用的，应予支持。

（12）住宅小区共用部位、共用设施设备水电费用分摊的确定

住宅小区共用部位、共用设施设备的水电费用由全体业主按其拥有物业的面积比例负担，但当事人有约定的，从其约定。

（13）供水、供电、供气、供热、通讯、有线电视等费用的收取

①物业管理区域内，供水、供电、供气、供热、通讯、有线电视等单位应当向最终用户收取有关费用。

②物业服务企业接受委托代收前款费用的，不得向业主收取手续费等额外费用。

③物业服务企业起诉要求业主支付拖欠的物业服务费时，已先行垫付由其代收代缴的水、电、气等费用的，可以要求与物业服务费一并处理，由原业主承担支付责任。

（14）同一物业住宅区相继有几个物业服务企业提供物业管理服务，物业服务费用

收取的处理原则

同一物业住宅区相继有几个物业服务企业提供物业管理服务,物业服务费用的收取采取"谁管理,谁收取"的原则。

任务指导3.4　完成任务情景 3.4 中的工作任务。

目的:熟悉物业服务费用纠纷的处理方法。

步骤:第 1 步,仔细阅读情景任务 3.4;

第 2 步,进行分组讨论,现场交流。

提示:主要问题和双方的分歧在于:

(1)张某是否应缴纳 2009 年 6 月至 2009 年 12 月期间的物业服务费?

(2)仲裁庭能否支持张某提出的主张物业公司赔偿其被盗财物的赔偿金的反请求?

其中涉及的法律关系有:

(1)业主、业主大会、业主委员会和物业公司的关系

根据《物权法》的第 75 条、76 条、78 条、81 条、82 条的规定,业主、业主大会、业主委员会和物业服务企业的关系是:业主是建筑区划内的主人,业主大会是业主的自治组织,由全体业主组成,是建筑区划内建筑物及其附属设施的管理机构。业主可以选举业主委员会,业主委员会是业主大会的执行机构,按照业主大会的决定履行管理的职责。业主大会或者业主委员会依法选聘的物业服务企业签订的物业服务合同,对业主具有约束力。由此案可以看出,业主委员会与物业公司签订的物业服务合同,对本案当事人有约束力,在物业管理合同到期,而业主委员会未选聘新的物业服务企业期间,物业服务企业也提供了事实上的物业管理服务,物业服务企业请求业主支付物业服务费的,仲裁庭应予以支持。

(2)张某家中失窃的赔偿金请求与物业服务费的关系

张某家中失窃的赔偿金请求与张某拒绝缴纳物业服务费属于两个不同的法律关系。

张某以家中失窃为由主张物业公司赔偿其被盗财物的赔偿金的反请求,因为该案尚未破案,仲裁庭无法认定该盗窃案对张某造成的损失。如果警方查明张某家中失窃是由于物业公司的重大疏忽造成或物业公司的员工所为,张某也可以另行提出赔偿请求。该赔偿金的请求与缴纳物业服务费属于两个不同的法律关系。张某实际一直享受了物业公司提供的各项物业管理服务,而刑事犯罪的本身具有突发性、不可预测性、隐蔽性和犯罪分子有目的的作案等特性,所以不能因为失窃而拒绝缴纳全部物业服务费用。

技能实训3.5 重新验收,物业费该从何时算起?

姚先生去年在东区购买了一套95 m² 的住房。去年10月,开发商通知姚先生收房。办理了相关手续后,姚先生领到了新房钥匙。在小区物业服务企业的工作人员带领下,姚先生对新房进行验收。但在验收过程中,姚先生发现了好几处质量问题,物业服务企业工作人员将其一一记录在册。于是,姚先生退回了钥匙,要求等质量问题解决了再收房。

去年12月底,物业服务企业以挂号信的方式通知姚先生,质量问题已处理好,可以收房了。今年1月,姚先生再次前往收房。经过验房确认质量问题已基本得到解决。于是姚先生收下了新房钥匙,但是物业服务企业要求姚先生交齐去年10月至今年1月份的物业服务费。姚先生认为应该从自己验收房子合格之日起才能收物业服务费,因此与物业服务企业一直纠缠不休。

提示:姚先生第一次交房验收时因质量有问题退回了钥匙,应视为商品房不符合交付条件,开发商未向其交房。经整改,今年1月经验收双方确认商品房符合交付条件,姚先生这才收下新房,此时才视为法律意义上开发商正式向姚先生交付了商品房。根据国务院《物业管理条例》第四十二条第二款规定,已竣工但尚未出售或者尚未交给物业买受人的物业,物业服务费用由建设单位交纳。因此,去年10月至今年1月份商品房整改期限的物业服务费属商品房尚未交付给业主期间的物业服务费,物业服务企业应向开发商收取,而不应由业主承担。

 知识训练

(一)单项选择题

1.业主在物业管理活动中,享有下列权力,其中哪条描述不正确?(　　　)

　A.按合同约定接受物业服务企业提供的服务

　B.监督社区居民委员会工作

　C.对物业共用部位共用设施设备和相关场地使用情况享有知情权和监督权

　D.监督专项维修资金的管理和使用

2.业主在物业管理活动中应履行下列义务,其中哪条除外?(　　　)

　A.参加业主大会会议,行使投票权

　B.遵守业主公约,业主大会议事规则

　C.按规定交纳专项维修资金

　D.按时交纳物业服务费用

(二)多项选择题

1.物业服务合同应当包括对(　　　)等内容进行约定。

A. 服务质量　　　　　　　　　B. 服务费用

C. 物业管理用房　　　　　　　D. 物业管理事项

2. 物业服务收费应当遵循(　　)原则。

A. 合理、公开　　　　　　　　B. 收费与服务水平相适应

C. 区别不同物业的性质和特点　D. 使业主不产生投诉和纠纷

3. 物业管理服务收费应由(　　)制订,在物业服务合同中约定。

A. 业主　　　　　　　　　　　B. 业主委员会

C. 物业服务企业　　　　　　　D. 物价主管部门

4.《物业管理条例》的主要内容可归纳为:(　　　)。

A. 建立了十项基本制度　　　　B. 明令六项禁止行为

C. 规范两项书面合同　　　　　D. 法规授权四项规定

 技能实训 3.6　请阅读以下材料,找出其中物业公司和业主分别有什么样的错误或者缺点,并说明应该如何改正。

关于大部分业主拒绝续交物业服务费的情况声明函

佳居物业服务企业:

本小区部分业主近期在门上发现了催缴物业服务费的通知,拒交业主将以书面形式告知不愿续交物业服务费的情况声明。物管工作中的很多问题大部分业主时常口头提出,但是物业从来没有改进,令业主非常失望。大家辛辛苦苦挣钱,都想回家有个舒适的休息环境,我们缴纳高达 1.8 元/m^2 的物管费,远远没有享受到同等价值的物业服务。

因为现在你们所谓的一级资质物管的服务水平在本市各大小区比较都属于是偏差的,甚至还达不到有些安置房的物业服务水平,而且物管费是最高的,我们不希望你们达到最好,但是至少应该把物管费的高度和服务的低度之间缩小距离。交房至今,对××物业所谓的一级资质物业,各位业主相当质疑。我们保留更换物业的权利的同时,还是希望你们能继续改进,达到所交物管费同等价值的物业服务,望提出的以下问题能尽快得到解决,具体有:

(1)安全问题

到现在交房已经快一年了,难道这些基本设施都还没有弄好?

①汽车、电瓶车陆续丢失,物管仍然没有重视,各处门禁形同虚设。

②极少看到保安在小区内巡查过,门口执勤保安从未对进出小区的人员咨询登记过,导致形形色色的人员都可以随时进出小区。

③单元门长期开启,非业主也可以自由出入,对业主房屋的财产安全造成严重威胁。

④停车场处多是急弯,应单出单进,避免事故发生。

⑤电瓶车进出的那道门,设计相当不规范,应将电瓶车和人流分行。又是一个小坡,还要在门口等到拿取电瓶车牌,经常车子在半坡上进退两难,前进就撞车,退下来就撞人。

⑥非机动和机动车分流。6、7栋都设有非机动车专用进出口,现在非机动车都从机动车口出入,安全隐患极大。建议将6、7栋下机动车人员进出口的门槛加高,规范非机动车从专用通道进出。

⑦1栋对小区内的大门必须上锁封闭。否则全体业主将找××置业公司算上公摊和其所占的容积率。

⑧在每栋每层楼放置一个垃圾桶的意见也是提出很多次了,贵公司也至今未按业主要求放置,我们业主想问一下,哪个物业小区的物管像这样,连个垃圾桶的钱都舍不得投资的?现要求贵公司立即在每层楼放置一个垃圾桶,把小区每栋正门的垃圾桶放到侧旁,不要放在中间,影响美观!

(2)噪音问题

①物业公司规定的装修时间,在非装修时间内出现扰民噪音,当问及物管工作人员时还故意说不知道,打电话给物管投诉了,还是一直有噪音。

②物管晚上20点以后还在搞活动,家里电视声音都听不到。丰富业主业余生活固然是好,但是也得考虑不愿参加活动的业主的感受。

③三期那边修房子,业主反映多次,晚上噪音太大,你们是否代表业主给置业公司交涉过?

(3)车辆停放问题

①现在电瓶车、自行车停得小区到处都是,没有专人看守,电瓶车充电箱一直没有达到业主需求,登记快半年了都没用上充电箱,给业主日常生活带来不便。建议统一规划电瓶车停放地点,必须有专人24小时看守或增加非机动车区的监控。另,请出示物价局核准的小区非机动车收费标准。

(4)配套问题

①现有的运动休闲设施部分已损坏很久,一直没有得到修理,如果在使用过程中业主受伤,贵公司赔偿的医药费、误工费都不止修理的费用了,这笔账请贵公司领导对比核算,也请你们为业主的人身安全多加考虑。

②羽毛球场、沙滩排球场都没有网。游泳池收费标准,请出示物价局核价的证明。

③草坪部分被踩踏坏也未修补。

④石凳子可否贴砖?现在一下雨根本就没法坐。

⑤各栋一楼占用的公共绿地应复原。

⑥一共9栋楼,目前只有两道门进出,不符合安全规定,建议其他门应开启并有保安看守。

⑦部分业主反映电表转数不正常,业主将陆续联系校表,请贵公司积极协助处理。

⑧7、8栋下提供给物管公司的办公用房和业主的活动场所,贵公司却擅自拿出去出租,挪作他用。请贵公司尽快将公共场所清理出来给全体业主使用,并将所得租金公示给全体业主。在小区成立业主委员会时归还给全体业主。我们全体业主保留追究对贵公司占用公共资产擅自出租谋利的法律权利。

(5)物业服务质量问题

建议提高物业管理人员以及保安的整体素质及服务水平,加强培训,他们普遍不懂应该提供的一级物业服务是什么,与贵公司号称的国家一级物管资质身份差距甚大。很多业主反映尤其是贵公司财务人员,即使业主不是上帝,也请她不要站在自认为是物管高管的位置上趾高气扬。

(6)商业圈问题

①小区商业氛围太浓。8栋设有2个超市,6栋设有麻将馆、网吧,7栋设有麻将馆,5栋设有麻将馆……从未见过哪一个小区的小区内部有如此多的麻将馆、超市,甚至还有网吧。这些商家入驻时是否经过工商局办理营业执照?是否经过卫生局核准?住房更改为商用房是否经过相关部门批准?这些没有执照没有交税的商家在物管的庇护下影响整个小区的居住环境。我们也将会配合贵公司到相关职能部门上访投诉。

(7)违约问题

①2010年7、8月收房的业主,未达到通气条件就交房,明显属于置业公司违约,而赔偿一直未得到解决,置业公司和物管公司从不采取主动解决的方式,都要等业主去闹。业主去问的时候还有人回答让业主走法律途径,如果你们真的希望所有人都走法律途径让你来赔偿的话,那你们就自觉地收回催缴物业费的单子。通知部分业主到物管协商赔偿,说是协商,你们早已定好了最高600.00元的赔偿,而且是抵扣物管费,谁给你们的权利?如果不依据合同办事,那签合同是为了什么?

以上问题如不能尽快得到解决,业主无法承受高达1.8元/m²的物管费,延迟通气等赔偿未得到解决之前,将拒绝缴纳物管费。这些是代表大部分业主的意见和建议,也是大部分业主不愿续交物管费的原因。业主们表示要么降低物管费,要么提高物管水平,两者取其一。如贵公司不能做到,业主们在法律允许的情况下将成立业主委员会,按照程序更换物业服务企业。大家都明白不交费得到的服务肯定不会满意,但是交费后还是目前这种服务就讲不过去了。对于××物业这么大的公司,我们业主是充满信任的。

请于2011年7月30日前函复公示在小区每栋电梯口。

业主代表联系人:×××

2011年7月20日

思考练习

(1)物业服务收费的纠纷有哪些?

(2)物业服务收费的纠纷处理方法有哪些?

(3)诉讼与仲裁的区别是什么?

模块四　物业服务费用基本操作技能

教学目标:

能力要素	实作标准	知识要求
票据书写技能	阿拉伯数字的规范书写; 中文大写数字的书写; 文字的书写	阿拉伯数字书写要求; 人民币符号"￥"的使用要求; 金额角、分的写法要求; 中文大写数字书写的有关规定; 文字书写的基本要求
点钞验钞技能	识别真假人民币的技巧和方法; 发现假币时的处理方法; 手工点钞法; 钞票的扎把方法; 机器点钞法	人民币的真伪鉴别; 第五套人民币的防伪特征; HD90 假钞辨别真伪; 点钞技能
客户沟通技能	客户沟通的方法; 客户沟通技巧	客户沟通的概念及功能; 客户沟通的内容; 客户沟通的管理
物业收费工作主要机具的配备使用与物业收费场所的布置	保险柜的配备与使用方法; 验钞机的配备与使用方法; 物业收费场所具体布置	保险柜的配备与使用要求; 验钞机的配备与使用要求; 物业收费场所布置考虑的因素

教学内容:

项目一　票据书写技能

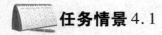 **任务情景** 4.1

"变脸"的银行转账支票

杜先生常年给重庆某物业公司提供工程劳务。2011 年 5 月 21 日,物业公司交付给杜先生重庆银行转账支票一张。此支票在交付时只记载了小写金额 1 121 元,收款人以及大写金额均未记载。同年 5 月 23 日,杜先生在未补记收款人以及大写金额的情况下,将支票转给他人。后来,此支票几经转手,在填写了大写金额"柒仟柒佰贰拾壹元"且小写金额被改为 7 721 元后,于 2011 年 5 月 27 日由刘先生持有。刘先生将支票交与重庆江北某信用社,信用社从物业公司账户上划款 7 721 元至刘先生的账户。

物业公司将信用社及杜先生告上法庭,要求他们承担连带责任,返还不当得利款 6 600 元以及利息 214.80 元。近日,重庆市江北区人民法院一审驳回了物业公司的请求。

工作任务：

(1)收到的银行转账支票,在未补记收款人以及大写金额的情况下,将支票转给他人的做法对吗? 如不对,杜先生应该怎样做?

(2)重庆市江北区人民法院一审驳回了物业公司请求的理由是什么? 有何启示?

知识讲解

物业服务费用的收支及核算工作中,会涉及单据的填写、凭证的处理、账簿的登记、报表的编制等,它们都需要用规范的文字和数字加以表达,应当做到书写的文字和数字正确、清晰、流利、匀称。有关单据、证、账、表的文字与数字的书写是物业收费人员应掌握的重要基本功。

1. 阿拉伯数字的书写

阿拉伯数字是由 0、1、2、3、4、5、6、7、8、9 构成的。阿拉伯数字是世界各国通用的数字,也称为"公用数字",它具有笔画简单、结构巧妙和书写方便等特点。

(1)阿拉伯数字书写要求

阿拉伯数字存在容易被涂改的缺陷,例如,1 容易改成 6、7、9,2 容易改成 3,3 容易改成 8,4 容易改成 6,7 容易改成 9,等等。这对记录数据是非常不利的。阿拉伯数字的书写一般要求规范化,即必须迅速、正确、易于辨认,防止相互混淆和篡改。阿拉伯数字在单据和账表上的书写与普通书写又有所不同,其规定更加严格、规范。具体要求是：

①阿拉伯数字要大小匀称,笔画流畅;每个数码一个一个地写,独立有形,使人一目了然,不能连笔书写,特别是要连着写几个"0"时,一定要单个地写,不能将几个"0"连在一起一笔写完。数字的排列要整齐,数字之间的空隙要均匀,不宜过大。

②阿拉伯数字书写时应有一定的斜度,排列有序且自右上方向左下方倾斜地写,倾斜角度的大小以书写方便、好看易认为准,不宜过大,也不宜过小,一般可掌握在 60°左右,即数字的中心线与底平线通常成 60°的夹角。

③阿拉伯数字的书写还应有高度标准,一般要求数字的高度占横格高度的 1/2(或

2/3）为宜，书写时还要注意紧靠横格底线，以便需要更正时可以再次书写。

④阿拉伯数字书写时，笔画顺序是自上而下、先左后右，防止写倒笔字。

⑤阿拉伯数字书写时，同行的相邻数字之间要空出半个阿拉伯数字的位置，但也不可预留空格（以不能增加数字为好）。

⑥阿拉伯数字书写时，除"4""5"以外的数字，必须一笔写成，不能人为地增加数字的笔画；"6"字要比一般数字向右上方长出 1/4，"7"和"9"字要向左下方（过底线）长出 1/4。

⑦阿拉伯数字书写时，为了防止涂改，对有竖划数字的写法应有明显区别，如"6"的竖划应偏左，"4""7""9"的应偏右，"1"应写在中间；对于易混淆且笔顺相近的数字，在书写时，尽可能地按标准字体书写，区分笔顺，避免混同，以防涂改。例如："1"不可写得过短，要保持倾斜度，将格子占满，这样可防止改写为"4""6""7""9"；书写"6"时要顶满格子，下圆要明显，以防止改写为"8"；"7""9"两字的落笔可延伸到底线下面；"6""8""9""0"的圆必须封口。

总之，阿拉伯数字的宽窄和长短比例要匀称，力求美观、大方，如表 4.1 所示。

表 4.1 阿拉伯数字手写体

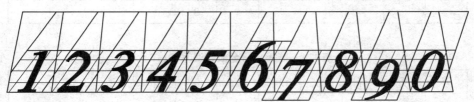

（2）采用三位分节制

使用分节号能够较容易地辨认数的数位，有利于数字的书写、阅读和计算工作。我国过去以四位数为一节，后按国际惯例，数的整数部分采用三位分节制，从个位自右向左每三位数用分节号","分开，即三位一撇，并在个位的右下角加列小数点。例如，2,310.56。但国际上不用","号而以空格代替。带小数的数，应将小数点记在个位与十分位之间的下方。一般账表凭证的金额栏印有分位格，元位前每三位印一粗线代表分节号，元位与角位之间的粗线则代表小数点，记数时不要再另加分节号或小数点。

（3）关于人民币符号"￥"的使用

在开具发票、填制记账凭证时，小写金额前一般均冠以人民币符号"￥"，且在"￥"与数字之间不能留有空位，以防止金额数字被人涂改。书写人民币符号"￥"，尤其是草写"￥"时，要注意与阿拉伯数字有明显的区别。在登记账簿、编制报表时，不能使用"￥"符号，因为账簿、报表上不存在金额数字被涂改而造成损失的情况。在账簿或报表上如果使用"￥"符号，反而会增加错误的可能性。

（4）关于金额角、分的写法

在无金额分位格的凭证、账、表上，所有以元为单位的阿拉伯数字，除表示单价等情况外，一律写到角分；没有角分的角位和分位可写出"00"或者"—"；有角无分的，分位应当写出"0"，不得用"—"代替；只有分位金额的，在元和角位上各写一个"0"，并在元与角之间点一个小数点，如"￥0.05"。在有金额分位格的凭证、账、表上，只有分位金额的，在元和角位上均不得写"0"；只有角位或角分位金额的，在元位上不得写"0"；分位是"0"的，在分位上写"0"，角分位都是"0"的，在角分位上各写一个"0"。

表4.2为有分割线的小写金额书写示例，而表4.3和表4.4的写法均是错误的。

表4.2　账簿小写金额正确写法

万	千	百	十	万	千	百	十	元	角	分
					5	8	5	0	0	0

表4.3　账簿小写金额错误写法（一）

万	千	百	十	万	千	百	十	元	角	分
					5	8	5			

表4.4　账簿小写金额错误写法（二）

万	千	百	十	万	千	百	十	元	角	分
					5	8	5	0		

阿拉伯数字书写发生错误时，要严禁采用刮、擦、涂改或采用药水消除字迹方法改错，应采用正确的更正方法进行更正。更正的方法叫划线更正法，即将错误的数字全部用单红线注销掉，并在错误的数字上盖章，而后在原数字上方对齐原位填写出正确的数字。书写数字时，只要一个数字写错，不论写错的数据在哪个位数上，一律将数字全部画掉，并按规定进行更正。例如，"2 325.00"正确的更正写法如表4.5所示。不正确的更正方法如表4.6所示。

表4.5　账簿小写金额错误的正确更正方法

万	千	百	十	万	千	百	十	元	角	分
					2	3	2	5	0	0
					2	2	3	5	0	0

表4.6　账簿小写金额错误的错误更正方法

万	千	百	十	万	千	百	十	元	角	分
						3	2	5	0	0
					2	2	3	5	0	0

2.中文大写数字的书写

为了弥补阿拉伯数字容易涂改的不足,在经济活动和日常工作中记载数字时,要求既要书写阿拉伯数字,又要书写中文汉字,中文大写数字笔画多,不易涂改,主要用于填写需要防止涂改的发票、银行结算凭证等信用凭证,书写时要做到标准化、规范化,即要做到数字正确、字迹清楚、不错漏、不潦草,以防止涂改。

（1）中文大写数字书写的有关规定

①用正楷或行书字体书写。为了防止将来出现涂改的情况,在书写阿拉伯数字的同时,还要用规范的汉字书写。汉字书写一定要规范,一律用正楷或行书字书写,不得自造简化字。如壹、贰、叁、肆、伍、陆、柒、捌、玖、拾、佰、仟、万、亿、圆(元)、角、分、零、整(正)等易于辨认、不易涂改的字样,不得用0、一、二(两)、三、四、五、六、七、八、九、十等简化字代替,不能用"毛"代替"角",不用"另"代替"零"。

②"人民币"与数字之间不得留有空位。有固定格式的重要凭证,大写金额栏一般都印有"人民币"字样,数字应紧接在"人民币"后面书写,在"人民币"与数字之间不得留有空位。大写金额前若没有印制"人民币"字样的,书写时,在大写金额前要加填"人民币"三字。在票据和结算凭证大写金额栏内不得预印固定的"仟、佰、拾、万、仟、佰、拾、元、角、分"字样。

③"整(正)"字的用法。人民币以元为单位时,只要人民币元后分位没有金额(即无角无分时,或有角无分),应在大写金额后加上"整"字结尾;如果分位有金额的,在"分"后不必写"整"字。例如58.69元,写成"人民币伍拾捌元陆角玖分"。因其分位有金额,在"分"后不必写"整"字。又如58.60元,写成"人民币伍拾捌元陆角整"。因其分位没有金额,应在大写金额后加上"整"字结尾。"整"字笔画较多,在书写数字时,常常将"整"字写成"正"字。这两个字在此处的含义是相同的。

④有关"零"的写法。阿拉伯金额数字有"0"时,汉字大写金额应怎样书写? 这要看"0"所在的位置。对于数字尾部"0",不管是一个还是连续几个,汉字大写到非零数位后,用一个"整(正)"字结尾,都不需用"零"来表示。如¥4.80,应写为"人民币肆元捌角整";又如¥200.00,应写为"人民币贰佰元整"。至于阿拉伯金额数字中间有"0"时,汉字大写应按照汉语语言规律、金额数字构成和防止涂改的要求进行书写。具体如下:

a.阿拉伯金额数字中间有"0"的,汉字大写金额要写"零"字。如¥1 502.50,应写为"人民币壹仟伍佰零贰元伍角整"。阿拉伯数字中间连续有几个"0"的,汉字大写金额中可以只写一个"零",如¥1 004.70,应写成"人民币壹仟零肆元柒角整"。

b. 阿拉伯数字元位是"0"的,或者数字中间连续有几个"0",元位也是"0",但角位不是"0"时,汉字大写金额可以只写一个零字,也可以不写"零"字。如:¥1 520.45,汉字大写金额应写为"人民币壹仟伍佰贰拾元零肆角伍分",或者写为"人民币壹仟伍佰贰拾元肆角伍分"。

c. 阿拉伯金额数字角位是"0",而分位不是"0"时,汉字大写金额"元"后面应写"零"字。如¥1 523.06,汉字大写金额应写为"人民币壹仟伍佰贰拾叁元零陆分",又如¥1 503.06,汉字大写金额应写为"人民币壹仟伍佰零叁元零陆分"。

⑤有关"壹"字的要求。

a. 在书写数字金额大写汉字时不能遗漏。平时口语习惯说"拾几""拾几万",在这里"拾"字代表数位,而不是数字。"壹拾"既代表位数,又代表数字,所以壹拾几的"壹"字不能遗漏。例如,拾元整,应写为:壹拾元整。又如16元,应写成:壹拾陆元整。又如¥1 503.06,汉字大写金额应写为"人民币壹仟伍佰零叁元零陆分"。

b. 票据的出票日期必须使用中文大写。为防止变造票据的出票日期,在填写月、日时,月为壹、贰和壹拾的,日为壹至玖和壹拾、贰拾、叁拾的,应在其前加"零";日为拾壹至拾玖的,应在其前加"壹"。例如,1月18日,应写成零壹月壹拾捌日。再如,10月30日,应写成零壹拾月零叁拾日。若票据出票日期是用小写填写的,银行不予受理。大写日期未按要求规范填写的,银行可不予受理,但由此造成损失的,由出票人自行承担。

⑥在印有大写金额"万、仟、佰、拾、元、角、分"位置的凭证上书写大写金额时,金额前面如有空位,可画"⊗"注销,阿拉伯数字中间有几个"0"(含分位),汉字大写金额就可以写几个"零"。如¥200.30,汉字大写金额应写为"人民币⊗万⊗仟贰佰零拾零元叁角零分"。

(2)大写金额写法解析

物业服务费用收支及核算人员进行业务处理书写大小写金额时,必须做到大小写金额内容完全一致,书写熟练、流利,准确完成核算工作。下面列举在书写大写金额时容易出现的问题,并进行解析。

①小写金额6 500元。

正确写法:人民币陆仟伍佰元整。

错误写法:人民币:陆仟伍佰元整。错误原因:"人民币"后面多一个冒号。

②小写金额3 150.20元。

正确写法:人民币叁仟壹佰伍拾元零贰角整。

错误写法:人民币叁仟壹佰伍拾零元贰角整。错误原因:"零"字用法不对。

③小写金额 105 000.00 元。

正确写法：人民币壹拾万零伍仟元整。

错误写法：人民币拾万伍仟元整。错误原因：漏写"壹"和"零"字。

④小写金额 90 036 000.00 元。

正确写法：人民币玖仟零叁万陆仟元整。

错误写法：人民币玖仟万零叁万陆仟元整。错误原因：多写一个"万"字。

⑤小写金额 4 300 000.93 元。

正确写法：人民币肆佰叁拾万元零玖角叁分。

错误写法：人民币肆佰叁拾万零玖角叁分。错误原因：漏写一个"元"字。

⑥小写金额 150 001.00 元。

正确写法：人民币壹拾伍万零壹元整。

错误写法：人民币壹拾伍万元另壹元整。错误原因：将"零"错写成"另"字，多出一个"元"字。

大写数字出现错误或漏写，要标明凭证作废，必须重新填写。

3. 文字的书写

这里所说的文字书写是指除中文大写数字以外的汉字书写。物业服务费用收支及核算人员每天都离不开书写，不仅要书写数字，而且要书写文字，两者是相辅相成的。书写数字离不开文字的表述，文字也离不开数字的说明，只有文字、数字并用，才能正确反映经济业务。如在收取物业服务费用向业主开具收费发票时写明业主姓名、收费内容等，进行会计核算填制记账凭证时要书写会计科目（总账科目和明细分类科目）等；登记会计账簿时，要用汉字书写"摘要"栏，即会计事项和据以登账的凭证种类，如"收字""付字""转字"或"现收""现付""银收""银付"和"转"字等；编制会计报表时，撰写会计报告说明、会计分析报告及其他应用文字等，都需要写汉字。所以说，文字书写也很重要。

（1）文字书写的基本要求

物业服务费用收支及核算工作对汉字书写的基本要求是：简明扼要，字体规范，字迹清晰，排列整齐，书写流利并且字迹美观。

①用文字对所发生的经济业务简明扼要地叙述清楚，文字不能超过各书写栏。书写会计科目时，要按照会计制度的有关规定写出全称，不能简化、缩写，并且子目、明细科目也要准确、规范。

②书写字迹清晰、工整。书写文字时，可用正楷或行书，但不能用草书，要掌握每个字的重心，字体规范，文字大小应一致，汉字间适当留间距。

（2）书写文字基本技巧

收费人员在书写文字时，应养成正确的写字姿势，掌握汉字的笔顺和字体结构，写好规范的汉字。

任务指导4.1 完成任务情景4.1中的工作任务。

目的:熟悉票据的格式和内容、票据填写的要求。

步骤:第1步,仔细阅读情景任务4.1;

第2步,进行分组讨论,现场交流。

提示:

票据必须严格按照要求填写,不得漏项。票据法规定支票的收款人和支票的金额可以授权收款人补记,但未补记前不得转让。按照票据法规定,银行(信用社)对支票的审查责任在于形式上的审查,在此本案中没有过错,不承担责任。物业公司应向此支票的篡改人追偿;杜先生未补记前转让支票,违反了票据法的规定,也要承担相应责任。

 活动4.1 制订重庆佳居物业服务有限公司票据填写规范。

目的:通过制订重庆佳居物业服务有限公司票据填写规范活动,让学生明白看样规范填写票据的要求和注意事项。

步骤:第1步,分组讨论规范填写票据的要求;

第2步,分组讨论规范填写票据的注意事项;

第3步,得出结论,整理成文字材料。老师要对各组任务执行情况做记录和分析,分别从阿拉伯数字、中文大写和文字三个方面进行展开,并适时反馈任务执行的效果。

技能实训4.1 完成下列文字、数字的正确书写。

完成下列任务:

(1)数码字与财经专用汉字的书写

零 壹 贰 叁 肆 伍 陆 柒 捌 玖 拾 佰 仟 万 亿 整

(2)大小写人民币的正确书写

小写:150 796.23　　　　大写:

小写:301 060.25　　　　大写:

大写:人民币肆万零叁佰零陆元零捌分　　　　小写:

大写:人民币玖拾伍万零柒佰元叁角整　　　　小写:

(3)大小写人民币金额的正确书写

小写:8 001 005.21　　　大写:

小写:170 459.30　　　大写:

大写:人民币玖佰陆拾万零贰仟伍佰零捌元整　　　小写:

大写:人民币叁万零肆佰零柒元贰角整　　　　小写:

(4)大小写人民币金额的正确书写

小写:620 859.31　　　　大写:

小写:870 030.40　　　　大写:

大写:人民币玖万零肆佰零壹元零捌分　　　小写:

大写:人民币伍佰陆拾万零贰佰元三角整　　小写:

(5)大小写人民币金额的正确书写

小写:12 593.00　　　　大写:

小写:8 001 420.09　　　　大写:

大写:人民币肆万零玖佰零壹元五角捌分　　小写:

大写:人民币柒佰陆拾万零叁佰元壹角整　　小写:

🨾 知识训练

(一)单项选择题

1.阿拉伯数字是(　　)发明的。

　　A.印度人　　　　B.阿拉伯人　　　　C.欧洲人　　　　D.中国人

2.账表凭证上数字的书写高度一般占表格的(　　)。

　　A.1/2　　　　B.1/3　　　　C.1/4　　　　D.1/5

(二)多项选择题

1.无金额分位格的凭证上,人民币陆拾捌元的小写金额正确的写法有(　　　　)。

　　A.68　　　　B.¥68　　　　C.¥68.00　　　　D.¥68.—

2.汉字书写一定要规范,一律用(　　)书写,不得自造简化字。

　　A.行书　　　　B.正楷　　　　C.草书　　　　D.隶书

(三)判断题

1.汉字大写金额数字到"元"为止的,在"元"字之后,应写"整"或"正"字。

　　　　　　　　　　　　　　　　　　　　　　　　　　　　　　　(　　　)

2."人民币"与数字之间不得留有空位,以防止金额数字被人涂改。　　(　　　)

3.数字书写错误,可以直接在数字上涂改。　　　　　　　　　　　　(　　　)

4.票据的出票日期必须使用中文大写,2011 年 2 月 10 日应写成贰零壹壹年贰月壹拾日。

　　　　　　　　　　　　　　　　　　　　　　　　　　　　　　　(　　　)

 技能实训 4.2　帮助重庆佳居物业服务公司收费员小张填写转账支票的主要部分内容。

(1)业务资料

重庆佳居物业服务有限责任公司资料简介同技能实训 1.1。

（2）工作任务

①支票（日期：2010-1-11；金额：6 407 329.80 元）的正确填写：

中国工商银行　转账支票													
出票日期（大写）　　　　　　年　　月　　日　　付款行名称：													
收款人													
人民币 （大写）			亿	千	百	十	万	千	百	十	元	角	分
用途 　上列款项请从 　我账户内支付 　　　　出票人签章　　　　复核　　　　　记账													

②支票（日期：2010-10-11；金额：901 500.31 元）的正确填写：

中国工商银行 转账支票													
出票日期（大写）　　　　　　年　　月　　日　　付款行名称：													
收款人													
人民币 （大写）			亿	千	百	十	万	千	百	十	元	角	分
用途 　上列款项请从 　我账户内支付 　　　　出票人签章　　　　复核　　　　　记账													

③支票（日期：2010-11-20；金额：10 001 092.03 元）的正确填写：

中国工商银行 转账支票													
出票日期（大写）　　　　　　年　　月　　日　　　付款行名称：													
收款人													
人民币 （大写）			亿	千	百	十	万	千	百	十	元	角	分
用途 　上列款项请从 　我账户内支付 　　　　出票人签章　　　　复核　　　　　记账													

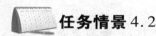

思考练习

（1）阿拉伯数字书写要求有哪些？
（2）中文大写数字书写有哪些规定？
（3）文字书写的基本要求有哪些？
（4）金额角、分的写法要求有哪些？

项目二　验钞点钞技能

任务情景4.2

　　大学毕业生小王到某物业管理有限公司应聘物业收费员，接待她的财务经理说"如今人们到超市购物，付款时如果用面额比较大的钞票，收银员免不了会在验钞机上验一下，遇上没有验钞机的小卖部，售货员可能会对着光线看水印，我们拿到收银员找来的钞票也会多看两眼。也难怪，这都是假钞惹的祸。普通老百姓对假钞的警惕性尚且如此，那么，作为一名物业收费员，我们就更应该懂得如何来识别假钞。"

　　工作任务：

　　（1）如何识别假钞？
　　（2）如何对钞票点数？

知识讲解

1.人民币的真伪鉴别

（1）假币的基本认识

假币是指伪造、变造的货币，既包括人民币假币，也包括外币假币，本单元只对假人民币加以介绍。假人民币是指仿造真人民币的纸张、图案、水印、安全线等原样，利用各种技术手段非法制作的伪币。假币按照其制作方法和手段，大体可分为两种类型，即伪造币和变造币。

①伪造币：是指依照人民币真钞的用纸、图案、水印、安全线等原样，运用各种材料、器具、设备、技术手段模仿制造的人民币假钞。伪造币由于其伪造的手段不同，可分为手工、机制、拓印、复印等类别。

②变造币：是指利用挖补、剪接、涂改、揭层等各种方法，对人民币真钞进行加工处理，改变其原有形态，并使其升值的人民币假钞。变造币按其加工方法的不同，可分为涂改、挖补剪贴、剥离揭页等类别。

（2）识别真假人民币的技巧

①眼看法。主要有：

a. 看水印。即用肉眼看钞票的水印是否清晰，有无层次感和立体感。把人民币迎着光线看，真币水印立体感强，假币水印多为线条组成，或过于清晰，或过于模糊。

b. 看安全线。真币在各卷别票面正面中间偏左，均有一条安全线。假币仿造的文字不清晰，线条活动、容易抽出。

c. 看票面图案。看整张票面图案是否单一或偏色，票面图案色彩是否鲜艳，线条是否清晰，对接图案是否对接完好、无留白或空隙。

d. 看隐形面额数字。用五倍以上放大镜观察票面，看图案线条、缩微文字是否清晰干净。

e. 看纸币的整体印刷效果。真人民币使用特制的机器和油墨印刷，整体效果精美，假币的整体效果粗糙，工艺水平低。

②手摸法。这是用手触摸来鉴别真假人民币的方法，主要有：a. 触摸票面上凹印部位的线条是否有明显的凹凸感。假币无凹凸感或凹凸感不强烈。b. 触摸人民币是否薄厚适中，挺括度好。真币纸张发涩，假币纸张平滑。

③耳听法。人民币纸币所使用的纸张是经过特殊处理、添加有化学成分的纸张，挺括耐折。手持钞票用力抖动、手指轻弹或两手一弛一弛轻轻对称拉动，能听到清脆、响亮的声音。假币纸张发软，偏薄或偏厚，抖动或者弹击的声音发闷，不耐揉折。

④仪器检测法。它是借助一些简单的工具和专用仪器，来分辨人民币的真伪，主要有：a. 借助放大镜：可以观察票面线条的清晰度，胶、凹印缩微文字等。b. 用紫外灯：灯光照射钞票后，可以观察钞票纸张和油墨有无荧光反应。c. 用磁性检测仪：可以检测黑色横号码的磁性。

⑤尺量法。即用尺子衡量钞票的规格尺寸，真人民币的尺寸十分严格，精确到以mm计。

（3）第五套人民币的防伪特征

本书主要以第五套人民币100元为例介绍防伪特征。第五套人民币有1999年版和2005年版。

①2005年版人民币100元纸币与1999年版的相同点。2005年版人民币100元纸币的规格、主景图案、主色调、"中国人民银行"行名和汉语拼音行名、面额数字、花卉图案、国徽、盲文面额标记、民族文字等票面特征，固定人像水印、手工雕刻头像、胶印缩微文字、雕刻凹版等防伪特征，均与现行流通的1999年版人民币100元纸币相同。

②人民币100元纸币2005年版与1999年版的区别。主要有：

a. 调整防伪特征布局。将正面左下角胶印对印图案调整到正面主景图案左侧中间处，光变油墨额数字左移至原胶印对印图案处。背面右下角胶印对印图案调整到背面主景右侧中间处。

b. 调整防伪特征。

隐形面额数字：调整隐形面额数字的观察角度。正面右上方有一装饰性图案，将票面置于与眼睛接近平行的位置，面对光源做上下倾斜晃动，可以看到面额数字"100"字样。

全息磁性开窗安全线：将原磁性缩微文字安全线改为全息磁性开窗安全线。背面中间偏右有一条开窗安全线，开窗部分可以看到由缩微字符"￥100"组成的全息图案，仪器检测有磁性。

双色异形横号码：将原横竖双号码改为双色异形横号码。正面左下角印有双色异形横号码，左侧部分为暗红色，右侧部分为黑色。字符由中间向左右两边逐渐变小。

c. 增加防伪特征。

白水印：位于正面双色异形横号码下方，迎光透视，可以看到透光性很强的水印"￥100"字样。

凹印手感线：正面主景图案右侧，有一组自上而下规则排列的线纹，采用雕刻凹版印刷工艺印刷，用手指触摸，有极强的凹凸感。

d. 取消纸张中的红、蓝彩色纤维。2005 年版人民币 100 元纸币取消了纸张中的红、蓝彩色纤维。

除上述区别以外，2005 年版人民币 100 元纸币背面主景图案下方的面额数字后面，增加人民币单位"元"的汉语拼音"YUAN"，年号改为"2005 年"。

2005 年版人民币 100 元纸币的票样如图 4.1 所示。

图 4.1　2005 年版人民币 100 元纸币的票样

（4）HD90 假钞辨别真伪的技巧

①HD90 假钞只在原先假钞基础上略微改进，主要是一些陈旧的点（验）钞机难以识别，但如果市民在使用中稍加注意，比如其变色油墨，即 100 元人民币左下角"100"，当平视真币时，其颜色是绿色的，但如果将真币与眼睛垂直向放置，则会变成蓝色。而"HD90"假钞则不变色。

②手感方面，真币采用专门技术，做出防仿冒的凹凸感，比如毛主席的衣领等处，有的凹凸标识是供盲人识别的，而 HD90 假钞在凹凸感上也进行了部分仿冒，只是用坚硬金属模具压制而成，技术较为低劣，仔细鉴别仍然能够发现问题。可以说，手感鉴别凹凸感是普通市民最常用的方法，眼下看来，针对该版假钞鉴别时要特别留意。

③在印刷及纸张方面，HD90 假币为机制胶印，纸张较脆，无韧性。且固定人像水印及"100"白水印均用无色油墨直接印在纸张正面，水印模糊，没有立体感。伪造了安全线，已发现的该类假币有两种安全线：一种是用银黑色磁带夹在正背面纸张中，并在背面用银色油墨烫印全息图案；另一种为用黑色油墨在假币正面印刷黑色条纹、背面用银色油墨烫印全息图案，并刷上磁粉。HD90 假钞阴阳互补对印图案错位，且其隐形面额数字用无色油墨印刷，无须旋转角度即可看见面额"100"的字样。HD90 百元假钞鉴别见图 4.2。

图 4.2　HD90 百元假钞鉴别

（5）发现假币时的处理方法

①金融机构发现假币。办理人民币存取款业务的金融机构发现伪造、变造的人民币，数量较多、有新版伪造人民币或者有其他制造、贩卖伪造、变造的人民币线索的，应当立即报告公安机关；数量较少的，由该金融机构两名以上工作人员当面予以收缴，加

盖"假币"字样的戳记,登记造册,向持有人出具中国人民银行统一印制的收缴凭证,并告知持有人可以向中国人民银行或者向中国人民银行授权的国有独资商业银行的业务机构申请鉴定。对伪造、变造的人民币收缴及鉴定的具体方法,由中国人民银行制定。办理人民币存取款业务的金融机构应当将收缴的伪造、变造的人民币上缴当地中国人民银行。

②收款单位发现假币。单位的出纳人员,在收付现金时发现假币,应立即送交附近银行进行鉴别。单位发现可疑币不能断定真假时,不得随意加盖假币戳记和没收,应向持币人说明情况,开具临时收据,连同可疑币及时报送当地人民银行鉴定。经人民银行鉴定,确属假币时,应该按发现假币时的办法处理,如确定不是假币时,应及时将钞票退还持币人。

③日常生活中发现假币。广大群众在日常生活中发现假币,应立即就近送交银行进行鉴定,并向银行和公安机关举报,履行提供有关详情、协助破案的义务。

2. 点钞技能

点钞是物业收费人员必须掌握的一项基本业务技能,一般分为手工点钞和机器点钞两种方法。收费人员整点票币时,不仅要做到点数准确无误,还必须对损伤票币,伪造币和变造币进行挑拣和处理,保证点钞的质量和速度。为了提高自身的点钞技术水平,收费人员除了掌握一定的票币整点方法和鉴别知识外,还应在平时多学多练,这样才能在工作时得心应手。

(1)点钞方法分类

点钞包括纸币整点和硬币清点。点钞方法是很多的,概括而言,按使用的工具不同有手工点钞和机器点钞两种。手工点钞是指将纸币和硬币置于桌面,由人工进行清点计数的方法。机器点钞就是使用点钞机整点钞票以代替手工整点。为防止差错,实际中收费人员采用手点一遍,机过一遍的方式,将手工点钞和机器点钞配合使用。

(2)点钞的基本程序

点钞的基本程序为:拆把—点数—扎把—盖章。拆把,即把待点的成把钞票的封条拆掉;点数,手中点钞,脑中记数,点准100张;机器清点,眼睛挑残破票;扎把,即把点准的100张钞票要墩齐,用腰条扎紧,不足100张的在腰条上写出实点数;盖章,即在扎好的钞票的腰条上加盖经办人员名章,以明确责任。

(3)手工点钞的基本要求

学习点钞,首先要掌握基本要领,基本要领掌握得好,可以达到事半功倍的效果。

①坐姿端正。点钞的坐姿直接影响点钞技术的发挥和提高。点钞人员的坐姿应体现出饱满的精神状态,积极热情的工作要求。正确的坐姿应该是直腰挺胸,双脚平放地面,身体自然,肌肉放松,双肘自然放在桌面,持票的左手腕部接触桌面,右手腕部稍抬高,整点票币轻松持久,手指活动自如。

②用品定位。点钞时使用的钞票、印泥、图章、水盒、腰条等要按使用顺序固定位置放好，以便点钞时使用顺手。

③开扇均匀。使用各种点钞方法时，都应将票币打开成微扇形或坡形，便于捻动并可防止夹张，能提高点钞的速度和准确性。

④清点准确。点钞的关键是"准"，清点和技术的准确是点钞的基本要求。点数时一要全神贯注，二要定型操作，三要手动，脑记。手、眼、脑紧密结合。

⑤票币墩齐。票币点好必须墩齐（四条边水平，不露头，卷角拉平）后才能扎把。

⑥捆扎合格。将清点完的每一百张钞票扎为一小把，每十小把扎为一捆（百张一把，十把一捆）。要求做到：扎小把，以小把中第一张票币不被抽出为准。按"#"字形捆扎的大捆，以用力推不变形，抽不出票把为准。

⑦盖章清晰。腰条上的名章，是分清责任的标志。票币整点后都要盖章，图章要清晰可辨。

⑧动作流畅。动作连贯是保证点钞质量和提高效率的必要条件，点钞过程的各个环节必须密切配合，环环相扣。清点中双手动作要协调，速度要均匀，要注意减少不必要的小动作。

（4）常用手工点钞方法

对于手工点钞，根据持票姿势不同，又可划分为手按式点钞方法和手持式点钞方法。

手按式点钞方法，是将钞票放在台面上操作，主要操作方法有手按式单指单张点钞法、手按式双指双张点钞法、手按式多指多张点钞法。手持式点钞方法是在手按式点钞方法的基础上发展来的，其速度远比手持式点钞方法快，因此，手持式点钞方法应用比较普遍。手持式点钞方法，根据指法不同又可分为单指单张点钞法、单指多张点钞法、多指多张点钞法和扇面点钞法，物业收费工作者主要学习手按式点钞法和手持式单指单张点钞法。

①手按式单指单张点钞法。这种点钞法适用于收款、付款和整点各种新、旧、大、小钞票，特别宜于整点辅币及残破票多的钞票。此法的优点是看到的票面较大，便于挑剔残票和发现假票。

a. 操作方法。整点时把钞票放在桌上斜对点钞员，用左手的无名指和小指按住钞票的左上角，用右手拇指托起右下角的部分钞票；用右手食指捻动钞票，每捻起一张，左手拇指即往上推动送到食指与中指之间夹住，即完成一次点钞动作。

b. 记数方法。记数与点钞同时进行。记数采用"分组用心记数法"，每捻动一张记一个数。记数时要默记，不要念出声，不能有读数的口型，要用心记。分组记数有两种方法：

方法一：每10张为一组，组别序数在后，我们姑且称为"序后法"。

1、2、3、4、5、6、7、8、9、1（即 10）；

1、2、3、4、5、6、7、8、9、2（即 20）；

1、2、3、4、5、6、7、8、9、3（即 30）；

………

以此类推，数到 1、2、3、4、5、6、7、8、9、10（即 100）。

方法二：每 10 张为一组，组别序数在前，我们姑且称为"序前法"。

1、2、3、4、5、6、7、8、9、10（即 10）；

2、2、3、4、5、6、7、8、9、10（即 20）；

3、2、3、4、5、6、7、8、9、10（即 30）；

………

以此类推，数到 10、2、3、4、5、6、7、8、9、10（即 100）。

采用分组记数法记数既简单又快捷，将十位数的两个数字变成一个数字，每点百张可节约记忆 80 多个字节，而且记的速度与整点的速度协调，不容易产生差错。可谓：省脑、省力、又容易记。

②手按式双指双张点钞法。这种点钞法的主要优点是速度比单指单张点钞法快一些，缺点是挑剔残破币不方便，所以不适用于整点残破券较多的钞票。

a. 操作方法。点数时把钞票斜放在桌上，左手的小指、无名指压住钞票的左上角约 3/4 处，右手拇指托起右下角的部分钞票，用中指向下捻起第一张，随即用食指再捻起第二张，左手拇指将捻起的这两张钞票往上送到左手食指与中指中间夹住。

b. 记数方法。采用分组记数，两张为一组记一个数，数到 50 就是 100 张。

③手按式多指多张点钞法。该法适用于收款、付款和整点各种新旧、大小面额的钞票，特别适用于整点成把钞票，所以也特别适用于任何场所的比赛。

a. 操作方法。把钞票斜放在桌上，使钞票右下角稍伸出桌面。用左手的无名指和小指按住钞票的左上角，用右手拇指托起右下角的部分钞票。用右手无名指捻起第一张钞票，紧接着用中指、食指分别捻起第二张、第三张钞票，每拨起三张钞票就用左手拇指向上推，用食指、中指夹住，即完成清点一组的动作，此后循环往复。

b. 记数方法。每三张为一组，点 33 组零 1 张为 100 张。

④手持式单指单张点钞法。该法就是在清点货币时左手持票，右手拇指一次捻动一张钞票，逐张清点的方法，这种方法是点钞中最基本也是最常用的一种方法，使用范围较广，使用频率较高，适用于收款、付款和整点各种新旧大小钞票。这种点钞方法的优点是由于持票面小，能看到票面的四分之三，容易发现假钞票及残破票。其缺点是点一张记一个数，劳动强度较大，比较费时费力。具体操作方法如下：

a. 持钞。左手横执钞票，下面朝向身体，左手拇指在钞票正面左端约四分之一处，食指与中指在钞票背面与拇指同时捏住钞票，无名指与小指自然弯曲并伸向票前左下方,与中指夹紧钞票,食指伸直,拇指向上移动,按住钞票侧面,将钞票压成瓦形,左手将钞票从桌面上擦过,拇指顺势将钞票向上翻成微型的扇形,同时,右手拇指,食指做点钞准备。

b.清点。左手持钞并形成瓦形后,右手食指托住钞票背面右上角,用拇指尖逐张向下捻动钞票右上角,捻动幅度要小,不要抬得过高,要轻捻,食指在钞票背面的右端配合拇指捻动,左手拇指按捏钞票不要过紧,要配合右手起自然推助作用。右手的无名指将捻起的钞票向怀里弹,要注意轻点快弹。如图4.3所示。中指翘起沾水备用,并轻轻附着钞票背面或缩回离开票面,注意不要妨碍无名指的动作(图4.4)。左手拇指随着点钞的进度,逐步向后移动,食指向前推移钞票,以便加快钞票下落速度。

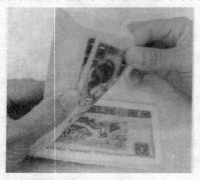 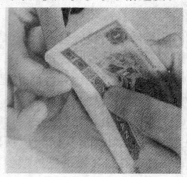

图4.3 点钞手势 　　　　　　　　图4.4 点钞手势

c.记数。记数与清点同时进行。在点数速度快的情况下,往往由于记数迟缓而影响点钞的效率,因此记数应该采用分组用心记数法,每捻动一张记一个数。记数时要默记,不要念出声,做到脑、眼、手密切配合,既准又快。把10作1记,即1、2、3、4、5、6、7、8、9、1(即10),1、2、3、4、5、6、7、8、9、2(即20),以此类推,数到1、2、3、4、5、6、7、8、9、10(即100)。采用这种记数法记数既简单又快捷,将十位数的两个数字变成一个数字,每点百张可节约记忆80多个字节,而且记的速度与整点的速度相协调,不容易产生差错,可谓省脑、省力又容易记。

⑤手持式单指多张点钞法。该法就是在清点纸币时,使用右手拇指一次捻动两张或两张以上钞票进行点数。它适用于收款、付款和各种券别的整点工作。点钞时记数简单、省力、效率高,但也有其缺点,就是在一指捻几张时,由于不容易看到中间几张的全部票面,因此假钞和残损钞票不易被发现。这种点钞法除了记数和清点外,其他均与单指单张点钞法相同。具体操作方法如下:

a.持钞。持钞方法同单指单张点钞法。

b.清点。清点时,习惯用右手点数的,右手食指放在钞票背面右上角,拇指肚放在右上角,拇指尖超出票面,用拇指肚先捻钞。使用单指双张点钞法时,拇指肚先捻第一张,拇指尖捻第二张。单指三张点钞法,拇指肚先捻第一、二张,指尖捻第三张(如图

4.5所示),单指五张点钞法,拇指肚先捻第一至四张,指尖捻第五张,以此类推。使用单指多张点钞法时,拇指用力要均衡,捻的幅度不要太大,食指、中指在票后面配合捻动,拇指捻张,无名指向怀里弹。在右手拇指向下捻动的同时,左手拇指稍抬,使票面供起,从侧边分层错开,便于看清张数,左手拇指向下拨钞票,右手拇指抬起让钞票下落,左手拇指在拨钞的同时下按其余钞票,左右两手拇指一起一落协调动作,如此循环,直至点完。习惯用左手点数的,左右手动作正好相反,不再赘述。

图4.5　点钞手势

c.记数。记数采用分组记数法。如点双数,两张为一个组记一个数,50组就是100张;点3张为1组记1个数,33组余1张即是100张;点4、5张以上均以此方法计算。但以5张为1组记数时,因点数要求两次凑足10张,所以,每次无论多于或少于5张的,均按5张记数,只是在心中掌握下次多点或少点1张,以补齐10张整数。这样才不会影响点数速度。

(5)钞票的扎把方法

点钞完毕后需要对所点钞票进行扎把,通常是100张捆扎成一把,分为缠绕式和扭结式两种方法。

临柜收款采用缠绕式方法,需使用牛皮纸腰条,其具体操作方法介绍如下:第一,将点过的钞票100张墩齐;第二,左手从长的方向拦腰握着钞票,使之成为瓦状(瓦状的幅度影响扎钞的松紧,在捆扎中幅度不能变);第三,右手握着腰条头将其从钞票的长的方向夹入钞票的中间(离一端1/3~1/4处),从凹面开始缠绕钞票两圈;第四,在翻到钞票原度转角处将腰条向右折叠90度,将腰条头绕捆在钞票的腰条上,转两圈打结;第五,整理钞票。

扭结式方法一般在考核、比赛时采用,需使用棉纸腰条,其具体操作方法介绍如下:第一,将点过的钞票100张墩齐;第二,左手握钞,使之成为瓦状;第三,右手将腰条从钞票凸面放置,将两腰条头绕到凹面,左手食指、拇指分别按住腰条与钞票厚度交界处;第四,右手拇指、食指夹住其中一端腰条头,中指、无名指夹住另一端腰条头,并合在一起,右手顺时针180度,左手逆时针转180度,将拇指和食指夹住的那一头从腰条与钞票之间绕过、打结;第五,整理钞票。

（6）机器点钞法

机器点钞就是使用点钞机整点钞票以代替手工整点。使用机器点钞可以将出纳员从繁重的劳动中解脱出来,既节省劳动力,又节省工作时间。机器点钞的工作效率高,每小时可清点3万~4万张钞票。机器点钞已成为出纳点钞的主要方法。

①点钞机的一般常识。点钞机由三大部分组成:第一部分是捻钞;第二部分是计数;第三部分是传送整钞。

捻钞部分由下钞斗和捻钞轮组成。其功能是将钞券均匀地捻下送入传送带。捻钞是否均匀,计数是否准确,其关键在于下钞斗下端一组螺丝的松紧程度。使用机器点钞时,必须调节好螺丝,掌握好下钞斗的松紧程度。

计数部分（以电子计数器为例）由光电管、灯泡、计数器和数码组成。捻钞轮捻出的每张钞券通过光电管和灯泡后,由计数器记忆并将光电信号轮换打数码管上显示出来。数码管显示的数字,即捻钞张数。

传送整钞部分由传送带、接钞台组成。传送带的功能是传送钞券并拉开钞券之间的距离,加大票币审视面,以便及时发现损伤券和假币。接钞台是将落下的钞券堆放整齐,为扎把做好准备。

图4.6 点钞机

②点钞前的准备工作有:

a.放置好点钞机。点钞机一般放在点钞员正前方的桌面上,离胸前约30 cm。临柜收付款时也可将点钞机放在点钞桌肚内,桌子台面用玻璃板,以便看清数字和机器运转情况。

b.放置好钞券和工具。机器点钞是连续作业,且速度相当快,因此清点的钞券和操作的用具摆放位置必须固定。这样才能做到忙而不乱。一般未点的钞券应放在机器右侧,按票面金额大小顺序排列,或从大到小,切不可大小夹杂排列;经复点的钞券应放在机器左侧;腰条纸应横放在点钞机前面即靠点钞员胸前的那一侧,其他各种用具的放置位置要适当、顺手。

c.试机。首先检查各机件是否完好,再打开电源,检查捻钞轮、传送带、接钞台运行是否正常,灯泡、数码管显示是否正常,如荧光数码显示不是"00",那么按"0"键钮,使其复位"00"。其次,开始试调下钞斗,松紧螺母,通常以壹元券为准,调到不松、不紧、不夹、不阻塞为宜。调试时,右手持一张壹元券放入下钞斗,捻钞轮将券一捻住,马上用手抽出,以捻得动、抽得出为宜。调整好点钞机后,还应拿一把钞券试试,看看机器转速是否适当,下钞是否流畅、均匀,点钞是否准确,落钞是否整齐。若传送带上钞券排列不均匀,说明下钞速度不均,要检查原因或调节下钞斗底的螺丝;若出现不整齐、票面歪斜的现象,说明下钞斗与两边的捻钞轮相距不均匀,往往造成距离近的一边下钞慢,钞券一端向送钞台倾斜,此时应将下钞斗的螺丝进行微调,直到调好为止。

③点钞机操作程序。点钞机的操作程序与手工点钞操作程序基本相同:

a.持票拆把。用右手从机器右侧拿起钞券并横执,右手拇指与中指、无名指、小指分别捏住钞券两侧,拇指在里侧,其余三指在外侧,将钞券横捏成瓦形,中指在中间自然弯曲。然后用左手将腰条纸抽出,右手将钞券速移到下钞斗上面,同时用右手拇指和食指捏住钞券上侧,中指、无名指、小指松开,使钞券弹回原处并自然形成微扇形,这样即可将钞券放入下钞斗。

b.点数。将钞券放入下钞斗,不要用力,钞券经下钞斗通过捻钞轮自然下滑到传送带,落到接钞台。下钞时,点钞员的眼睛要注意传送带上的钞券面额,看钞券中是否夹有其他票券、损伤券、假钞等,同时要观察数码显示情况。拆下的封条纸放在桌子一边不要丢掉,以免错用。

c.记数。当下钞斗和传送带上的钞券下张完毕时,要查看数码显示是否为"100"。如反映的数字不为"100",必须复点。在复点前应先将数码显示置于"00"状态并保管好原把腰条纸。如经复点仍是原数,又无其他不正常因素,说明该把钞券张数有误,应将钞券连同原腰条纸一起用新的腰条纸扎好,并在新的腰条纸上写上差错张数,另作处理。一把点完,计数为百张,即可扎把。扎把时,左手拇指在钞券上面,手掌向上,将钞券从接钞台里拿出,把钞券墩齐后进行扎把。

d.盖章。复点完全部钞券后,点钞员要逐把盖好名章。盖章时要做到先轻后重,整齐、清晰。由于机器点钞速度快,要求两手动作要协调,各个环节要紧凑,下钞、拿钞、扎把等动作要连贯,当右手将一把钞券放入下钞斗后,马上拆开第二把准备下钞,眼睛注意观察传送带上的钞券。当传送带上最后一张钞券落到接钞台时,左手迅速将钞券拿出,同时右手将第二把钞券放入下钞斗,然后对第一把钞券进行扎把。扎把时眼睛仍应注意观察传送带上的钞券。当左手将第一把钞券放在机器左侧的同时,右手从机器右侧拿起第三把钞券做好下钞准备,左手顺势抹掉第一把的腰条纸后,迅速从接钞台上取出第二把钞券进行扎把。这样顺序操作,直至点完所有的钞券。

④机器点钞的操作技巧。掌握机器点钞的要领,可熟记下列口诀:

认真操作争分秒,左右连贯用技巧;右手投下欲点票,左手拿出捻毕钞;

两眼查看票面跑,余光扫过记数表;顺序操作莫慌乱,环节动作要减少;

原钞腰条必须换,快速扎把应做到;维修保养经常搞,正常运转功效高。

 任务指导4.2 完成任务情景4.2中的工作任务。

目的:熟悉假钞的识别方法和点钞技能。

步骤:第1步,仔细阅读情景任务4.2;

第2步,做好训练的现场环境、资料和物品准备,含假钞的准备和点数用钞的准备;

第3步,学生分成学习小组,对假钞的识别进行现场问答和讨论。

 活动4.2 讨论物业收费员点钞的常用方法。

目的:通过讨论物业收费员点钞的常用方法的活动,让学生明白要胜任物业收费员的工作需要就应具备的基本职业能力,训练学生职业意识。

步骤:第1步,做好材料准备;

第2步,将学生分成小组进行讨论训练,并做好事后总结工作。

 技能实训4.3 假币鉴别训练。

请学生以小组为单位,准备10元、20元、50元、100元面值的人民币纸币各一张,由小组内每个成员分别指出各种面值人民币的防伪特征,并讨论在日常生活和工作中应如何有效地鉴别假币。

知识训练

(一)单项选择题

1.第五套人民币100元纸币的固定水印为( )。

A.荷花 B.月季花 C.水仙花 D.毛泽东头像图案

2.第五套人民币1元纸币的固定水印为( )。

A.兰花 B.月季花 C.水仙花 D.毛泽东头像图案

3.手工点钞方法中效率最高的点钞法是( )。

A.单指单张 B.单指多张 C.四指四张

D.五指五张 E.扇面式点钞

(二)多项选择题

1.能够鉴定假币真伪的金融机构有( )。

A. 中国人民银行　　　B. 中国银行　　　　C. 中国农业银行

D. 中国工商银行　　　E. 中国建设银行

2. 识别真假人民币的简易办法有(　　)。

A. 眼观　　　　　B. 手摸　　　　　C. 耳听　　　　D. 检测

3. 常用的手持式点钞方法有(　　)。

A. 单指单张　　　　B. 单指多张　　　　C. 四指四张

D. 五指五张　　　　E. 扇面式点钞

(三)判断题

1. 盖章是点钞的最后一环,腰条上的名章是分清责任的标志,所以凡是整点的现金,必须在每个人整点后,在钱把侧面腰条上加盖经办人的图章。　　　　　(　　)

2. 人民币水印分满版和固定水印两种。　　　　　　　　　　　　　　(　　)

 技能实训4.4　点钞练习。

(1)点钞基本功训练

①练手。手指活动要灵活,接触的感觉要灵敏,动作的幅度要小,捻钞不重张,以提高捻钞速度。

②练眼力。眼睛与手相配合,在手指迅速捻动票币的过程中,能辨别张数、面额、花纹、色彩。

③练记数。大脑与手、眼协作,时刻掌握清点的张数。在清点票币的同时要记数。由于单指单张每次只捻一张钞票,记数也必须一张一张地记,直到记到100张。

(2)手工点钞练习

要求:点钞姿势和动作要领要正确,点钞结果必须准确,捆扎结实、符合要求,准确计时,了解自身点钞水平的进展情况。

(3)机器点钞练习

要求:点钞姿势和动作要领要正确,拆把及时,放置合理,验收准确,捆扎结实、符合要求,做到人机合一,有效提高工作效率。

(4)考核方法

采用定时计量的方法,计算实点钞券张数。点钞测试分两次,每次5分钟。

思考练习

(1)怎样识别真假人民币?

(2)常用的手工点钞方法有哪些?

(3)简述点钞机操作程序。

项目三　客户沟通技能

任务情景 4.3

一天，业主周先生来到某物业服务中心，接待员小赵立刻起身以站姿迎客，并微笑着请对方在对面座位就座，倒了杯水放在周先生面前说："您请喝水。"周先生随即说明来意。在了解到周先生是咨询有关物业服务费构成和支出方面的问题后，小赵为了能够准确答复，有理有据，遂找出《物业管理条例》、物业服务费用测算表等相关材料，向周先生出示并解释。在小赵与周先生交流沟通时，服务中心门外又来了一位先生，小赵立即对周先生说了句："对不起，您稍等"后，起身迎客。

在获知来人王先生需办理装修管理相关事宜时，小赵为了不耽误两位客人的时间，在请两位来宾稍等片刻的同时，立即向物业服务中心主管说明情况并请求帮助接待。返回接待台，即对王先生说："实在不好意思，我现在正在接待周先生，我请中心主管和您谈好吗？"王先生欣然接受，小赵随即引导其来到主管座位前，请其入座后，回到接待台继续回答周先生的问题。

工作任务：

(1)请思考客户沟通是什么？

(2)小赵的做法有哪些值得学习？

(3)物业服务人员应怎样进行客户沟通？

知识讲解

1. 客户沟通的概念与内容

(1)客户沟通的概念

沟通是两个或两个以上的人之间交流信息、观点和理解的过程。沟通随着人类社会的形成而产生，是人类社会交往的基本形式。良好的沟通可以使沟通双方充分理解、弥合分歧、化解矛盾。沟通的形式有语言交流、书面交流和其他形式交流（如网络等）。沟通的方法包括倾听、交谈、写作、阅读和非语言表达（如表情、姿态等）。物业管理客户沟通主要指物业服务企业与外部客户之间的沟通交流，与内部客户的沟通本书未予涉及。其功能主要有：

①信息沟通的功能。人们通过与他人的沟通，可以提供及传送信息，并搜集自己所需要的资料。

②心理保健功能。沟通对人的身心健康有非常重要的作用。通过沟通人们可以诉说自己的喜怒哀乐，促进人与人之间的情感交流，增加个人的安全感，消除个人的孤

独、空虚、忧虑与悲伤,维持正常的精神心理健康。

③自我认识功能。人与人之间的不断交往及沟通,为个体提供了大量的社会性刺激,从而保证了个体社会性意识的形成与发展。同时人与人之间的自我意识的发展,是在与人沟通及相互作用中发展和成熟。

④建立与协调功能。沟通有利于提供信息,调节情绪,增进团结。人们之间通过相互交往与沟通,形成一定的社会关系,通过与他人的沟通,可以增进人们之间的相互了解,建立及协调人际关系,促进相互之间的吸引及友谊关系的发展。

⑤改变人的知识结构、态度及能力。只有通过沟通,才能掌握特定社会环境语言,从中了解及获得社会知识。通过与他人交换意见、思想及感觉,增加自己的社会知识及能力。

(2)客户沟通的内容

在物业管理服务活动中,沟通是一种常见的管理服务行为。科学掌握沟通的方式方法对提高物业管理服务的品质,顺利完成物业管理服务活动,满足业主或物业使用人的需求有着积极和重要的作用。物业管理客户沟通的内容一般包括以下方面:

①与建设单位就早期介入、承接查验、物业移交等问题的沟通交流。

②与政府行政、业务主管部门、辖区街道居委会等在法规监管、行政管理服务方面的沟通交流。

③与市政公用事业单位、专业服务公司等相关单位和个人的业务沟通交流。

④与业主大会和业主委员会就物业管理事务的沟通交流。

⑤与业主或使用人的沟通交流,包括:

a. 物业管理相关法规的宣传与沟通。

b. 物业管理服务内容、标准和有关账目的公示与解释。

c. 物业管理相关事项、规定和要求的询问与答复。

d. 物业管理的投诉受理与处理反馈。

e. 物业服务需求或其他需求的受理、答复、解释和反馈。

f. 物业管理服务的项目、水平、标准、收费以及其他事项的沟通交流。

g. 物业管理日常服务中的一般沟通交流等。

h. 与其他单位和个人的沟通交流。

2. 客户沟通的准备

物业服务企业和管理服务人员为了使沟通工作达到良好效果,在做好场地、人员、资料和相关服务工作的同时,应针对不同对象、不同内容做好相应准备工作。

①在与政府相关部门的沟通中,物业服务企业要摆正位置,对政府职能部门提出的建议和要求应经过了解、调查和分析,做好沟通交流每个环节的准备。

②与建设单位、市政公用事业单位、专业公司等单位的沟通交流,要以合同准备为

核心,明确各方职责范围、权利义务,做好沟通交流工作。

③与业主、业主大会和业主委员会的沟通准备工作要求:

a.物业服务企业中的管理人员应熟悉物业管理基本的法律法规,并能将其运用于物业管理实践。如《物业管理条例》《业主大会规程》《住宅室内装修装饰管理办法》等。

b.客户沟通相关人员应充分熟悉和掌握物业的基本情况,熟悉物业区域内各类设施设备、场地的功能、特点和要求。

c.在日常的物业管理服务中,要勤于学习、勤于思考,注意观察、了解物业区域内的业主或物业使用人的基本情况。

d.物业服务企业应定期对物业管理服务人员进行必要的培训,使其把握沟通服务的基本形式、方法和要求,以达到良好的沟通效果。

3. 客户沟通的方法与管理

(1)客户沟通的方法

在物业管理活动中,物业服务企业及员工与客户的沟通随时随地都有可能发生,客户沟通的内容、形式和方法是复杂多变的,沟通并无固定模式。一般而言有以下方法:

①倾听。物业管理服务沟通人员应该以极大的耐心倾听客户倾诉,让其充分表达甚至宣泄。

②提问。在客户表达混乱或语无伦次时,要有礼貌地截住客户谈话,弄清主题和要求,也可以重新组织谈话或转换话题。

③表示同情。无论客户所谈话题与物业管理是否相关,是否合理,应表示同情但不能轻易表示认可,要审慎对待,不可受到客户的情绪影响。

④解决问题。客户所提问题或投诉,要引起重视,尽快处理。

⑤跟踪。物业管理人员要全程跟踪处理过程,尤其要注意解决问题的方式方法。要有一个积极的结尾,对于无法解决的问题,要有充分合理的解释。

(2)客户沟通的管理

①建立定期客户沟通制度。物业管理应区分不同沟通对象进行分析研究,针对客户特点和要求,定期走访客户,与客户进行沟通,全面了解和掌握客户需求,不断改进管理服务工作。与建设单位的沟通主要集中在前期物业管理阶段,重点是物业资料的移交和工程遗留问题的处理;与政府机关、公共事业单位、专业服务外部单位以及业主、业主大会和业主委员会等的沟通则是一项长期性工作,贯穿于物业管理全过程,如定期召开业主座谈会,实施客户满意度调查,向政府行政主管部门汇报物业管理相关工作等。

②建立跟踪分析和会审制度。在与客户沟通的过程中,要形成完整的沟通记录,

包括时间、地点、沟通人员、事件和处理结果等。在每次沟通完成之后要按照客户不同类型分门别类地建立客户档案;实施跟踪分析和会审制度,评估客户沟通工作的效果;检讨物业管理工作和客户沟通存在的问题,适时采取相应措施,提升管理服务水平;同时,结合公司发展战略制订项目管理相关计划,确保物业管理工作的有序开展和顺利进行。

③引进先进技术和手段,加强客户管理。客户沟通是客户管理的基础性工作。有条件的物业服务企业要通过引进先进的客户管理技术和手段,通过定量分析和定性分析相结合,将人工管理和技术管理相结合,建立行之有效的客户沟通和客户管理系统。

4. 客户沟通的注意事项

①良好的沟通环境可使双方在轻松愉悦的环境中进行沟通和交流。客户沟通地点可能是物业管理单位的办公区域,也可能是其他地点,如政府办公场所、业主家中等。在物业管理办公区域实施沟通时,物业管理单位应对相关场所进行必要布置,做到摆放有序、干净整洁、明亮舒适。

②物业管理人员在与客户沟通交流时,应态度诚恳、神情专注,没有特别情况不去做其他与沟通交流无关的事。对较简单或能够立即回答的问题要当场解释,对职权范围内可以决定的事项立即予以答复,对较复杂或不能立即决定的问题要致歉并解释,请高级管理人员回答或另行约定沟通的时间、地点和人员。

③沟通中物业管理人员要与客户保持适度距离,不应有多余的肢体动作或不恰当行为,如过多的手势,不停地整理头发等。注意倾听别人的谈话,不得轻易打断。服务行为要适度,避免影响沟通气氛。

④在与业主正式沟通中,可以寒暄等方式为开场白,缓和气氛,使双方更好地交流。物业管理人员对业主或物业使用人所提任何问题和要求,均要采取与人为善的态度,给予充分理解,必要时可作耐心解释,但不宜指责、否定和驳斥。

⑤物业服务的沟通应根据沟通的对象、目的、内容和地点的不同采取相应的沟通方法。如和老人沟通时,首先要尊重对方,沟通的气氛要庄重,语速不宜过快;而与年轻人沟通,则可以相对自由放松。当对方偏离沟通主题时,应用适当技巧予以引导。

⑥客户沟通的事由、过程、结果应记录归档。客户所提要求,无论能否满足,应将结果及时反馈客户。

5. 客户沟通技巧

促进物业服务与客户有效沟通的技巧主要有:

(1)有效表述

至于怎么表述才是有效的、正确的,取决于:

①关注客户的需求,而不是产品。应致力于表述通过产品或方案能够满足客人需求,此时的重点是客人需求能够被满足,而不是重点介绍产品。

②重点表述客户效益。主要分析该服务或交易能够给客户带来的好处、效益、帮助，要具体化、数字化。

③主要介绍服务或产品的效用。客人感兴趣的是其效用，其次才是为什么（即相关的特点与优点），所以，关键是效用。

④尽可能利用数据、演示、权威文件等来有效证明客户效益。

（2）信息发送的最佳方法

在客户沟通中，如果要将自己所发出的信息准确地表达，必须了解沟通对方的意愿、个人生活背景等，以便能更好地与对方沟通。在选择沟通方式及语言上注意把握深入浅出、简洁清晰、强调意义、开诚布公的原则，避免发生误会。

（3）促进客户沟通向纵深发展的技巧

①沉默。是指在一定的时间内以和蔼的态度默默无语，有时可根据具体情况配合以抚摸。沉默会给客户充分的思考及调节的时间和机会，使人能充分宣泄自己的感情，特别是有时客户仅仅是宣泄一下自己的情绪。在适当的场合下沉默会给人以舒服的感觉，并调节沟通的气氛。但注意沉默的时机及时间的选择一定要恰到好处，否则会使对方认为是不耐烦的表现。

②触摸。人在成长与发展过程中靠不断的触摸来了解、感受及探索世界。触摸是人际沟通时最亲密的动作。但触摸必须选择合适的时机及触摸对象，否则触摸不当会增加沟通对象的躁动，触犯沟通对象的尊严，甚至可能诱发沟通对象的原始反射或欲望，触犯法律。在物业管理客户沟通过程中，要慎用此方法。

③自我暴露。自我暴露是人与人之间情感建立、发展的重要途径之一，是在沟通过程中自愿地将自己的个人信息传递给对方。但对不同的人自我暴露的深度、量、真实性等一般是不同的。

④接纳和容忍不同价值观念。每个人的生活经验及个人经历各不相同，教育文化背景也有一定的差异，在面对同一件事或对待同一问题时，往往会产生不同的看法与观点。因此在物业管理客户沟通中，要学会接纳及容忍别人不同的观点，允许别人表达不同的意见，不要拒绝及批评别人的观点，否则会阻碍有效沟通。

⑤幽默。幽默是人际关系的润滑剂，恰当使用幽默，能使双方在和谐愉快的气氛中，充分发挥沟通的效能。有时当客户关系陷入僵局状态时，幽默的使用能打破僵局，缓解对峙气氛。

🔧 任务指导 4.3　完成任务情景 4.3 中的工作任务。

目的：熟悉客户沟通的内容、方法及与客户沟通的注意事项。

步骤：第 1 步，仔细阅读任务情景 4.3；

第 2 步，进行分组讨论，现场交流。

提示:在接待业主来访时,工作人员首先要注意礼仪礼节,尤其是最基本的礼仪一定要按标准操作,这与平时的培训和不断的实践是分不开的。另外,第一时间接待业主也很关键,要让业主在到达服务中心的第一时间就受到关注,保持轻松愉快的心情,避免节外生枝,使问题复杂化。最后,当业主简单说明咨询内容后,接待人员应快速判断自己能否准确解答,如果存在困难,则应向其他工作人员请求支援或查阅相关文件资料,尽可能让业主得到满意的答复。在答复业主咨询的过程中,有时会突然产生新的情况而打断接待。在此情况下,接待人员应立即判断两项工作中是否有一项可在非常短时间内完成,如果可以,则让另一位来访者稍等,先处理简单事务;如果发现两项事务都无法很快处理完,则应立刻请求其他工作人员的支援,协助接待工作,这样可提高工作效率,节约业主时间,同时避免使业主有受冷落的感觉,产生不满情绪。

 活动4.3 阅读资料,分组讨论。

目的:通过阅读"细节就是介绍信",让学生明白细节决定成败的道理,沟通过程就是双方相互了解、相互熟悉的过程。训练学生细节意识,提升学生对沟通的认识。

步骤:第1步,将全班分成几个学习小组;

第2步,分组讨论,得出结论,老师要对各组任务执行情况做记录和分析,并适时反馈任务执行的效果。

细节就是介绍信

多年前,一位知名企业的总经理想要招聘一名助理。这对于刚刚走出校门的青年们来说是一个非常好的机会,所以一时间,应征者云集。经过严格的初选、复试、面试,总经理最终挑中了一个毫无经验的青年。

副总经理对于他的决定有些不理解,于是问他:"那个青年胜在哪里呢?他既没带一封介绍信,也没受任何人的推荐,而且毫无经验。"

总经理告诉他:"的确,他没带来介绍信,刚刚从大学毕业,一点经验也没有。但他有很多东西更可贵。他进来的时候在门口蹭掉了脚下带的土,进门后又随手关上了门,这说明他做事小心仔细。当看到那位身体上有些残疾的面试者时,他立即起身让座,表明他心地善良、体贴别人。进了办公室他先脱去帽子,回答我提出的问题时也是干脆果断,证明他既懂礼貌又有教养。"

总经理顿了顿,接着说:"面试之前,我在地板上扔了本书,其他所有人都从书上迈了过去,而这个青年却把它捡起来了,并放回桌子上;当我和他交谈时,我发现他衣着整洁,头发梳得整整齐齐,指甲修得干干净净。在我看来,这些细节就是最好的介绍信,这些修养是一个人最重要的品牌形象。"

"泰山不拒细壤,故能成其高;江海不择细流,故能就其深。"诺贝尔曾经说过:"要想获得成功,应当事事从小处着手。"而关注细节的人无疑也是能够捕捉创造力火花的人。一个不经意的细节,往往能够反映出一个人最深层次的修养。

 技能实训4.5 在下面这些情境中,如果你是职员,你会怎样说?

客户:"我想要一下你们分店的电话号码。"

职员:"我正忙着招呼顾客呢。你自己查一下吧。"

参考答案:"我来帮您查一下。请稍等我一会儿。"

客户:"我要求的退款是45元,可我收到的退款是24元。"

职员:"你的退款要求一定是24元,否则我们不会给你这个数的。"

参考答案:"对不起发生了这种混乱。我来查一下纪录,看看问题出在哪里。您贵姓?"

客户:"去物业服务中心怎么走?"

职员:"那儿有地图。"

参考答案:"走下这个大厅,向右看,您就能在正前方看到它。"

客户:"我怎么还没有收到我订的货?"

职员:"因为我一直在处理客户的问题。"

参考答案:"我帮您查一下。"

客户:"为什么还要出示身份证?我在这儿已经居住有好多年了"。

职员:"这是公司的规定。"

参考答案:"我们要求您出示身份证是为了保护您的利益。我相信其他许多工作人员都认识您。但我是新来的,我要确保我没有把您的货物交给自称是您而其实不是您的人。"

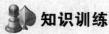 **知识训练**

(一)单项选择题

1.沟通是( )之间交流信息、观点和理解的过程。

    A.一个人   B.两个人   C.两个或两个以上的人   D.人与事物

2.下列哪一项不属于客户沟通的注意事项( )。

    A.营造良好的沟通环境

    B.在与客户沟通交流时,应态度诚恳、神情专注

    C.沟通中要与客户保持适度距离

    D.都是本小区的,自然就可以了

(二)多项选择题

1.客户沟通的方法有( )。

A. 倾听　　　　　　 B. 提问　　　　　 C. 表示同情　　　　　　 D. 解决问题

2. 促进客户沟通向纵深发展的技巧有（　　　）。

A. 沉默　　　　　　　　　　　　 B. 自我暴露

C. 接纳和容忍不同价值观念　　　 D. 幽默

3. 客户沟通的管理包括（　　　）。

A. 建立定期客户沟通制度

B. 建立跟踪分析和会审制度

C. 引进先进技术和手段,加强客户管理

D. 根据工作人员个人偏好进行沟通

（三）判断题

1. 物业管理服务中,只要面带微笑,说客户爱听的就可以了。　　　　　（　　　）

2. 物业管理客户沟通包括与外部客户之间的沟通交流和与内部客户的沟通。

（　　　）

3. 在客户沟通中,如果要将自己所发出的信息准确地表达,必须了解沟通对方的意愿、个人生活背景等,以便能更好地与对方沟通。　　　　　　　　（　　　）

4. 物业管理客户沟通的环境往往带有偶然性、突然性的特点,所以客户沟通的环境不必考虑。　　　　　　　　　　　　　　　　　　　　　　　　　（　　　）

思考练习

（1）客户沟通是什么?

（2）物业管理服务客户沟通的内容有哪些?

（3）在物业管理服务过程中怎样运用客户沟通的技巧?

项目四　物业收费工作主要机具的配备使用与物业收费场所的布置

任务情景4.4

重庆佳居物业服务有限责任公司新接管物业"新岸商业街",物业收费员赵××、马××准备设收费处开展收费工作。

工作任务:

（1）物业收费员赵××、马××应怎样布置收费现场?

（2）物业收费员赵××、马××应准备哪些收费机具?

知识讲解

1. 物业收费主要机具的配备与使用

（1）保险柜的配备与使用

为了保卫国家财产安全和完整，各单位应配备专用保险柜，专门用于库存现金、各种有价证券、银行票据、印章及其他出纳票据等的保管。各单位应加强对保险柜的使用管理，制定保险柜使用办法，要求有关人员严格执行。物业服务企业保险柜主要由单位出纳或物业收费员使用。一般来说，保险柜的使用应注意如下几点：

①保险柜的管理。保险柜一般由总会计师或财务处（科、股）长授权，由出纳员或物业收费员负责管理使用。

②保险柜钥匙的配备。保险柜要配备两把钥匙，一把由出纳员或物业收费员保管，供日常工作开启使用；另一把交由保卫部门封存，或由单位总会计师或财务处（科、股）长负责保管，以备特殊情况下经有关领导批准后开启使用。出纳员和物业收费员不能将保险柜钥匙交由他人代为保管。

③保险柜的开启。保险柜只能由出纳员或物业收费员开启使用，非出纳员和物业收费员不得开启保险柜。如果单位总会计师或财务处（科、股）长需要对出纳员或物业收费员工作进行检查，如检查库存现金限额、核对实际库存现金数额，或有其他特殊情况需要开启保险柜的，应按规定的程序由总会计师或财务处（科、股）长开启，在一般情况下不得任意开启由出纳员或物业收费员掌管使用的保险柜。

④财物的保管。每日终了后，出纳员或物业收费员应将其使用的空白支票（包括现金支票和转账支票）、银钱收据、印章等放入保险柜内。保险柜内存放的现金应设置和登记现金日记账，其他有价证券、存折、票据等应按种类造册登记，贵重物品应按种类设置备查簿登记其质量、重量、金额等，所有财物应与账簿记录核对相符。按规定，保险柜内不得存放私人财物。

⑤保险柜密码。出纳或物业收费员应将自己保管使用的保险柜密码严格保密，不得向他人泄露，预防为他人利用。因调动岗位，新接替人员应更换使用新的密码。

⑥保险柜的维护。保险相应放置在隐蔽、干燥之处，注意通风、防湿、防潮、防虫和防鼠；保险柜外要经常擦抹干净，保险柜内财物应保持整洁卫生、存放整齐。一旦保险柜发生故障，应到公安机关指定的维修点进行修理，以防泄密或失盗。

⑦保险柜被盗的处理。出纳或物业收费员发现保险柜被盗后，应保护好现场，迅速报告公安机关（或保卫部门），待公安机关勘查现场时才能清理财物被盗情况。节假日满两天以上或出纳和物业收费员离开两天以上没有派人代其工作的，应在保险柜锁孔处贴上封条，出纳或物业收费员到位工作时揭封。如发现封条被撕掉或锁孔处被弄坏，也应迅速向公安机关或保卫部门报告，以便公安机关或保卫部门及时查清情况，防

止不法分子进一步作案。

（2）验钞机的配备与使用

物业收费人员直接接触现金较为频繁，而目前制造伪钞的技术越来越高，人工鉴别现钞的真伪确实很难，为使物业收费人员工作的风险降到最低，保证现金的安全、完整，达到分毫不差的工作质量要求，使用多功能防伪点钞机是物业收费人员的最佳选择。

多功能防伪点钞机由"磁性检伪、紫光检伪、数码综合检伪"组成三重检测，并全面兼容新旧版人民币，适合银行、商场、宾馆及单位对人民币、外币或各种有价证券进行自动鉴伪和点钞。它的鉴伪灵敏度和点钞速度快，是人工操作所不及的。

多功能防伪点钞机的使用也较为简便，一般若清点 20～100 元面值人民币，应在接通磁检开关预热 2～3 分钟后进行，使判伪准确度更高，但若清点 1～10 元面值的人民币时磁检开关必须切断。在清点过程中，发现假币时，机器自动停止，并发出"嘀嘀"的报警信号，同时显示器指示该假钞票所在张数位置。取出伪钞，按复位键，报警声音即消除，机器继续正常工作。多功能防伪点钞机还具有双显示屏功能，收费人员在清点现钞时，外显示屏可供客户同时监视。

（3）支票打印机的配备与使用

支票打印机主要由单位出纳使用，但物业收费员也应了解相关知识。物业服务企业可配备自动支票打印机来完成支票打印、填制工作，以达到准确、快捷、规范填制票据的工作效果。目前，自动支票打印机有简易型和智能型两大类，简易型支票打印机是专门用于支票的打印机，智能型支票打印机可通过支票打印软件进行支票打印，同时具备打印其他文档的功能。单位可根据自身的需要选择不同类型的自动支票打印机。

自动支票打印机具有下述优点：第一，打印规范，完全符合《支付结算办法》的规定；第二，操作简单、方便，签发支票时，只需在键盘上输入所需年、月、日和金额的阿拉伯数字，即时打印机液晶显示，便于核对；第三，可防篡改、耐保存，自动支票打印机采用特制油墨，字迹清晰、具有凹凸感且不怕水、酸、碱，可以长期保存。

2. 物业收费场所的布置

物业收费可以选择设置收费处收费，上门收费和利用智能化系统收费。物业收费员应根据物业对象的特点选择相适宜的收费方法并布置好相应的收费场所。

（1）物业收费场所布置的原则

①美观大方，讲求艺术。物业收费场所应让人觉得美观大方，不能太"小气"，场地要尽量宽敞一点儿；同时，还要讲求艺术效果，让人感觉典雅一些，而不是太"俗气"。

②因地制宜，注意效果。物业收费员要充分利用现有的场地资源，不能生搬硬套以前曾布置过的"案例"，要因地制宜，随机应变；要注意布置后的整体效果，要看"大

处",不拘于"小节"。

③经济合理,注意节约。物业收费员在布置场地时,要多算经济账,不能盲目讲舒适、讲规模、摆排场;要厉行节约,不能铺张浪费。

(2)物业收费场所布置考虑的因素

①环境因素。包括气候、地理、周边条件不同,物业收费场所的布置就可能有差异。如,在冬天的北方地区,应特别注意保暖防寒,而在夏天的南方地区,就应特别注意防暑降温。

②设备因素。设备应用的条件和设备的放置都需要相应的场地和条件,特别是利用智能系统收费,必须按照智能设备的应用条件进行,否则容易出现意外情况和事件。

③人员因素。包括收费人员和缴费人员两个方面。人员多,相应的场所就要求大些,特别应重点考虑缴费人员的情况,并根据现场情况及时进行调整,以适应现场需要。

④安全因素。包括资金安全、人员安全、设备设施安全。在资金安全方面,是场所布置需要重点考虑的一个对象,物业收费员要确保所收费用的真实、准确,不发生抢劫、盗窃、丢失等意外情形,需要相应的验钞设备、安全设备等。在人员安全方面,不得麻痹大意,既要保护交费人员的安全,也要注意收费员的人身安全。在设备设施安全方面,要按照设备设施的运行条件进行布置,保证正常运行,要避免和减少损坏和丢失。

(3)物业收费场所具体布置

①设收费处。为便于业主和使用人交费,物业服务企业常常设置收费处进行收费服务,业主和使用人交费时,物业收费人员要及时、准确记录,核对应收费用项目,办理收费手续。物业收费处有开放式和封闭式两种布置方式。

a.封闭式物业收费处的布置。这是目前物业收费处最常见的方式。具体如下:

• 给物业收费员布置一个封闭或半封闭式的环境,将物业收费员与缴费人员隔开。

• 在封闭或半封闭区域内,要给收费员留有相应工作空间,不能太拥挤,以免影响工作效率和准确性;要配备假钞识别工具;要配备计算器、算盘等计算工具;一般一人配备一台计算机并有相应的软件系统;其他必要的配备如保险柜等。

• 在封闭或半封闭区域外,要根据交费人员的多少提供相适应的场地,并配备座椅、饮用水、空调等条件和设施;视情况配备保安人员;条件允许的情况下,还可以配备电视机等娱乐设备。

b.开放式物业收费处的布置。这是刚兴起的一种新的物业收费处布置方式。具体如下:

• 给物业收费员布置一个开放的环境,收费员与缴费人员之间没有间隔。这种收费方式有利于收费员与缴费人员的沟通和交流,氛围融洽,便于收费工作开展。

●在开放区域内,同样要给收费员留有相应工作空间,让收费员能够正常工作;要配备假钞识别工具;要配备计算器、算盘等计算工具;一般一人配备一台计算机并有相应的软件系统;其他必要的配备如保险柜等。

●要根据交费人员的多少提供相适应的场地,并配备座椅、饮用水、空调等条件和设施;需要提供现场保安和监控设施;条件允许的情况下,可以配备电视机等娱乐设备。要让缴费人员感觉温馨舒适,并便于收费员与缴费人员的直接交流。

②上门收费。这种收费方式不宜大范围推广,可因特殊需要,临时或暂时使用,且需要特别注意以下几个问题:

a.注意人身安全。上门收费人员要做好人身安全防范工作,防止意外发生;一般情况应两人同行,尽量避免一人上门收费;还可配戴对讲机等设备,便于多个收费员相互照应。

b.注意钞票真假。普通老百姓对钞票的识别能力有限,由于利益关系等原因,可能有意或无意使用假钞。因此,物业收费员上门收费时,要掌握假钞人工识别方法,并最好携带假钞识别工具进行现场查验。物业收费员收到假钞一般由个人承担,而使用假钞,是一种违法行为甚至涉嫌犯罪。

c.注意现金安全。上门收费服务涉及的另一个问题是现金的安全问题,特别是大额现金不仅容易被抢,甚至时时危及收费员的生命。

d.需要统一着装。物业收费员上门收费时统一着装,便于缴费人员识别,以免打扰业主引起误解。为避免有人冒充,一般需要固定收费时间和收费人员,若有变更应提前通知业主。

e.需要标准配置。给上门收费的收费员配备一定的设备如计算器、简易验钞机等,便于物业收费员完成工作任务。

物业服务企业的财务部门对各业主应交费用进行计算、统计,并发出收费通知书,注明上门收费日期,由收费人员到业主家中进行收费服务,方便业主和使用人,特别是有些业主和使用人工作繁忙、抽不出时间的时候,提供上门收费服务,使业主和使用人不必到收费处交费了。

③智能系统收费。最适宜大范围、大面积推广,是我国今后物业收费的方向。智能收费系统主要是利用计算机系统实现相应的功能。智能收费系统一般由专业企业进行规划、设计和调试,维护也由专业公司完成。智能系统投入大,对业主素质要求较高,在有条件的物业服务区域内,可以利用智能化系统或计算机网络提供查询和收费服务。

任务指导4.4 完成任务情景4.4中的工作任务。

目的:熟悉物业收费员收费场所的布置和主要机具的配备。

步骤：第1步，仔细阅读任务情景4.4；

第2步，做好物业收费现场的环境、资料和物品准备；

第3步，学生分成学习小组，分别模拟收费现场的布置和主要机具的配备，并找出物业收费员收费现场布置的要点。

注意：

(1)一定要将安全工作放在首位。

(2)老师要对各组任务执行情况做记录和分析，并适时反馈任务执行效果。

(3)各组要分别完成任务，不要同步进行，便于其他各组同学观摩学习和交流。

 技能实训4.6　收费模拟训练

实训安排：第1步，场地准备，以一个班学生人数进行设计，场地要尽量宽敞些；

第2步，将全班学生分成两组，设1个收费组和多批缴费人员；

第3步，现场环境、资料和物品准备；

第4步，学生按分组要求进行现场演练。

提示：要考虑针对业主缴费时使用的假钞提出问题以及与业主沟通等情景。

 知识训练

(一)单项选择题

1.物业收费场所布置考虑的因素中，最重要的因素是(　　　)。

　A.环境因素　　　　　　　　B.设备因素

　C.安全因素　　　　　　　　D.人员因素

2.我国物业收费方式未来发展的方向是(　　　)。

　A.上门收费　　　　　　　　B.设收费处

　C.通过银行代理收费　　　　D.智能系统收费

(二)多项选择题

1.物业收费场所布置的原则包括(　　　)。

　A.美观大方，讲求艺术　　　B.因地制宜，注意效果

　C.经济合理，注意节约　　　D.豪华大气，体现公司实力

2.物业收费员上门收费的注意事项主要包括(　　　)。

　A.要打扮漂亮点　　　　　　B.注意人身安全

　C.注意钞票真假　　　　　　D.注意现金安全

(三)判断题

1.给物业收费员布置一个开放的环境，收费员与缴费人员之间没有间隔。这种收费方式有利于收费员与缴费人员的沟通和交流，氛围融洽，便于收费工作开展。

(　　　)

2.物业收费员上门收费时统一着装,便于缴费人员识别,以免打扰业主引起误解。为避免有人冒充,一般需要固定收费时间和收费人员,若有变更应提前通知业主。

（　　）

3.智能系统收费最适宜大范围、大面积推广,是我国今后物业收费的方向。

（　　）

4.上门收费服务涉及的另一个问题是现金的安全问题,特别是大额现金不仅容易被抢,甚至时时危及收费员的生命。所以上门收费服务值得推广。（　　）

思考练习

（1）物业收费员应配备哪些主要机具？如何使用这些机具？

（2）简述物业收费场所具体布置。

模块五 物业收费员的账目管理

教学目标:

能力要素	实作标准	知识要求
票据管理	能够了解财务部门票据的传递流程； 能够掌握对票据的管理方法及要求	财务部门票据传递的流程； 票据的种类； 票据的管理； 现金的管理； 银行存款的管理； 凭证的管理； 发票的管理
报账	能够熟悉企业报账的流程； 能够掌握报账的方法及要求	报账的含义； 报账的流程； 报账的方法； 报账的要求
做账	熟悉做账的一般要求； 学会如何登记现金日记账和银行存款日记账	做账的要求； 账簿的分类； 登记账簿的规则； 登记现金日记账的方法； 登记银行存款日记账的方法； 对账和更正错账
编制物业统计表	能够掌握收支统计的方法； 能够掌握编制月收支报表的方法	物业统计的概念； 物业统计的过程及其职能； 编制收支统计表的方法

教学内容:

项目一 票据管理

 任务情景 5.1

B 公司向 A 物业公司提供小区内环境绿化服务,该小区物业收费员小王于 2012

年9月8日向B公司签发了一张金额为10 000元的转账支票。但是出票当天,A公司的账户余额为6 600元,因此,小王决定次日上午到银行存入现金3 400元。但是由于在银行办理业务的人太多,当A公司的现金存入时,由于持票人已经向银行提示付款,A公司存入资金的时间已经超过了银行票据交换的退票时间。

工作任务:

(1)试述什么叫做支票?

(2)小王的处理方法是否恰当?如果处理不当,会产生怎样的后果?

(3)物业收费员应该怎样进行支票等有关票据的管理?

知识讲解

1.财务部门票据传递流程

对于物业收费员而言,平时主要负责管理处的收费、催缴费、账目登记等财务方面工作。因此,涉及的是有关现金和银行存款的收取和支付业务,而现金又主要分为收取现金和支付现金两种业务,银行存款也分为银行存款收取和银行存款支付两种业务。为了使这些业务能顺利有效地进行,物业收费员有必要对其中所使用的各种票据传递流程有所了解。现将这些业务所涉及的票据的传递流程分别介绍如下。

1)现金业务

(1)收取现金业务票据传递流程

①财务部门会计岗的相关工作人员应根据相应的业务开具收据(或发票)以便收取款项。例如,物业收费员收到业主交来的物业服务费或者其他相关费用等。

②公司出纳(或物业收费员)根据会计岗开具的收据进行收款。与此同时,应检查收据开具的金额,大小写是否一致,是否有经手人签名等。

③在相应的收据(或发票)上签字并加盖财务结算章。

④将收据的第②联(或发票联)给交款人。例如,在业主交付相关的物业费用后,物业收费员则应将收据的第②联交还业主。

⑤根据收据的记账联登记现金日记账,与此同时,也需要登记票据传递登记本。

⑥将记账联连同票据登记本根据经济业务的不同传递至相应的岗位签收。

在此过程中,应该注意的是,原则上只有收到现金才能开具收据,在收到银行存款或下账时需开具收据的,核实收据上已写有"转账"字样,后加盖"转账"图章和财务结算章,并登记票据传递登记本后传给相应会计岗位。

(2)支付现金业务票据传递流程

物业收费员在工作中所涉及的现金支付业务较为繁杂,这里简单介绍两种主要的业务:费用报销和人工费的发放和支付。

①费用报销票据传递流程。物业收费员在报销各种费用时,例如出差归来报销差

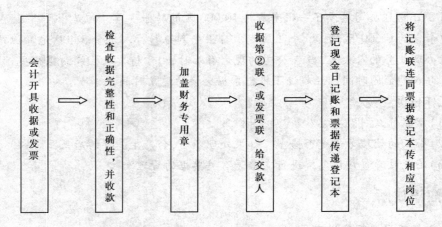

图 5.1　收取现金业务票据传递流程图

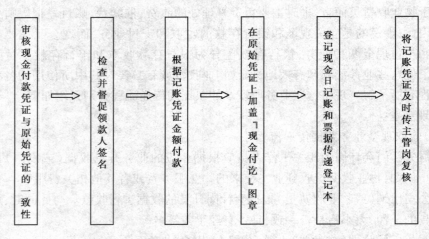

图 5.2　费用报销票据传递流程图

旅费时,应首先由相应的公司会计岗填制现金付款凭证。然后,由公司出纳审核会计岗传来的现金付款凭证与原始凭证是否一致,并检查并督促报销者(或领款人)签名。其次,按照记账凭证上面所写金额支付相应的款项,并在原始凭证上加盖"现金付讫"图章。接着,按照凭证上金额和经济业务登记现金日记账。最后将记账凭证及时传递到主管岗复核。

②人工费等发放票据传递流程。物业收费员在平时的工作中有时会涉及人工费等的发放。例如,某工人对小区内的电梯进行维修后,需要支付相应的费用。在这个过程中,首先,应该根据相关部门开具的支出证明单付款,其次,需要在支出证明单上加盖"现金付讫"图章。接着,根据相应的票据(或凭证)登记现金日记账,与此同时,需要登记票据传递登记本。最后,将支出证明单连同票据传递登记本传相应岗位

签收。

除此之外,物业收费员在处理相关的现金业务时,还应注意现金的存取和保管。每天上班时,可根据当天的用款计划开具现金支票或凭存折等支取现金。在工作当中,应注意安全妥善地保管、及时盘点现金以及准确地支付现金。在每天下班时,为了保证现金的库存在限额以内,应将库存现金的余额送存有关银行。

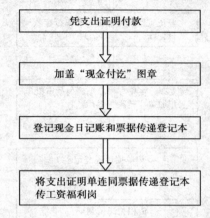

图5.3 人工费等发放票据传递流程图　　　图5.4 银行存款收取业务票据传递流程图

2)银行存款业务

(1)银行存款收取业务票据传递流程

①物业收费员收到相关款项时,应根据经济业务所涉及支票、汇票或者现金填制相应的进账单。

②由相关人员送交银行进账,并取回银行的回款单据。

③根据回款单据,登记银行存款日记账。与此同时,也需要填写票据传递登记本。

④将所制凭证连同票据传递登记本交还相应的岗位。

(2)银行存款支付业务票据传递流程

物业收费员在平时的工作中也需要处理用银行存款支付的业务(例如,涉及金额较大的经济业务)。首先,公司财务部门出纳(或者物业收费员)应根据付款审批单(付款审批单应根据公司不同状况填制)审核有无前期未报账款项。其次,应通过开具支票(汇票、电汇)等方式支付款项。再次,将相应的经济业务登记支票使用登记本和银行存款日记账;然后,将支票(或汇票等)存根粘贴到付款审批表上(无存根的注明支票号及银行名称),并加盖"转账"图章。与此同时,还需填写票据传递登记本。最后,将相应凭证和票据传递登记本传递至相关岗位签收。

2. 票据的种类

财务工作,作为物业收费员日常工作中重要的一部分,涉及处理不同的票据。例如,支付款项时可能会使用支票等,收取业主等交来的款项时需要开具相应的收据。

这些工作都需要物业收费员对票据的种类和管理方面的要求有一定的了解。一般而言，在财务层面票据可以分为汇票、本票和支票3个种类。

1）汇票

（1）汇票的含义

汇票是出票人签发的，委托付款人在见票时或者在指定日期无条件支付确定的金额给某人或其指定的人或持票人的票据。

（2）汇票的种类

根据《中华人民共和国票据法》的有关规定，我国现有的汇据分为银行汇票和商业汇票两种。

①银行汇票。银行汇票是汇款人将款项交存当地出票银行，由出票银行签发的，由其在见票时，按照实际结算金额无条件支付给收款人或持票人的票据。银行汇票有使用灵活、票随人到、兑现性强等特点，适用于先收款后发货或钱货两清的商品交易。

②商业汇票。商业汇票是指由付款人或存款人（或承兑申请人）签发，由承兑人承兑，并于到期日向收款人或被背书人支付款项的一种票据。

2）本票

（1）本票的含义

本票（Promissory Notes）是一个人向另一个人签发的，保证即期或定期或在可以确定的将来的时间，对某人或其指定人或持票人支付一定金额的无条件书面承诺。我国票据法第73条规定本票的定义是：本票是由出票人签发的，承诺自己在见票时无条件支付确定的金额给收款人或持票人的票据。本章所指的本票是指银行本票。

（2）银行本票的分类

银行本票是申请人将款项交存银行，由银行签发的承诺自己在见票时无条件支付确定的金额给收款人或者持票人的票据。银行本票按照其金额是否固定可分为不定额和定额两种。

①不定额银行本票。指凭证上金额栏是空白的，签发时根据实际需要填写金额（起点金额为5 000元），并用压数机压印金额的银行本票；

②定额银行本票。指凭证上预先印有固定面额的银行本票。定额银行本票面额

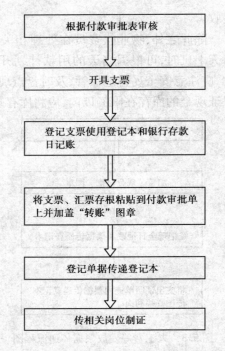

图5.5　银行存款支付业务票据传递流程图

为1 000元,5 000元, 10 000元和50 000元。

银行本票提示付款期限自出票日起最长不得超过2个月。

3）支票

（1）支票的定义

支票（Cheque，Check）是出票人签发,委托办理支票存款业务的银行或者其他金融机构在见票时无条件支付确定的金额给收款人或持票人的票据。

（2）支票的分类

①转账支票。由出票人签发的,委托办理支票存款业务的银行在见票时无条件支付确定的金额给收款人或持票人的票据;在银行开立存款账户的单位和个人客户,用于同城交易的各种款项,均可签发转账支票,委托开户银行办理付款手续。转账支票只能用于转账。

②现金支票。现金支票是专门制作的用于支取现金的一种支票。当客户需要使用现金时,随时签发现金支票,向开户银行提取现金,银行在见票时无条件支付给收款人确定金额的现金的票据。

4）汇票、本票和支票的共同点与区别

（1）三者的共同点

①性质相同。

a. 都是设权有价证券。即票据持票人凭票据上所记载的权利内容,来证明其票据权利以取得财产。

b. 都是格式证券。票据的格式（其形式和记载事项）都是由法律（即票据法）严格规定,不遵守格式对票据的效力有一定的影响。

c. 都是文字证券。票据权利的内容以及票据有关的一切事项都以票据上记载的文字为准,不受票据上文字以外事项的影响。

d. 都是可以流通转让的证券。一般债务契约的债权,如果要进行转让时,必须征得债务人的同意。而作为流通证券的票据,可以经过背书或不作背书仅交付票据的简易程序而自由转让与流通。

e. 都是无因证券。即票据上权利的存在只依据票据本身上的文字确定,权利人享有票据权利只以持有票据为必要,至于权利人取得票据的原因,票据权利发生的原因均可不问。这些原因存在与否,有效与否,与票据权利原则上互不影响。由于我国目前的票据还不是完全票据法意义上的票据,只是银行结算的方式,这种无因性不是绝对的。

②票据功能相同。

a. 汇兑功能。凭借票据的这一功能,解决两地之间现金支付在空间上的障碍。

b. 信用功能。票据的使用可以解决现金支付在时间上障碍。票据本身不是商品,它是建立在信用基础上的书面支付凭证。

c.支付功能。票据的使用可以解决现金支付在手续上的麻烦。票据通过背书可作为多次转让,在市场上成为一种流通、支付工具,减少现金的使用。而且由于票据交换制度的发展,票据可以通过票据交换中心集中清算,简化结算手续,加速资金周转,提高社会资金使用效益。

(2)三者的区别

①使用区域不同。本票只用于同城范围的商品交易和劳务供应以及其他款项的结算;支票可用于同城或票据交换地区;汇票在同城和异地都可以使用。

②付款期限不同。本票付款期为1个月,逾期兑付银行不予受理。商业承兑汇票到期日付款人账户不足支付时,其开户银行应将商业承兑汇票退给收款人或被背书人,由其自行处理。银行承兑汇票到期日付款,但承兑到期日已过,持票人没有要求兑付的如何处理,《银行结算办法》没有规定,各商业银行都自行作了一些补充规定。如中国工商银行规定超过承兑期日1个月持票人没有要求兑付的,承兑失效。支票付款期为10天,从签发的次日算起,到期日遇节假日顺延。

③基本当事人不同。汇票和支票有3个基本当事人,即出票人、付款人、收款人;而本票只有出票人(付款人和出票人为同一个人)和收款人两个基本当事人。支票的出票人与付款人之间必须先有资金关系,才能签发支票;汇票的出票人与付款人之间不必先有资金关系;本票的出票人与付款人为同一个人,不存在所谓的资金关系。

④追索权不同。支票、本票持有人只对出票人有追索权,而汇票持有人在票据有效期内,对出票人、背书人、承兑人都有追索权。

⑤责任不同。支票和本票的主债务人是出票人,而汇票的主债务人,在承兑前是出票人,在承兑后是承兑人。汇票的出票人担保承兑付款,若另有承兑人,由承兑人担保付款;支票出票人担保支票付款;本票的出票人自负付款责任。

3.票据的管理

由于票据与物业公司收入支出的账务处理有关,物业收费员在平时的工作中一定要做好各种票据的管理工作。虽然票据的种类繁多,但在日常工作中,物业收费员对票据的管理主要为对支票和收据的管理。其中对支票的管理又可以分为对一般支票、空白支票的管理和对遗失支票的处理等。

(1)对一般支票的管理

支票作为一种支付凭证,一旦填写好相关内容并加盖留存在银行的印鉴以后,就可以成为直接从银行提取现金,或与其他单位进行结算的依据。所以物业收费员在对一般支票的使用上一定要加强管理,妥善保管,以免发生支票的非法使用、盗用或者遗失的情况,给国家和单位造成损失。因此,在企业里,支票应该是由财会人员或使用人员签发,不能将支票交给收款人代为签发。同其他会计凭证一样,支票也需要进行妥善保管。除此之外,不准签发空头支票或印章与预留银行印鉴不符的支票,否则,银行除退票外,还会给予相应的处罚。

（2）对空白支票的管理

为了便于平时的结算工作,大多数单位都会从银行领购一定数量的空白支票备用。由于支票的特殊性,在平时的工作中一定要注意对空白支票的管理,主要应注意以下几点:

①严格控制携带空白支票外出采购。相关采购人员外出进行采购时,如需携带空白支票,对于不能事先确定采购物品的价格和金额的,物业收费员可以经单位领导批准,填明收款人的名称和签发日期后,将支票交予采购人员,明确支票的用途和相应的限额,使用完后,相关人员回单位后必须及时向财务部门结算。

②贯彻票、印分管原则。如果物业公司存有一定数量的空白支票,那么空白支票必须由公司指定专人保管。除此之外,还必须贯彻票、印分离的原则,空白支票和印章不能由同一个人保管。只有这样,才能够明确责任,相互制约,防止舞弊行为的发生。

③设置"空白支票签发登记簿"。物业收费员在日常工作中需要注意的是,如果在经过单位领导同意后签发空白支票,应该将相关情况记录在"空白支票签发登记簿"上,以便以后查阅。

④空白支票的注销。物业收费员在撤销、合并、结算账户时,应该将剩余的空白支票,填列一式两联的清单,全部交回银行注销。清单的一联在银行盖章后退给收款人,一联作为清户传票附件进行保存。

（3）对遗失支票的处理

对于企业而言,支票作为一种同城结算的工具,它的主要功能就是代替现金流通。如果遗失支票就等同于遗失了现金（或银行存款）,可能会给单位带来经济损失。因此,企业在遗失了支票以后,应采取适当的措施进行补救。处理方法主要是及时到开户银行挂失要求停止支付,或者是请求相关单位协助防范。值得注意的是,根据现行的《银行结算方法》的规定,不是所有的支票遗失后都能挂失,银行只受理现金支票的挂失,前提条件也是银行还未进行相关的支付。如果是手续齐全的转账支票,企业应立即通知收款人协助防范,防止用遗失的支票冒购商品等,如果已经形成事实,则应向当地公安机关报案,尽力减少损失。除此之外,银行也不受理空白支票（包括空白现金支票和空白转账支票）的挂失。

（4）对空白收据的管理

物业收费员在收取业主交来的相关费用时,需要向小区业主开具相应收据。收据是物业收费员使用最频繁的票据之一。空白收据也就是未填制的收据。空白收据一旦填制,就可以作为办理转账结算和现金支付的书面证明,直接关系到单位资金的准确、安全和完整。因此,企业应对空白收据进行严格管理,防止违法行为的发生。

首先,空白收据一般应由物业公司的主管会计人员保管。其次,与空白支票一样,物业公司也应设置"空白收据登记簿"。领用时,应填写领用的日期,单位,起始号码等,并由领用人员签字,用完后,也要注意及时归还并核销。此外,使用人员不得将收据带出工作单位使用,不得转借、赠送或买卖,不得弄虚作假,开具实物与票面不符的收据,更不能开具存根联与其他联不符的收据。最后,作废的收据要加盖"作废"戳记,各联要连同存根一起保管,不得撕毁,丢失等。

4. 凭证的管理

除了需要做好上述关于票据的管理以外,物业收费员在平时的工作中也需要注意对另一种使用较为频繁的单据的管理,这就是会计上说的凭证。

1) 会计凭证的含义

会计凭证是一种用来记录经济活动,明确经济责任的书面证明,也是登记会计账簿和进行监督的重要依据。会计凭证多种多样,按其填制程序和用途,可以分为原始凭证和记账凭证两大类。

2) 原始凭证

(1) 原始凭证的含义

对于物业收费员而言,工作的第一步就是取得原始单据,办理资金收付事项。这里的原始单据就是会计上说的原始凭证。原始凭证是用以记录和证明经济业务的发生和完成情况的原始记录,也是明确经济责任和据以记账的原始依据。原始凭证,按其取得来源,可分自制原始凭证和外来原始凭证两大类。

(2) 原始凭证的填制

①记录要真实。原始凭证所填列的经济业务内容和数字,必须真实可靠,即符合国家有关政策、法令、法规、制度的要求;原始凭证上填列的内容、数字,必须真实可靠,符合有关经济业务的实际情况,不得弄虚作假,更不得伪造凭证。

②内容要完整。原始凭证所要求填列的项目必须逐项填列齐全,不得遗漏和省略;必须符合手续完备的要求,经办业务的有关部门和人员要认真审核,签名盖章。

③手续要完备。单位自制的原始凭证必须有经办单位领导人或者其他指定的人员签名盖章;对外开出的原始凭证必须加盖本单位公章;从外部取得的原始凭证,必须盖有填制单位的公章;从个人取得的原始凭证,必须有填制人员的签名盖章。

④书写要清楚、规范。原始凭证要按规定填写,文字要简要,字迹要清楚,易于辨认,不得使用未经国务院公布的简化汉字。大小写金额必须相符且填写规范,小写金额用阿拉伯数字逐个书写,不得写连笔字,在金额前要填写人民币符号"¥",人民币符号"¥"与阿拉伯数字之间不得留有空白,金额数字一律填写到角分,无角分的,写"00"或符号"一",有角无分的,分位写"0",不得用符号"—";大写金额用汉字壹、贰、叁、肆、伍、陆、柒、捌、玖、拾、佰、仟、万、亿、元、角、分、零、整等,一律用正楷或行书字书写,

大写金额前未印有"人民币"字样的,应加写"人民币"三个字,"人民币"字样和大写金额之间不得留有空白,大写金额到元或角为止的,后面要写"整"或"正"字,有分的,不写"整"或"正"字。如小写金额为¥23 680.00,大写金额应写成"人民币贰万叁仟陆佰捌拾元整"。

⑤编号要连续。如果原始凭证已预先印定编号,在写坏作废时,应加盖"作废"戳记,妥善保管,不得撕毁。

⑥不得涂改、刮擦、挖补。原始凭证有错误的,应当由出具单位重开或更正,更正处应当加盖出具单位印章。原始凭证金额有错误的,应当由出具单位重开,不得在原始凭证上更正。

⑦填制要及时。各种原始凭证一定要及时填写,并按规定的程序及时送交会计机构、会计人员进行审核。

3)记账凭证

(1)记账凭证的含义

记账凭证是根据审核无误的原始凭证或汇总原始凭证,按照经济业务的内容加以归类并确定会计分录而填制的,据以登记账簿的凭证。由于原始凭证的形式和格式多种多样,直接入账容易发生差错,因而在记账前,应根据原始凭证编制相应的记账凭证。

(2)记账凭证的填制要求

①日期的填写。现金收付款记账凭证的日期以办理收付现金的日期填写;银行付款业务的记账凭证,一般以财会部门开出银行付款单据的日期或承付的日期填写;银行收款业务的记账凭证,一般按财会部门收到的银行进账单或银行受理回执的戳记日期填写;当实际收到的进账单的日期与银行印戳日期相隔较长,或次月收到上月的银行收、付款凭证,以财会部门实际办理转账业务的日期填列;对属于月终结转的业务,应按当月最后一天的日期填写。

②摘要的填写。记账凭证中的摘要,是对某项经济业务的简要说明,也是物业公司相关财务人员从账面和记账凭证上了解经济业务内容的途径,尤其在当今网络化迅速发展和日益成熟的条件下,更显现出摘要的重要性。因此,物业收费员在填写记账凭证摘要时,应注意避免以下几点:

a.内容填写不完整,文字表达过于简单。摘要应该包括该项经济业务的行为主体、实施对象,业务发生的时间、地点及原因。如有记账凭证摘要为"物业收费员小王借款""收水电费"等,都属于内容填写不完整的摘要,借什么款、收的什么款项等信息从会计账面上就反映不出来,若需要了解,还必须去翻具体的原始凭证。对此,前述两条摘要应该填写为"物业收费员小王借出差款","收1栋401业主水电费"等。

b.同一事项,前后反映不一致。例如,不能时而填写"借出差款",时而填写"采购员小张借出差款"。

4）会计凭证的保管

会计凭证的保管是指会计凭证记账后的整理、装订、归档和存查工作。会计凭证的保管主要有下列要求：

①会计凭证应定期装订成册，防止散失。从外单位取得的原始凭证遗失时，应取得原签发单位盖有公章的证明，并注明原始凭证的号码、金额、内容等，由经办单位会计机构负责人、会计主管人员和单位负责人批准后，才能代作原始凭证。若确实无法取得证明的，如车票丢失，则应由当事人写明详细情况，由经办单位会计机构负责人、会计主管人员和单位负责人批准后，代作原始凭证。

②会计凭证封面应注明单位名称、凭证种类、凭证张数、起止号数、年度、月份、会计主管人员、装订人员等有关事项，会计主管人员和保管人员应在封面上签章。

③会计凭证应加贴封条，防止抽换凭证。原始凭证不得外借，其他单位如有特殊原因确实需要使用时，经本单位会计机构负责人、会计主管人员批准，可以复制。向外单位提供的原始凭证复制件，应在专设的登记簿上登记，并由提供人员和收取人员共同签名、盖章。

④原始凭证较多时，可单独装订，但应在凭证封面注明所属记账凭证的日期、编号和种类，同时在所属的记账凭证上应注明"附件另订"及原始凭证的名称和编号，以便查阅。

⑤每年装订成册的会计凭证，在年度终了时可暂由单位会计机构保管一年，期满后应当移交本单位档案机构统一保管；未设立档案机构的，应当在会计机构内部指定专人保管。出纳人员不得兼管会计档案。

⑥严格遵守会计凭证的保管期限要求，期满前不得任意销毁。

5. 发票的管理

（1）发票的含义

发票是指一切单位和个人在购销商品、提供劳务或接受劳务、服务以及从事其他经营活动，所提供给对方的收付款的书面证明，是财务收支的法定凭证，是会计核算的原始依据，也是审计机关、税务机关执法检查的重要依据。税务机关作为发票的主管机关，负责发票的印制、领购、开具、取得、保管、缴销的管理和监督。发票应当套印全国统一发票监制章；全国统一发票监制章的式样和发票版面印刷的要求，由国家税务总局规定；发票监制章由省、自治区、直辖市税务机关制作。发票的基本联次为三联，第一联作为存根联，由开票方留存备查；第二联为发票联，由收执方作为付款或者收款的原始凭证；第三联作为记账联，由开票方保存作为记账的原始凭证。发票按照用途分类，可分为增值税专用发票、普通发票和专业发票。

（2）开具发票的要求

物业收费员在开具相关发票时，应注意以下几点：

①发票仅限于单位和个人自己填开使用，不得转借、转让、代开发票；未经国家税务机关批准，不得拆本使用发票。

②使用发票的单位和个人必须在实现经营收入或者发生纳税义务时填开发票，未发生经营业务一律不准填开发票。

③开具发票应当使用中文。民族自治地区可同时使用当地通用的一种民族文字；三资企业可同时使用一种外国文字。

④开具发票时，应按规定的时限、号码顺序填开，做到填写项目齐全、内容真实、字迹清楚、全部联次一次性复写或打印，内容完全一致，并在交客户联（增值税专用发票为发票联和抵扣联）上加盖单位发票专用章或财务专用章。开错发票时，应加盖"作废"戳记，并整联保存，不得撕毁作废。

⑤填开发票后，发生销货退回或销售折让的，在未能收回原发票时，应取得对方主管税务机关的有效证明（进货退出或索取折让证明单）后，方可填开红字发票。若购货方未付款且未作账务处理的，则须将原发票全部退回；销货方收到后，应在退回的发票联上加盖"作废"戳记，若销货方已记账的，则应填开红字发票，将记账联作为冲销原账的依据，将退回的发票联粘贴在存根联上，若未记账的，应在原所有发票联次（含退回的）上加盖"作废"戳记，粘贴在原存根联上，整套保存；若是销售折让的，还需按折让后的金额另开发票。

⑥开发票后，用票单位和个人若丢失发票的，应及时报告主管税务机关，并在报刊、广播电视等新闻媒体上公开声明作废，同时接受税务机关的处理。

⑦使用电子计算机开具发票的，必须报主管税务机关批准，并使用税务机关统一监制的机打发票，开具后的存根联应当按照顺序号装订成册，以备税务机关检查。

（3）发票的保管

在对发票进行保管的过程中，物业收费员或物业公司应当首先建立相应的发票使用登记制度，设置发票登记簿，并定期向主管的税务机关报告发票使用情况。发票的存放和保管应当按照税务机关的规定办理，不得擅自丢失和损毁。纳税人发生丢失、被盗增值税专用发票和普通发票时，应于当日书面报告主管税务机关，在报刊和电视等传播媒介上公告声明作废，并接受税务机关处罚。丢失、被盗增值税专用发票的，纳税人应在事发当日书面报告国税机关，并在《中国税务报》公开声明作废。已经开具的发票存根联和"发票登记簿"应当保存 5 年，期满时，报经税务机关查验后方可销毁。

6. 现金的管理

（1）现金的含义

在会计的层面上，现金又称库存现金，是放在企业并由出纳人员保管的现钞，包括库存的人民币和各种外币。现金是流动性最大的一种货币资金,它可以随时用来购买所需物资,支付日常零星开支,偿还债务等。

（2）现金的管理

现金作为企业变现能力最强的资产,可以满足企业经营和开支的各种需求,也是企业支付各种费用和履行纳税义务的保证。物业公司的收入和支出最终都是表现为现金的流入和流出。对物业收费员而言,现金是日常工作中收入的收取和费用的支出最重要的手段之一。由于它的重要性,物业收费员在做好现金的管理时应注意以下几点:

①物业公司收入的现金不准以个人储蓄存款方式存储。收费员在平时收到的现金收入（例如小区业主交来的相关费用等）,应由财会部门统一管理,存储在财会部门或开户银行,无论其收入的利息归单位所有还是归个人所有,都不能以个人储蓄方式存入银行。

②不能以"白条"抵库。所谓"白条",是指没有审批手续的凭据,比如没有加盖公司相关财务用章的收据等,因此"白条"不能作为记账的依据。"白条"具有很多的危害性,主要表现在以下几个方面:

a. 用"白条"顶抵现金,使实际库存现金减少,日常零星开支所需的现金不足,还往往会使账面现金余额超过库存现金限额。

b. 用"白条"支付现金,付出随意性大,容易产生挥霍浪费、挪用公款等问题,付出后不能及时进行账务处理,不利于进行财务管理。

c. "白条"一般不利于管理,一旦丢失,无据可查,难以分清责任,有时会给单位或个人造成不应有的损失。

③不准设"账外账"和"小金库"。"账外账",是指某些单位将一部分收入没有纳入财务统一管理,而是在单位核算账簿之外另设一套账来记录财务统管之外的收入。"账外账"有的是财会部门自己设置的,也有的是单位其他部门、小单位设置的。"小金库"又称"小钱柜",是单位库存之外保存的现金和银行存款,一般情况下与单位设置的"账外账"相联系,有"账外账"就有"小金库",有"小金库"就有"账外账"。设置"账外账"和"小金库"是侵占、截留、隐瞒收入的一种违法行为,为各种违法违纪提供了条件,危害性极大,必须坚决予以取缔。

④定期清查库存现金。为了保证账面金额和实际情况相符,防止现金发生差错、丢失、贪污等,物业公司相关人员应经常对库存现金进行核对清查。库存现金的清查包括物业收费员（或出纳）每日的清点核对和清查小组定期或不定期的清查。现金清查的基本方法是实地盘点库存现金的实存数,再与现金日记账的余额进行核对,看是否相符。清查现金时,应注意以下几个方面:

a. 以个人或单位名义借款或取款而没有按手续编制凭证的字条（即白条）,不得充抵现金。

b. 代私人存放的现金等,如事先未作声明又无充分证明的,应暂时封存。

c. 如发现私设的"小金库",应视作溢余,另行登记,等候处理。

d. 如果是清查小组对现金进行清点,一般都采用突击盘点,不预先通知物业收费员(或出纳);盘点时间最好在一天业务没有开始之时或一天业务结束后,由物业收费员(或出纳)将截止清查时现金收付款项全部登记入账,并结出账面余额,这样可以避免干扰正常的业务。

e. 清查时,物业收费员(或出纳)应在场提供情况,积极配合,清查后,应由清查人员填制"现金盘点报告表",列明现金账存、实存和差异的金额及原因,并及时上报有关负责人。

f. 现金清查中,如果发现账实不符,应立即查找原因,及时更正,不得以今日长款弥补它日短款。

7. 银行存款的管理

(1)银行存款的定义

银行存款就是企业存放在银行或其他金融机构的货币资金。按照国家有关规定,凡是独立核算的单位都必须在当地银行开设账户。企业在银行开设账户以后,除按核定的限额保留库存现金外,超过限额的现金必须存入银行。除了在规定的范围内可以用现金直接支付的款项外,在经营过程中所发生的一切货币收支业务,都必须通过银行存款账户进行结算。

(2)银行存款账户的种类

按照国家《支付结算办法》的规定,企业应在银行开立账户,办理存款、取款和转账等结算。企业在银行开立人民币存款账户,必须遵守中国人民银行《银行账户管理办法》的各项规定。银行存款账户分为基本存款账户、一般存款账户、临时存款账户、专用存款账户。

①基本存款账户是企业办理日常结算和现金收付的账户。企业的工资、奖金等现金的支取,只能通过基本存款账户办理。

②一般存款账户是企业在基本存款账户以外的银行借款转存、与基本存款账户的企业不在同一地点的附属非独立核算单位的账户,企业可以通过本账户办理转账结算和现金缴存,但不能办理现金支取。

③临时存款账户是企业因临时经营活动需要开立的账户,企业可以通过本账户办理转账结算和根据国家现金管理的规定办理现金收付。

④专用存款账户是企业因特定用途需要开立的账户。一个企业只能选择一家银行的一个营业机构开立一个基本存款账户,不得在多家银行机构开立基本存款账户;不得在同一家银行的几个分支机构开立一般存款账户。

企业在银行开立账户后,物业收费员在处理日常业务时,可到开户银行购买各种银行往来使用的凭证(如送款簿、进账单、现金支票、转账支票等),用以办理银行存款的收付款项。此外,企业除了按规定留存的库存现金以外,所有货币资金都必须存入银行。在与其他业务往来单位进行支付结算时,除制度规定可用现金支付的部分以外,都必须通过银行办理转账结算,也就是由银行按照事先规定的结算方式,将款项从付款单位的账户划出,转入收款单位的账户。因此,企业不仅要在银行开立账户,而且账户内必须要有可供支付的存款。

(3)银行存款的管理

物业公司或者物业收费员通过银行办理支付结算时,应当认真执行国家各项管理办法和结算制度。单位和个人办理支付结算,不准签发没有资金保证的票据或远期支票,套取银行信用;不准签发、取得和转让没有真实交易和债权债务的票据,套取银行和他人资金;不准无理拒绝付款,任意占用他人资金;不准违反规定开立和使用账户。

任务指导 5.1 完成任务情景 5.1 中的工作任务。

目的:熟悉票据管理的相关要求。

步骤:第 1 步,仔细阅读任务情景 5.1;

第 2 步,进行分组讨论,现场交流。

提示:在本案例中,A 公司物业收费员小王签发支票时,其账户余额是不足的,如果在持票人提示付款前能够补足款项,一般是不会造成空头的。但由于其补款时间晚于持票人提示付款的时间,持票人的付款请求因而没能得到满足,结果就造成了账户余额不足。

活动 5.1 阅读资料后,制订"重庆佳居物业服务有限公司票据管理制度"。

目的:通过制订"重庆佳居物业服务有限公司票据管理制度"活动,让学生明白物业公司财务部门票据管理方面的相关要求,使学生更快融入物业收费员这一角色,加强票据管理安全方面的意识。

步骤:第 1 步,将全班分成若干小组并指定组长,分别制定票据管理制度,小组内学生再分别自行分工,确定各自的任务;

第 2 步,进行资料、场地和材料准备;

第 3 步,完成后,小组之间再互相交换各自制定的票据管理制度,互相交流,取长补短,并完善各自小组的票据管理制度。老师要对各组任务执行情况做记录和分析,并适时反馈任务执行的效果。

重庆佳居物业服务有限公司票据管理制度

为加强重庆佳居物业服务有限公司各种发票、收据、停车票、停车卡、乘车卡、出入证等各类票据、票卡的管理,完善公司票据管理制度的规定,对公司使用的各类票据、票卡等定额、非定额票据一律视同有价证券进行管理,制定本制度。

一、适用范围

公司现行使用的各类发票、收据、停车票、停车卡、乘车卡、出入证等,以及今后使用的作为收费凭据的各类票据、票卡。

二、票据管理

所有票卡一律由公司财务部统一在税务部门购买或印刷并统一编号,并由会计人员造册登记。发放票据时,加盖金额印章和财务专用章,分别票卡的种类及面额,交由具体使用人员签字领用。严禁未经公司财务部门私自启用任何新的票据。

三、票据领用

①各类票据,由各管理处收款室在公司财务部统一申请领用,对交由非财务人员经管的票据如停车票、摩托票等,一次不得发放超过两天使用量的票据,并实行先缴款后领票的方式进行管理。

②对交由财务人员经管的票据如停车票、摩托票、停车卡、摩托卡、乘车卡等,一次不得发放超过15日使用量的票据,并实行定额票据领销存月报表制度,按月上报。

③对由公司统一印制的各类月卡、出入证等,在发放时应加盖财务章,统一编号后发放使用。对非定额票据,如装修出入证等,应按月检查收回证件数与退还押金数是否相等。

四、票据注销

①对交由非财务人员经管的票据,一律实行先缴款后领票。即凭缴款收据领取新的票据,并由具体票据经管人员在票据领用登记簿上注明收款收据号码。

②对交由财务人员经管的票据,实行定额票据领销存月报表制度。即日常收款应在收款当日随同其他收入一起送存银行;在每月末由具体票据经管人员编制当月各类定额票据领销存月报表,交由物业公司财务部会计审核。

③对各类非定额票卡、证,应由卡、证的经管人员将当月领用、收回、结存情况上报公司财务部以便核对。

五、票据结存检查

①每月末,由会计人员在审核当月月报表的基础上,检查票据经管人员的库存票卡的结存数是否相符,并做出检查记录表(一式四份,检查记录表可用定额票据领销存月报表代替),由检查人和被检查双方签字后,报公司财务部。对在检查中发现的票据及现金的短少,一律由票据具体经管人员负责。

②公司财务部将不定期检查由非财务人员经管的票据领用及缴存情况、已售现金未报账数(指停车票)与结存数是否相符,做出检查记录,对在检查中发现的票据及现金的短少,一律由票据具体经管人员负责。

技能实训 5.1　　仔细阅读上述"重庆佳居物业服务有限公司票据管理制度",体验物业服务企业物业收费员在工作的过程中会接触的票据的填写及其管理。

实训安排:第 1 步,以全班为单位进行设计,将全班按照业务的不同分成几个小组;

第 2 步,各个小组按照业务的不同准备所需的票据;

第 3 步,根据模拟的业务学习票据的填写,并掌握票据的管理。

提示:票据可以购买现成的,也可按照票据的相关格式模拟制作。在过程中,要注意业务不同所使用票据的不同,并且要熟悉除了普通票据以外的发票、凭证等其他物业收费员平时工作中接触较多的单据的管理。

知识训练

(一)单项选择题

1.物业收费员因办理日常转账和现金收付,可以在银行开立(　　)。

　A.基本存款账户　　　　　　　　　　B.一般存款账户

　C.专用存款账户　　　　　　　　　　D.临时存款账户

2.某小区物业管理部门设置"现金日记账",由(　　)按照经济业务发生的先后顺序逐日逐笔登记。

　　A.主管人员　　　　　　　　　　　　B.出纳人员或物业收费员

　　C.会计人员　　　　　　　　　　　　D.经办人员

3.空白收据应由物业公司(　　)保管。

　　A.总经理　　　　B.物业收费员　　　C.主管会计人员　　D.经办人员

(二)多项选择题

1.在财务范畴内票据包括(　　)。

　　A.汇票　　　　　　B.支票　　　　　　C.本票　　　　　　D.发票

2.物业收费员平时涉及的业务包括(　　)。

　　A.现金收取业务　　　　　　　　　　B.现金支付业务

　　C.银行存款支付业务　　　　　　　　D.银行存款收取业务

3.会计凭证按其填制程序和用途,可以分为(　　)。

　　A.原始凭证　　　B.收款凭证　　　　C.记账凭证　　　　D.付款凭证

4.物业收费员在对现金进行管理时,应做到(　　)。

  A. 物业公司收入的现金不准以个人储蓄存款方式存储

  B. 不能以"白条"抵库

  C. 允许设立"小金库"

  D. 定期清查库存现金

（三）判断题

1. 物业公司采购人员可以随意携带空白支票外出进行采购。 （　　）

2. 银行接受任何类型的支票的挂失。 （　　）

3. 物业收费员在填写原始凭证时，如果发生错误，可以在原有凭证上涂改。

                   （　　）

4. 发票仅限于单位和个人自己填开使用，不得转借、转让、代开发票。 （　　）

思考练习

  （1）不同业务票据传递的流程是什么？

  （2）票据的管理包括哪些内容？

  （3）怎样做好票据、现金、银行存款的管理？

项目二　报　账

任务情景 5.2

  某物业公司的收费员小李因公司业务需要，前往北京参加培训，为期 7 天。但是因为小李因刚到公司不久，对公司相关制度并不了解，自认为公司可以报销他在培训期间的一切费用，于是自己订了去北京培训来回的机票，而且把自己在北京培训期间的住宿费、伙食费等相关的发票都留存起来。小李从北京回来以后，自行将所有未经整理的单据拿到公司财务部门报账，但财务部门并未受理。不仅如此，小李还被告知，即使一切按照正常手续，也只能报销其中的一部分，这让小李很是郁闷。

  工作任务：

  （1）报账的流程是什么？

  （2）小李应该怎样报销自己在北京培训产生的差旅费？

  （3）小李为什么不能报销所有的费用？

知识讲解

1.报账的流程

为了加强财务管理,严格控制支出,与其他企业相似,物业企业也需要规范本公司的财务报账流程(制度)。物业收费员在进行相关的报账工作时,应按照公司的规定逐步完成。一般而言,公司的报账流程主要如下:

首先,物业收费员应根据相关的票据到相关的部门办理有关的手续,例如填写费用报销单等;然后,由相关项目的负责人或者部门负责人审核票据的真实性和合理性并签字确认。若金额较大,则还需上一级领导签字,这一情况视其各单位自己的规定;若审核未通过,则需返回重新进行改正,若审核通过,物业收费员需要到财务部门由相关经费的负责人签字审核,同意财务部门报销;在完成以上工作后,则需要由本公司负责此业务的相关会计人员进行审核,并编制相应的会计凭证;接着由另一名会计负责复核,若复核通过,物业收费员则可以到公司财务部门总管出纳处领取相关现金,现金支票,转账支票或者交回借支余额。

虽然报账流程相同,但由于涉及的业务不同,财务报销的内容也会不尽相同。对于物业公司而言,主要报销内容包括采购业务的报销、差旅费、业务费和招待费的报销以及借款手续等。下面针对不同业务的报账手续分别进行简单的介绍:

(1)采购业务的报销

在进行采购业务时,经办人员应办理如下的报账手续:

①提供合法的票据。经办人员索取票据时,应要求供货方将票据填写完整,提供报账所需的全部内容,包括:单位名称、日期、品名、数量、单价、金额以及填票人。

②办理验收入库手续。办理手续时,应根据所采购货物的类别分别到不同部门办理。例如:属于固定资产或者低值易耗品的应到资产管理科办理验收入库手续。需要注意的是,经办人员在办理验收入库手续时,应要求验收人在发票上签名。

③填写"报销结算单"。填写时,应注意将报账所需内容填写完整,包括:部门、预算项目、报销日期、报销内容、报销金额(大小写)、所附单据张数、经办签名、项目负责人签名等。

④所附单据要求有经办人、验收人、项目负责人签名。

⑤提交财务报账。

(2)差旅费报销手续

①提供合法的票据。索取住宿票据时,应要求对方将报账时所需的全部内容填写完整。包括:单位名称、日期、住宿天数、单价、金额、填票人。若有驾驶员,应将驾驶员与出差人一并报账;

②填报相关的出差工作人员的审批单。其中应包括的主要内容有:姓名、地点及乘坐交通工具、出差时间、出差任务、领导签批等。如果是去参加会议,应另外附上领

导签批的会议通知单等；

③填写差旅报销单。在填写差旅报销单时，主要应由当事人填写以下内容：出差日期、出差天数、出差事由、起止地点、起止时间、车船费、住宿费及其他；

④提交财务审核。财务人员应根据国家或公司关于差旅费开支的规定予以相应的补助，并填制差旅费合计金额。经办人员再将审核无误的"差旅费报销单"报经分管领导签批；

⑤所附单据均需要由经办人、验收人和相关负责人签字；

⑥提交财务报账。

（3）招待费、工作餐费报销手续

①提供合法的票据。经办人员索取票据时，应要求对方将票据内容填写完整，包括：日期、单位名称、项目名称、填票人等。并提供招待费明细清单；

②完整填制相应的审批单，并由分管领导签字审批；

③填写"报销结算单"。填写内容包括：部门、预算项目、报销日期、报销内容、报销金额（大小写）、所附单据张数、经办签名、项目负责人签字，如果特别事项应在备注栏注明；

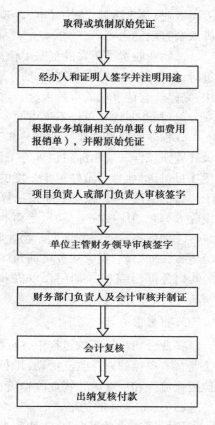

图5.6 报账流程图

④所附单据均需要由经办人、验收人和相关负责人签字；

⑤提交财务报账。

（4）借款手续

①填写一式三联的"借款单"。填制的内容包括：借款用途、借款金额（大小写）、借款人所属部门、借款日期、借款人签名以及项目负责人签名；

②提交财务审批。

应注意的是，借款人应在公司规定的日期内及时结清借款，否则以挪用公款论处。

2. 报账的要求

作为会计信息过程的重要环节，报账时所传送信息的有效性、可靠性直接关系到会计核算中心信息的正确性，报账工作的质量直接影响着核算中心会计工作的质量。因此，报账工作的质量的规范化就显得尤为重要。对于物业公司和物业收费员而言，有以下要求：

①物业收费员应具备会计的职业道德规范。当前我国会计职业道德规范主要有

爱岗敬业、熟悉法规、依法办事、客观公正、搞好服务、保密守信、精打细算和廉洁自律等八个方面的内容。

②物业收费员所在的报账单位应建立健全内部控制制度以保证业务活动的有效进行,保证资产的安全与完整,防止、发现、纠正错误与舞弊,保持会计资料的真实、合法、完整。会计事项的审批人员、经办人员、财物保管人员的职责权限应当明确,并相互分离、相互制约。单位不得由同一部门或同一个人办理采购与付款业务的全过程。

③物业收费员需要协助有关部门做好其他工作。例如,协助财务部门及相关单位做好查账、对账、编制部门预算等工作。有非税收入的单位要按照物价部门核准的收费项目、标准收费,做好每年一度的收费年检工作。各单位要明确划分哪些款项是属于应缴的财政性资金,哪些是待结算的往来款项。对于经过批准收取的非税收入和罚没收入等款项应按规定及时、足额上缴国库和财政专户,单位不得自行"坐支"。

④加强报账业务的培训。物业收费员应定期参加有关政策法规学习,除此之外,也应多参加财政、财会业务培训和计算机知识培训,不断提高自身的业务素质,及时向公司财务部门或相关部门反映在报账过程中遇到的困难和问题,以便能及时得到解决。

3. 报账的方法

物业公司在报账的过程中,应严格应严格贯彻执行国家财经法律、法规和政策,依法监督本单位的财务收支活动,维护财经纪律。因此,物业公司财务部门应规范本单位报账流程和手续等。物业收费员在报账时应注意以下几点:

(1)原始凭证的初审

原始凭证的真实性、合法性和准确性,直接关系到会计信息的质量。对原始凭证的具体要求应包括:

①原始凭证内容的真实性和合法性。审核原始凭证的内容是否符合党和国家有关政策、法规,是否符合预算管理规定和财务管理制度。严禁"白条"充抵发票。对不真实、不合法的原始凭证,财务部门有权拒绝,各级主管审核、审批也应不予签字,各级签字人在不确定的情况下不应随意签字。

②原始凭证的完整性和准确性。报账会计受理的原始凭证应须具备相应的要素,即填制单位公章(或报销专用章)、经费审批人签署意见、经办人员签章、经济业务的用途等。对记载不准确、不完整的原始凭证,应要求其予以更正、补充。凡原始凭证因涂改或撕裂引起模糊不清的,财务部门有权拒绝报销。

③原始凭证的填写必须符合规定要求。报销单据须由报销经办人亲自填写,做到内容完整、数据真实,符合公司财务部门的要求。填写的报销单各要素应该齐全,主要包括:日期、金额、附件张数、费用归属部门及用途等。原始凭证应按规定要求书写,不得涂改,大小写金额必须相符。单式凭证需用蓝黑墨水钢笔书写;多联套写凭证,可用圆珠笔及双面复写纸复写,不得分张单写。

④物业收费员应在报账前认真审核发票,汇总所报送发票的总金额,做到心中有数,报账时与中心前台会计核对,如有误差应当面查找。日常工作中应逐笔、序时记录现金日记账,月末与中心管理会计核 对银行存款余额。账面无钱时应即向领导汇报,做到超支不报账。

⑤年末物业收费员要对本单位的往来款项进行清理,及时收回欠款和偿还债务。对固定资产进行盘点、清查。单位的固定资产应有专人负责对其进行保管、使用。

（2）报销单据的整理

物业收费员在报账时应统一使用会计核算中心（公司财务部）提供的报销单据和汇总凭证,所附原始凭证根据经费来源按用途进行详细的分类,粘贴要平整,按票据的大小,从左到右依次粘贴;汇总凭证上应准确填写汇总金额（如报销金额与发票金额不符时,须在汇总凭证上填列实报金额）及所附原始凭证张数。在办理结报过程中,应提出有关支付申请占用何预算指标,使用何会计科目。不同的企业对原始单据的整理和要求不尽相同,一般来说,物业收费员在对原始单据进行粘贴时应遵照以下顺序:

①差旅费整理要求:第1层:差旅报销单。第2层:票据粘贴单。在对原始票据进行粘贴时,首先应根据不同性质的费用进行分类（如:住宿费、交通费、餐饮费、招待费、办公费等）,其次再按各类发票的行程顺序进行粘贴。第3层:出差行程表。第4层:出差申请表。第5层:出差报告。

②其他费用单据整理要求:第1层:费用报销单。第2层:票据粘贴单。票据按照费用的不同性质进行分类粘贴,并在粘贴单上写明票据粘贴的张数。第3层:其他相关单据。第4层:若所需报账的原始单据数量较大而且繁杂,则需另附上报销明细清单。

③流动资产、固定资产采购单据整理要求:第1层:付款申请单。第2层:采购申请。第3层:采购订单。第4层:采购合同。第5层:采购发票。第6层:采购入库单。

（3）办理报销手续

①支出费用的办理。物业收费员在报账时要严格按照企业各项经费支出标准执行,节约使用各项资金,提高经费使用效率,对专项资金做到专款专用,以保障本单位各项工作正常运转。对一般公司而言,在报销各类支出费用中须注意:报销会议费,须附会议通知、会议预算表及会议报到名册;报销接待费,须附接待标准和审批表;报销大额装修费,须附相关审批文件;购买专控物品要按规定程序先报批后统一采购。另外,在资金结算中,须转账支付的业务,不得采用现金支付。

②收入项目的办理。物业收费员应及时向财务部门申请各项经费,防止所负责小区经费出现赤字。若属本单位预算外收入（罚款收入）的款项,应及时上缴财政专户,不得私存或存入其他账户。对物业公司在业务活动中与其他单位或个人发生的一些预收、代管款项,由物业收费员负责缴（划）到会计核算中心（公司财务部门）统一核算账户,并将有关缴（划）款凭证交与会计核算中心前台出纳受理,经审核无误后予以入账。

任务指导 5.2　完成任务情景5.2中的工作任务。

目的:熟悉物业公司报账的流程;掌握报账的相关要求和方法。

步骤:第1步,仔细阅读任务情景5.2;

　　　第2步,进行分组讨论,现场交流。

提示:一般而言,企业都会内部制定出差时各项费用的报销标准,也就是说在什么样的情况下,什么样的员工可以坐飞机,什么情况下员工只能坐火车或者汽车;午餐费用的标准是多少钱一顿,住宿费每天能报销多少。这些标准都是根据企业自身情况去制定的。在实际发生这些费用时,出差人员应该按照企业制定的报账的流程和相应的限额标准进行报销。首先,小李应该熟悉公司相应的财务制度,以便以后能更好地开展工作。其次,培训结束归来以后,小李还应该熟悉公司的报销标准,按照公司的标准将自己能够报销的部分整理出来。另外,小李应了解公司整个报账的流程,按照公司的相关规章制度进行,比如找上级领导签字确认同意报销,按照要求将相应的税务发票等进行粘贴等。

 活动 5.2　制订"重庆佳居物业服务有限公司报账标准及规范"。

执行目的:通过制订"重庆佳居物业服务有限公司物业报账标准及规范"活动,让学生能参与其中,从实践操作中明白物业公司财务部门报账的流程以及相关标准和要求。使学生能具备相应的职业能力。

步骤:第1步,将学生以小组为单位进行,首先确定各自的分工;

　　　第2步,做好前期的资料收集工作,比如上网查找有关物业公司或类似企业的财务报账要求或规范;

　　　第3步,根据小组讨论,完善自己的内容。

　　　第4步,小组之间互相交流,全班共同制订出一个最合适的方案。老师要对各组任务执行情况做记录和分析,并适时反馈任务执行的效果。

 知识训练

(一) 单项选择题

1.下列不属于原始凭证审核内容的是(　　　)。

　　A.合理性　　　　　B.相关性　　　　　C.准确性　　　　　D.完整性

2.在整理报销单据时,原始单据粘贴的顺序应该为(　　　)。

　　A.从左到右　　　　B.从上到下　　　　C.从下到上　　　　D.从右到左

(二) 多项选择题

1.在对采购业务进行报销时,所附的原始单据上应有(　　　)签名。

　　A.经办人　　　　　B.验收人　　　　　C.相关负责人　　　　D.销售方人员

2. 报销差旅费时,需要( )。

   A. 提供合法的票据

   B. 填报相关的出差工作人员的审批单

   C. 填写"借款单"

   D. 填写差旅报销单

3. 为了能提高报账业务水平,物业收费员应具备以下哪些素质( )。

   A. 具备会计的职业道德规范

   B. 协助所在单位建立健全内部控制制度

   C. 协助有关部门做好其他工作

   D. 加强报账业务的培训

4. 填写"借款单"时,填制的内容应包括( )。

   A. 借款用途   B. 借款金额(大小写)

   C. 借款人所属部门   D. 借款日期

(三) 判断题

1. 在进行报账时,所有的单据必须由报销经办人亲自填写。 ( )

2. 物业收费员在报账时,可以使用自制或自行购买的报销单据。 ( )

3. 报账时,可以根据自己意愿随意粘贴所附的原始单据。 ( )

 技能实训 5.2   根据学生自己制定的"重庆佳居物业服务有限公司报账标准及规范"及在技能实训中所准备的整理好的单据,体验物业公司财务部门报账的整个流程。

实训安排:第 1 步,场地准备,以各小组学生人数进行设计;

            第 2 步,现场环境、资料和物品准备;

            第 3 步,将各个小组的学生再进行分组,分别扮演物业公司的收费员、上级领导、财务部门会计等职位进行现场演练并体验报账的整个过程。

思考练习

(1)怎样区分不同业务的报账流程?

(2)报账的具体方法是什么?

(3)怎样才能做好报账这一工作?报账有何具体要求?

项目三 做 账

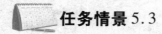

任务情景5.3

　　小张是刚到 A 物业公司的收费员。上岗后,他开始负责自己所在小区的现金及银行存款的收付工作,完成收付工作以后,还需要将相应的内容登记到账簿上。但是,小张的字写得十分潦草,常常让人看不懂。他的上级领导多次因为这个事情批评他,要求他一定要改正,好好练习自己的字,这让小张心里很不服气,认为领导小题大做,字写得好不好并不会影响自己的工作。

　　工作任务:

　　(1)领导的要求正确吗?

　　(2)登记账簿的要求及规则是什么?

　　(3)小张应该怎样改进自己?

知识讲解

1. 做账的要求

　　(1)做账的含义

　　做账,也称会计实务,是指会计进行账务处理的过程,一般是指从填制凭证开始到编制报表结束的整个过程。

　　(2)做账流程及要求

　　①根据出纳转过来的各种原始凭证进行审核,审核无误后,编制记账凭证。对于物业收费员而言,每月需要审核的主要为物业公司在从事物业管理服务的过程中为业主或使用人员提供维修、管理和服务等活动所取得的各种原始凭证(如:支票,收据等)。如果该公司现金收付业务较多,在选择时就可以选择填写收款凭证、付款凭证、转账凭证;如果企业收付业务量较少则可以选择直接填写记账凭证(通用)。

　　②根据相关的收付凭证,登记现金日记账或银行存款日记账;

　　③根据相关的记账凭证,登记各种明细分类账;由于明细分类账的账页有许多的格式,如借贷余三栏式、多栏式、数量金额式等。在填写时,需要根据企业业务的多少选择适合的账页格式。

　　④月末作计提、摊销、结转记账凭证,对所有记账凭证进行汇总,编制记账凭证汇总表(或科目汇总表),根据记账凭证汇总表登记总账;

　　⑤结账、对账。做到账证相符、账账相符、账实相符;

　　⑥编制会计报表,做到数字准确、内容完整,并进行分析说明。

⑦将记账凭证装订成册,妥善保管。

2. 账簿的登记

1) 账簿的登记规则

为了保证会计账簿登录的正确性,物业收费员应严格依据《会计工作基础规范》(以下简称《规范》)第六十条规定的相关要求进行,登记会计账簿的基本要求是:

①准确完整。"登记会计账簿时,应当将会计凭证日期、编号、业务内容摘要、金额和其他有关资料逐项记入账内,做到数字准确、摘要清楚、登记及时、字迹工整。"每一项会计事项,一方面要记入有关的总账,另一方面要记入该总账所属的明细账。账簿记录中的日期,应该填写记账凭证上的日期;以自制的原始凭证,如收料单、领料单等,作为记账依据的,账簿记录中的日期应按有关自制凭证上的日期填列。登记账簿要及时,但对各种账簿的登记间隔应该多长,《规范》未作统一规定。一般说来,这要看本单位所采用的具体会计核算形式而定。

②注明记账符号。"登记完毕后,要在记账凭证上签名或者盖章,并注明已经登账的符号,表示已经记账。"在记账凭证上设有专门的栏目供注明记账的符号,以免发生重记或漏记。

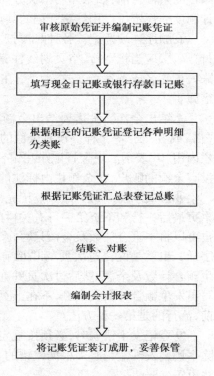

图 5.7 做账流程图

③文字和数字必须整洁清晰,准确无误。在登记书写时,不要滥造简化字,不得使用同音异义字,不得写怪字体;摘要文字紧靠左线;数字要写在金额栏内,不得越格错位、参差不齐;文字、数字字体大小适中,紧靠下线书写,上面要留有适当空距,一般应占格宽的1/2,以备按规定的方法改错。记录金额时,如为没有角分的整数,应分别在角分栏内写上"0",不得省略不写,或以"—"号代替。阿拉伯数字一般可自左向右适当倾斜,以使账簿记录整齐、清晰。为防止字迹模糊,墨迹未干时不要翻动账页。

④正常记账使用蓝黑墨水。"登记账簿要用蓝黑墨水或者碳素墨水书写,不得使用圆珠笔(银行的复写账簿除外)或者铅笔书写。"在会计的记账书写中,数字的颜色是重要的语素之一,它同数字和文字一起传达出会计信息。如同数字和文字错误会表达错误的信息,书写墨水的颜色用错了,其导致的概念混乱也不亚于数字和文字错误。

⑤特殊记账使用红墨水。"下列情况,可以用红色墨水记账:a. 按照红字冲账的记账凭证,冲销错误记录;b. 在不设借贷等栏的多栏式账页中,登记减少数;c. 在三栏式

账户的余额栏前,如未印明余额方向的,在余额栏内登记负数余额;d.根据国家统一会计制度的规定可以用红字登记的其他会计记录。"

⑥顺序连续登记。各种账簿按页次顺序连续登记,不得跳行、隔页。如果发生跳行、隔页,应当将空行、空页划线注销,或者注明"此行空白""此页空白"字样,并由记账人员签名或者盖章。这对堵塞在账簿登记中可能出现的漏洞,是十分必要的防范措施。

⑦结出余额。凡需要结出余额的账户,结出余额后,应当在"借或贷"等栏内写明"借"或者"贷"等字样。没有余额的账户,应当在"借或贷"等栏内写"平"字,并在余额栏内用"0"表示。现金日记账和银行存款日记账必须逐日结出余额。一般说来,对于没有余额的账户,在余额栏内标注的"0"应当放在"元"位。

⑧过次承前。每一账页登记完毕结转下页时,应当结出本页合计数及余额,写在本页最后一行和下页第一行有关栏内,并在摘要栏内注明"过次页"和"承前页"字样;也可以将本页合计数及金额只写在下页第一行有关栏内,并在摘要栏内注明"承前页"字样。也就是说,"过次页"和"承前页"的方法有两种:一是在本页最后一行内结出发生额合计数及余额,然后过次页并在次页第一行承前页;二是只在次页第一行承前页写出发生额合计数及余额,不在上页最后一行结出发生额合计数及余额后过次页。目前,流行的是第一种方法。

⑨登记发生错误时,必须按规定方法更正,严禁刮、擦、挖、补,或使用化学药物清除字迹。发现差错必须根据差错的具体情况采用划线更正、红字更正、补充登记等方法更正。

⑩定期打印。《规范》第六十一条对实行会计电算化的单位提出了打印上的要求:"实行会计电算化的单位,总账和明细账应当定期打印";"发生收款和付款业务的,在输入收款凭证和付款凭证的当天必须打印出现金日记账和银行存款日记账,并与库存现金核对无误。"这是因为在以机器或其他磁性介质储存的状态下,各种资料或数据的直观性不强,而且信息处理的过程不明,不便于进行某些会计操作和进行内部或外部审计,对会计信息的安全和完整也不利。

不同企业在建账的过程中所需要的账簿也不尽相同。总体而言,需根据企业规模、经济业务的繁简程度、会计人员的多少、采用的核算形式及电子化程度来确定。首先需要设置相关的总账和明细账,对于像物业公司这样的服务企业,需设置的总账业务较之工业企业和商品流通企业所需要设置的总账要少,但也需设置"现金、银行存款、短期投资、应收账款、其他应收款、存货、待摊费用、长期投资、固定资产、累计折旧、无形资产、开办费、长期待摊费用、短期借款、应付账款、其他应付款、应付工资、应付福利费、应交税金、其他应交款、应付利润、实收资本(股本)、资本公积、盈余公积、未分配利润、本年利润、营业收入、营业成本、营业外收入、营业外支出、以前年度损益调整、所得税"等。从账页格式来看,总账一般采用三栏式账簿。除此之外,明细分类账的设置也是根据物业公司这种服务企业管理需要和实用性来设置的。与工业企业和商品流通企业的情况基本相同,与上述不同的只是要设置营业费用明细账。但是,无论何种企业,都存在货币资金核算问题,为了加强对企业货币资金的管理,各单位一般应设置现金日记账和银行存款日记账两本日记账。下面将详细介绍两种日记账账簿。

2)现金日记账

(1)现金日记账的概念

现金日记账又称为"现金流水账",是根据时间顺序登记现金收付业务的序时账簿,现金日记账应由出纳员根据收付款凭证,按照业务发生的时间先后顺序逐日、逐笔登记,每日终了,应计算当日的现金收入合计数,现金支出合计数和结余数,其中本日结余数 = 上日结余数 + 本日收入(借方) − 本日支出(贷方)。然后将本日的结余数与实际的库存额相核对从而检查是否做到账实相符。

(2)现金日记账的格式

现金日记账除了采用常规的三栏式以外,也可以采用多栏式,也就是在收入和支出栏内进一步地设置对方科目。从账簿的外表形式来看,现金日记账一般都采用订本式账簿。

(3)现金日记账的登记要求

现金日记账的处理是物业收费员必须高度重视的一个环节,也是每个物业收费员应该认真做好的一项工作。登记现金日记账时,除了遵循上述账簿登记要求以外,还应注意以下几点:

①日期。现金日记账一般根据记账凭证填写,所以"日期"一栏也应填写编制记账凭证的日期,而不能填写登记账簿的日期,也不能填写原始凭证上记录的经济业务发生或者完成时的日期。

②凭证字号。"凭证字号"一栏应根据据以登记账簿的凭证类型和编号填写。而所选用的凭证类型和编号则由企业自行决定。例如,如果企业选用的是通用格式的记账凭证,则在登记现金日记账时,在凭证字号一栏填入"记×号";如果企业选用的是专用格式的记账凭证,那么在登记现金日记账时,根据现金收款记账凭证登记现金日记账时,填写"收×号",根据现金付款凭证登记时,则填入"付×号"。

③摘要。在填写"摘要"栏时,简洁明了地说明主要的经济业务即可。

④对方科目。为了能够清晰反映库存现金增减的来龙去脉,在现金日记账中,还设置了"对方科目"一栏。在填写"对方科目"栏时,应填入与会计分录中"库存现金"相对应的科目。但在填写时,应注意以下几点:

● "对方科目"只需填写总账科目,不需填写明细账科目。

● 如果在一笔经济业务中,与"库存现金"科目对应的有多个科目时,则只需填写主要的对应科目。例如,当物业公司需要代业主交水电费并收取一定比例手续费,在收到业主交来的现金时,在与"库存现金"相对应的科目则只需填写最主要的科目,也

现　金　日　记　账

第81号

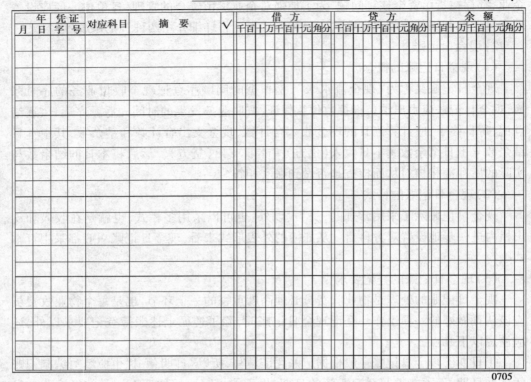

年		凭证		对应科目	摘　要	∨	借　方								贷　方								余　额							
月	日	字	号				千	百	十	万	千	百	十	元	角	分	千	百	十	万	千	百	十	元	角	分	千	百	十	万	千	百	十	元	角	分

0705

图 5.8　现金日记账账页格式

就是代缴的水电费，记作"代收款项"科目。

● 如果与"库存现金"相对应的多个会计科目无法分清主次时，则只需填写金额较大的那个会计科目，并在后面加上"等"字即可。

⑤借方、贷方。现金日记账中的"借方金额栏""贷方金额"栏则只需要根据记账凭证中的相关信息直接填入即可。

⑥余额。"余额"栏则根据"上行余额"+"本行借方金额"−"本行贷方金额"填写即可。一般情况下，现金日记账中的不允许出现贷方余额。现金日记账中余额一栏并未注明是借方或是贷方余额，默认为借方余额。如果企业在登记现金日记账的过程中，由于一些特殊原因，出现了贷方余额，则在此栏用红字登记，表示贷方余额。

（4）现金日记账的登账过程（以重庆佳居物业服务公司为例）

重庆佳居物业服务公司 2011 年 1 月发生下列现金收付业务：

①1 月 4 日，为各房屋业主和租住户代缴自来水费 20 000 元，按 2% 收取代办服务费为 400 元；公司应编制记账凭证第 001 号，如表 5.1 所示。

表 5.1 记账凭证填制实例

记账凭证

2011年1月4日 　　　　　　　　　　　　字第001号

摘　要	总账科目	明细科目	借方金额										贷方金额										记账符号
			千	百	十	万	千	百	十	元	角	分	千	百	十	万	千	百	十	元	角	分	
代缴全部业主自来水费	库存现金				2	0	4	0	0	0	0	0											
	代收款项	代收自来水费													2	0	0	0	0	0	0		
	主营业务收入	物业管理收入															4	0	0	0	0		
合计(大写)人民币贰万零肆佰圆整			¥	2	0	4	0	0	0	0			¥	2	0	4	0	0	0	0			

会计主管：　　　记账：　　　　出纳：　　　　审核：　　　　制单：

附件1张

②1月10日，为2号楼513室业主代办申请安装天然气设备，收取安装申请费5 000元，代办费200元。公司填写记账凭证第002号，如表5.2所示。

表 5.2 记账凭证填制实例

记账凭证

2011年1月10日 　　　　　　　　　　　字第002号

摘　要	总账科目	明细科目	借方金额										贷方金额										记账符号
			千	百	十	万	千	百	十	元	角	分	千	百	十	万	千	百	十	元	角	分	
代办安装天然气	库存现金					5	2	0	0	0	0	0											
	代收款项	代收天然气设备安装费														5	0	0	0	0	0		
	主营业务收入	物业管理收入															2	0	0	0	0		
合计(大写)人民币伍仟贰佰圆整			¥	5	2	0	0	0	0			¥	5	2	0	0	0	0				

会计主管：　　　记账：　　　　出纳：　　　　审核：　　　　制单：

附件1张

③1月10日,公司下属餐饮部当日营业收入为3 500元。公司应填写记账凭证003号,如表5.3所示。

④15日,办事员小刘采购办公用品500元,以现金付讫。公司应填制记账凭证004号,如表5.4所示。

表5.3 记账凭证填制实例

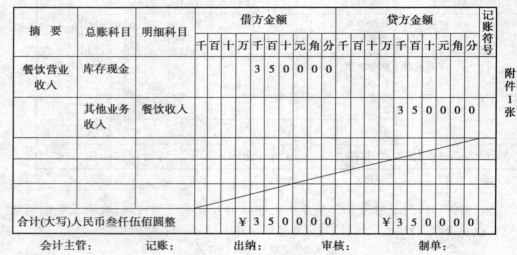

记账凭证

2011年1月10日　　　　　　　　　　　字第003号

摘　要	总账科目	明细科目	借方金额										贷方金额										记账符号
			千	百	十	万	千	百	十	元	角	分	千	百	十	万	千	百	十	元	角	分	
餐饮营业收入	库存现金						3	5	0	0	0	0											附件1张
	其他业务收入	餐饮收入															3	5	0	0	0	0	
合计(大写)人民币叁仟伍佰圆整					¥	3	5	0	0	0	0			¥	3	5	0	0	0	0			

会计主管:　　　记账:　　　出纳:　　　审核:　　　制单:

表5.4 记账凭证填制实例

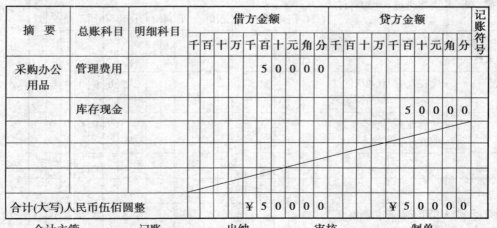

记账凭证

2011年1月15日　　　　　　　　　　　字第004号

摘　要	总账科目	明细科目	借方金额										贷方金额										记账符号
			千	百	十	万	千	百	十	元	角	分	千	百	十	万	千	百	十	元	角	分	
采购办公用品	管理费用							5	0	0	0	0											附件1张
	库存现金																	5	0	0	0	0	
合计(大写)人民币伍佰圆整						¥	5	0	0	0	0				¥	5	0	0	0	0			

会计主管:　　　记账:　　　出纳:　　　审核:　　　制单:

⑤15 日,收费员小王外出学习,预借差旅费 2 000 元。财务人员应填制记账凭证第 005 号,如表 5.5 所示。

⑥15 日,收到 4 号楼 3 单元 201 室业主交付的装修押金 1 000 元。公司应填制记账凭证第 006 号,如表 5.6 所示。

表 5.5 记账凭证填制实例

记账凭证

2011年1月15日　　　　　　　　　　　　　　字第005号

摘 要	总账科目	明细科目	借方金额										贷方金额										记账符号
			千	百	十	万	千	百	十	元	角	分	千	百	十	万	千	百	十	元	角	分	
预借差旅费	其他应收款	小王					2	0	0	0	0	0												
		库存现金															2	0	0	0	0	0		
合计(大写)人民币贰仟圆整						￥	2	0	0	0	0	0				￥	2	0	0	0	0	0	

会计主管:　　　记账:　　　出纳:　　　审核:　　　制单:

附件 1 张

表 5.6 记账凭证填制实例

记账凭证

2011年1月15日　　　　　　　　　　　　　　字第006号

摘 要	总账科目	明细科目	借方金额										贷方金额										记账符号
			千	百	十	万	千	百	十	元	角	分	千	百	十	万	千	百	十	元	角	分	
收到装修押金	库存现金						1	0	0	0	0	0												
	其他应付款	装修押金															1	0	0	0	0	0		
合计(大写)人民币壹仟圆整						￥	1	0	0	0	0	0				￥	1	0	0	0	0	0	

会计主管:　　　记账:　　　出纳:　　　审核:　　　制单:

附件 1 张

表 5.7 现金日记账的登记

现金日记账

2011年		凭证编号	摘要	借方										贷方										借或贷	余额										√
月	日			千	百	十	万	千	百	十	元	角	分	千	百	十	万	千	百	十	元	角	分		千	百	十	万	千	百	十	元	角	分	
1	1		期初余额																					借				2	4	5	2	0	0	0	
1	4	记1	代收自来水费				2	0	4	0	0	0	0											借				2	8	9	2	0	0	0	
1	4		本日合计				2	0	4	0	0	0	0											借				2	8	9	2	0	0	0	
1	10	记2	代收天然气设备安装费					5	2	0	0	0	0											借				3	4	1	2	0	0	0	
1	10	记3	主营业务收入					3	5	0	0	0	0											借				3	7	6	2	0	0	0	
1	10		本日合计					8	7	0	0	0	0											借				3	7	6	2	0	0	0	
1	15	记4	管理费用																5	0	0	0	0	借				3	7	1	2	0	0	0	
1	15	记5	其他应收款															2	0	0	0	0	0	借				3	5	1	2	0	0	0	
1	15	记6	其他应付款					1	0	0	0	0	0											借				3	6	1	2	0	0	0	
1	15		本日合计					1	0	0	0	0	0					2	5	0	0	0	0	借				3	6	1	2	0	0	0	
1	31		本期合计				3	0	1	0	0	0	0					2	5	0	0	0	0	借				3	6	1	2	0	0	0	
1	31		本年累计				3	0	1	0	0	0	0					2	5	0	0	0	0	借				3	6	1	2	0	0	0	
			过次页																																

表5.7就是现金日记账的内页格式和根据上述案例内容登记的结果（假设企业编制的是通用记账凭证）。

3）银行存款日记账

（1）银行存款日记账的概念

银行存款日记账作为一个企业重要的经济档案之一，是用来核算和监督每日银行存款的增加、减少和结存情况的账簿。它由出纳员根据审核后的银行存款收款凭证、付款凭证序时地逐日逐笔地进行登记。每日终了时，需要结出该账户的全日的银行存款的收入、支出合计数和结余（计算方法与现金日记账相同）。除此之外，还需要定期与银行对账单对账（核对方法是通过编制银行存款余额调节表来进行的，详见相关基础会计教材）。银行存款日记账应按企业在银行开立的账户和币种分别设置，每个银行账户设置一本日记账。

（2）银行存款日记账的格式

银行存款日记账的格式一般也为三栏式，也可以采用多栏式。但必须使用订本式账簿，见表5.8。

表5.8 银行存款日记账账页格式

银行存款日记账

11

2002年 月日	凭证 字号	摘要	对方科目	借方金额	贷方金额	余额	✓
6 1		期初余额				2340000	
2	2	付A材料货款与增值税	1201物资采购		1200000	1140000	
			2171应交税金		204000	936000	
5	4	缴纳上月应交税金	2171应交税金		520000	416000	
6	6	支付A、B材料运费	1201物资采购		15000	401000	
		与增税	2171应交税金		6500	400350	
9	7	购入不需安装的设备	1501固定资产		200000	200350	
11	8	收到甲产品货款	5101主营业务收入	2450000		2650350	
			2171应交税金	416500		3066850	
13	11	支付技工学校经费	5601营业外支出		30000	3036850	

（3）银行存款日记账的登记方法

银行存款日记账的登记方法与现金日记账基本相同。

（4）银行存款日记账登账过程（以重庆佳居物业服务公司为例）

重庆佳居物业服务公司 2011 年 3 月发生下列银行存款收付业务：

①18 日，对三号楼公共通道进行清洗，共花费 800 元，用银行存款付讫。公司应填制记账凭证第 001 号如表 5.9 所示。

表 5.9　记账凭证填制实例

记账凭证

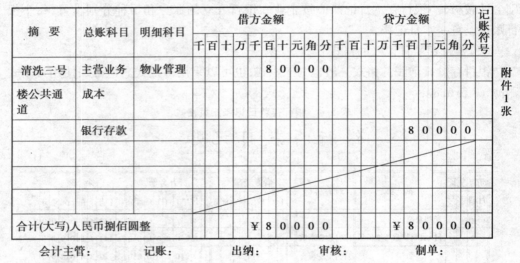

摘要	总账科目	明细科目	借方金额 千	百	十	万	千	百	十	元	角	分	贷方金额 千	百	十	万	千	百	十	元	角	分	记账符号
清洗三号楼公共通道	主营业务成本	物业管理					8	0	0	0	0													
		银行存款															8	0	0	0	0		
合计(大写)人民币捌佰圆整						¥	8	0	0	0	0					¥	8	0	0	0	0	

2011年3月18日　　　　　　　　　　　　　字第001号

附件1张

会计主管：　　　记账：　　　　出纳：　　　　审核：　　　　制单：

②20 日，佳居物业公司将小区内的环境绿化工作出包给芳草园林所管理，每月预付管理费 2 500 元。公司应填制记账凭证第 002 号如表 5.10 所示。

③25 日，用银行存款支付当月应支付的水电费共计 5 000 元。公司应填制记账凭证第 003 号如表 5.11 所示。

④30 日，经营业主委员会提供的停车场，当月收入为 30 000 元。公司应填制记账凭证第 004 号如表 5.12 所示。

⑤30 日，接受四号楼 313 室业主特约委托对该套二室二厅房屋进行装修，按照业主的装修要求该工程的承包者——某房屋装潢公司的工程预算为 50 000 元，按 2% 收取特约服务费 1 000 元，收到业主的款项时，公司应作记账凭证第 005 号如表 5.13 所示。

表 5.14 是企业在银行开设的人民币存款日记账的内页格式和根据上述内容登记的结果（假设企业编制的是通用记账凭证）。

表5.10 记账凭证填制实例

记账凭证

2011年3月20日　　　　　　　　　　　　字第002号

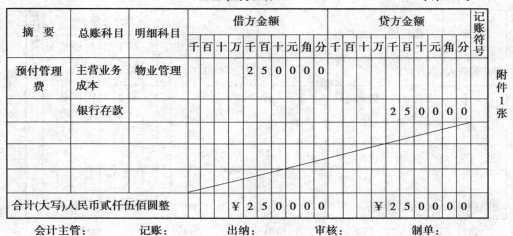

摘要	总账科目	明细科目	借方金额										贷方金额										记账符号
			千	百	十	万	千	百	十	元	角	分	千	百	十	万	千	百	十	元	角	分	
预付管理费	主营业务成本	物业管理					2	5	0	0	0	0											
		银行存款															2	5	0	0	0	0	
合计(大写)人民币贰仟伍佰圆整						¥	2	5	0	0	0	0			¥	2	5	0	0	0	0	

会计主管：　　　　记账：　　　　出纳：　　　　审核：　　　　制单：

附件1张

表5.11 记账凭证填制实例

记账凭证

2011年3月25日　　　　　　　　　　　　字第003号

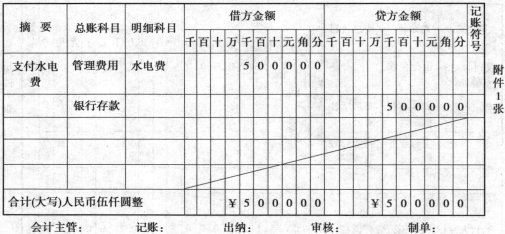

摘要	总账科目	明细科目	借方金额										贷方金额										记账符号
			千	百	十	万	千	百	十	元	角	分	千	百	十	万	千	百	十	元	角	分	
支付水电费	管理费用	水电费					5	0	0	0	0	0											
		银行存款															5	0	0	0	0	0	
合计(大写)人民币伍仟圆整						¥	5	0	0	0	0	0			¥	5	0	0	0	0	0	

会计主管：　　　　记账：　　　　出纳：　　　　审核：　　　　制单：

附件1张

表 5.12 记账凭证填制实例

记账凭证

2011年3月30日　　　　　　　　　　　　　　　字第004号

摘要	总账科目	明细科目	借方金额 千	百	十	万	千	百	十	元	角	分	贷方金额 千	百	十	万	千	百	十	元	角	分	记账符号
停车场收入	银行存款					3	0	0	0	0	0	0											
	主营业务收入	物业经营收入														3	0	0	0	0	0	0	
合计(大写)人民币叁万圆整			¥	3	0	0	0	0	0	0			¥	3	0	0	0	0	0	0			

附件1张

会计主管：　　　　记账：　　　　出纳：　　　　审核：　　　　制单：

表 5.13 记账凭证填制实例

记账凭证

2011年3月30日　　　　　　　　　　　　　　　字第006号

摘要	总账科目	明细科目	借方金额 千	百	十	万	千	百	十	元	角	分	贷方金额 千	百	十	万	千	百	十	元	角	分	记账符号
收到4#313室装修款	银行存款					5	1	0	0	0	0	0											
	其他应付款	某房屋装潢公司														5	0	0	0	0	0	0	
	主营业务收入	物业管理收入															1	0	0	0	0	0	
合计(大写)人民币伍万壹仟圆整			¥	5	1	0	0	0	0	0			¥	5	1	0	0	0	0	0			

附件1张

会计主管：　　　　记账：　　　　出纳：　　　　审核：　　　　制单：

表 5.14 银行存款日记账内页格式和登记示范

银行存款日记账

2011年 月	日	凭证编号	摘要	借方 千	百	十	万	千	百	十	元	角	分	贷方 千	百	十	万	千	百	十	元	角	分	借或贷	余额 千	百	十	万	千	百	十	元	角	分	√
3	1		期初余额																					借			4	2	0	0	4	8	0	0	
3	18	记1	主营业务成本																8	0	0	0	0	借			4	1	9	2	4	8	0	0	
3	20	记2	主营业务成本															2	5	0	0	0	0	借			4	1	6	7	4	8	0	0	
3	25	记3	管理费用															5	0	0	0	0	0	借			4	1	1	7	4	8	0	0	
3	30	记4	主营业务收入				3	0	0	0	0	0	0											借			4	4	1	7	4	8	0	0	
3	30	记5	其他应付款				5	1	0	0	0	0	0											借			4	9	2	7	4	8	0	0	
			过次页																																

3. 账目的核对和错账更正

为了保证现金日记账和银行存款日记账登记的正确性和真实性,总结所负责小区一定期间(月份、季度、年度)收支情况及其结果,物业收费员需要在一定期间进行账目核对、差错查找以及账目结算等工作。

1) 对账

对账就是核对账目。内容是将现金日记账和银行存款日记账中记录的有关数字与实际情况相核对。目的是保证"账证相符、账账相符、账实相符",也为物业公司财务人员汇总并进行下一步工作——编制会计报表提供正确、客观、可信的会计信息。物业收费员在对账的过程主要完成以下两个方面的工作:

(1) 现金日记账的核对

现金日记账的账证核对,主要是指现金日记账的记录与有关的收、付款凭证进行核对;其账账核对,则是指现金日记账与现金总分类账的期末余额进行核对;其账实核对,则是指现金日记账的余额与实际库存数额的核对。其具体操作方法如下:

①现金日记账与现金收付款凭证核对。收、付款凭证等记账凭证是登记现金日记账的依据,账目和凭证应该是完全一致的。但是,在记账过程中,由于工作粗心等原因,往往会发生重记、漏记、记错方向或记错数字等情况。账证核对要按照业务发生的先后顺序一笔一笔地进行。检查的项目主要是:核对凭证编号;复查记账凭证与原始凭证,看两者是否完全相符;查对账证金额与方向的一致性;检查如发现差错,要立即按规定方法更正,确保账证完全一致。

②现金日记账与现金总分类账的核对。现金日记账是根据收、付款凭证逐笔登记的,现金总分类账是根据收、付款凭证汇总登记的,记账的依据是相同的,记录的结果应该完全一致。但是,由于两种账簿是由不同人员分别记账,而且总账一般是由物业公司财务人员汇总登记,在汇总和登记过程中,都有可能发生差错;日记账是物业收费员一笔一笔地记录,记录的次数很多,也难免发生差错。因此,物业收费员应定期出具"出纳报告单"与公司财务部门总账会计进行核对。平时要经常核对两账的余额,每月终了结账后,公司财务部门总分类账各个科目的借方发生额、贷方发生额和余额都已试算平衡,一定要将总分类账中现金本月借方发生额、贷方发生额以及月末余额分别同现金日记账的本月收入(借方)合计数、本月支出(贷方)合计数和余额相互核对,查看账账之间是否完全相符。如果不符,先应查出差错出在哪一方,如果借方发生额出现差错,应查找现金收款凭证、银行存款付款凭证(提取现金业务)和现金收入一方的账目;反之则应查找现金付款凭证和现金付出一方的账目。找出错误后应立即按规定的方法加以更正,做到账账相符。

③现金日记账与库存现金的核对。物业收费员在每天业务终了以后,应自行清查账款是否相符。首先结出当天现金日记账的账面余额,再盘点库存现金的实有数,看

两者是否完全相符。在实际工作中,凡是有当天来不及登记的现金收、付款凭证的,均应按"库存现金实有数 + 未记账的付款凭证金额 − 未记账的收款凭证金额 = 现金日记账账存余额"的公式进行核对。反复核对仍不相符的,即说明当日记账或实际现金收、付有误。在这种情况下,物业收费员一方面应向物业公司财务部门主管会计人员报告,另一方面应对当天办理的收、付款业务逐笔回忆,争取尽快找出差错的原因。

（2）银行存款日记账的核对

银行存款日记账核对是通过与银行送来的对账单进行核对完成的,银行存款日记账的核对主要包括两点内容:一是银行存款日记账与银行收付凭证单相核对,做到账证相符;二是银行存款日记账与银行存款对账单相核对,做到账账相符。

①账证核对。收付凭证是登记银行存款日记账的依据,账目和凭证应该是完全一致的,但是在记账过程中,由于各种原因,往往会发生重记,漏记,记错方向或记错数字等情况。账证核对主要按照业务发生先后顺序一笔一笔进行,检查项目与现金日记账项目基本一致。

②账账核对。与现金日记账类似,银行存款日记账是物业收费员根据收付凭证等记账凭证逐项登记的,银行存款总账是物业公司财务部门主管会计人员是根据收付凭证汇总登记的,记账依据是相同的,记录结果应一致,但由于两种账薄是不同人员分别记账的,而且总账一般是汇总登记的,在汇总和登记过程中,都有可能发生差错。日记账是一笔一笔地记,记录次数多,难免会发生差错。平时是经常核对两账的余额,每月终了结账后,总账各科目的借方发生额,贷方发生额以及月末余额都已试算平衡,一定还要将其分别同银行存款日记账中的本月收入合计数,支出合计数和余额相互核对。如果不符,先应查出差错在哪一方,如果借方发生额出现差错,应查找银行存款收款凭证和银行存款收入一方的账目。反之,则查找银行存款付款凭证和银行存款付出一方的账目。找出差错,应立即加以更正,做到账账相符。

③账实核对。物业公司在银行中的存款实有数是通过"银行对账单"来反映的,所以照实核对是银行存款日记账定期与"银行对账单"核对,至少每月一次,这是物业收费员(或出纳)的一项重要日常工作。

理论上讲,"银行存款日记账"的记录对银行开出的"银行存款对账单"无论是发生额,还是期末余额都应是完全一致的,因为它是同一账号存款的记录,但是通过核对,会发现双方的账目经常出现不一致的情况。原因有两个:一是双方账目可能发生记录或计算上的错误,如单位记账是漏记,重记,银行对账单串户等,这种错误应由双方及时查明原因,予以更正。二是有"未达账项"。"未达账项"是指由于期末银行结算凭证传递时间的差异,而造成的银行与开户单位之间一方入账,另一方尚未入账的账项。无论是记录有误,还是有"未达账项",都要通过单位银行存款日记账的记录与银行开出的"银行存款对账单"进行逐笔核对才能发现。其具体做法是物业收费员根据银行提供的"对账单"同自己的"银行存款日记账"进行核对。核对时,需要对凭证的种类、编号、摘要、记账方向、金额、记账日期等内容进行逐项核对,凡是对账单与银行存款日记账记录内容相同的可用"√"在对账单和日记账上分别标示,以查明该笔业务核对一致;若有"未达账项",应编制"银行存款余额调节表"进行调节,使双方余额相等。(银行存款余额调节表的编制请参见基础会计教材)

2) 查账

如果物业收费员在登记账簿时发生记账错误,会造成库存现金日记账账面余额与库存现金与实有数额不相符,银行存款日记账账面余额与银行对账单的余额不相符等现象。不仅如此,也会使物业公司相关财务人员在处理后续账簿时发生总分类账试算不平衡或者总分类账和明细分类账账簿不平衡等现象。因此,物业收费员需要定期检查账簿登记是否错误,也就是所谓的查账。如果是在登记账簿的过程中发生错误,物业收费员在查账的过程中可选用九除法、二除法、复核法、顺查法和逆查法等进行查账。(查账的具体方法可参考基础相关基础会计教材)。

3) 结账

结账,是指把一定时期内应记入账簿的经济业务全部登记入账后,计算记录本期发生额及期末余额,并将余额结转下期或新的账簿。对于物业收费员而言,登记的账簿为现金日记账和银行存款日记账,按照相关规定,这两种账簿都必须按日结账。对其他账户,则需要按月、季、年结账。

(1)日结或月结

物业收费员应在该日、该月最后一笔经济业务下面画一条通栏单红线,在红线下"摘要"栏内注明"本日合计"或"本月合计"、"本月发生额及余额"字样,在"借方"栏、"贷方"栏或"余额"栏分别填入本日、本月合计数和月末余额,同时在"借或贷"栏内注明借贷方向。然后,在这一行下面再画一条通栏红线,以便与下日、下月发生额划清。

(2)季结

若其他账户进行季结时,通常在每季度的最后一个月月结的下一行,在"摘要"栏内注明"本季合计"或"本季度发生额及余额",同时结出借、贷方发生总额及季末余额。然后,在这一行下面画一条通栏单红线,表示季结的结束。

(3)年结

在第四季度季结的下一行,在"摘要"栏注明"本年合计"或"本年发生额及余额",同时结出借、贷方发生额及期末余额。然后,在这一行下面画上通栏双红线,以示封账。

另外需要注意的是,年度结账以后,总账和日记账应当更换新账,明细账一般也应更换。但有些明细账,如固定资产明细账等可以连续使用,不必每年更换。年终时,要把各账户的余额结转到下一会计年度,只在摘要栏注明"结转下年"字样,结转金额不再抄写。如果账页的"结转下年"行以下还有空行,应当自余额栏的右上角至日期栏的左下角用红笔划对角斜线注销。在下一会计年度新建有关会计账簿的第一行余额栏内填写上年结转的余额,并在摘要栏注明"上年结转"字样。

4)更正错账

物业收费员在登记账簿时应注意账簿记录应做到整洁,记账应力求正确。如果在对账和查账的过程中发现账簿记录有错误,应按规定的方法进行更正。更正错账的方法有:划线更正法、红字更正法、补充登记法。

(1)划线更正法

在结账以前,如果发现账簿记录有错误,而记账凭证没有错误,仅属于记账时文字或数字上的笔误,应采用划线更正法。更正的方法是:先将错误的文字或数字用一条红色横线划去,表示注销;再在划线的上方用蓝色字迹写上正确的文字或数字,并由相关人员在更正处盖章,以明确责任。但要注意划掉错误数字时,应将整笔数字划掉,不能只划掉其中一个或几个写错的数字,并保持被划去的字迹仍可清晰辨认。对于文字错误,可只划去错误的部分。

(2)红字更正法

红字更正法是指由于记账凭证错误而使账簿记录发生错误,而用红字冲销原记账凭证,以更正账簿记录的一种方法。红字更正法适用于以下两种情况:

①记账以后,物业收费员如果发现账簿记录的错误,是因记账凭证中的应借、应贷会计科目或记账方向有错误而引起的,应用红字更正法进行更正。更正的方法是:先用红字金额填写一张会计科目与原错误记账凭证完全相同的记账凭证,在"摘要"栏中写明"冲销错账"以及错误凭证的号数和日期,并据以用红字登记入账,以冲销原来错误的账簿记录;然后,再用蓝字或黑字填写一张正确的记账凭证,在"摘要"栏中写明"更正错账"以及冲账凭证的号数和日期,并据以用蓝字或黑字登记入账。

②如果应借、应贷的会计科目没有错误,但是发现记账凭证和账簿记录的金额有错误,并且所记金额大于应记的正确金额,应用红字更正法进行更正。更正的方法是:将多记的金额用红字填制一张记账凭证,而应借、应贷会计科目与原错误记账凭证相同,在"摘要"栏写明"冲销多记金额"以及原错误记账凭证的号数和日期,并据以登记入账,以冲销多记的金额。

③补充登记法。记账以后,如果发现记账凭证和账簿记录的金额有错误并且所记金额小于应记的正确金额,而应借、应贷的会计科目没有错误,应用补充登记法进行更正。更正的方法是:将少记的金额用蓝字或黑字填制一张应借、应贷会计科目与原错误记账凭证相同的记账凭证,在"摘要"栏中写明"补充少记金额"以及原错误记账凭证的号数和日期,并据以登记入账,以补充登记少记的金额。

任务指导 5.3   完成任务情景 5.3 中的工作任务。

目的:熟悉做账的要求,熟悉做账的相关规则。

步骤:第 1 步,仔细阅读任务情景 5.3;

第 2 步,进行分组讨论,现场交流。

提示:作为小区的物业收费员,每日登记账簿记录当日现金和银行存款的收支情况是必不可少的工作之一。每个负责登记账簿的人都应该熟悉账簿登记的相关要求及规则。

任务解决方法:首先,领导对小张提出的要求是正确的,作为物业收费员,该保证在登记账簿时,字迹清晰,特别是相关的数字等,以保证能正确地传递相关的经济业务的内容。其次,小张也应尽快熟悉公司对于登记账簿的相关要求和规则,努力练习,提升自己,以便能保证在做账的过程中,能正确传达所要记录的经济业务内容。

 活动 5.3   制订重庆佳居物业服务有限公司登记账簿相关细则。

目的:通过制订重庆佳居物业服务有限公司登记账簿相关细则活动,让学生了解在登账过程中应该注意的问题,明白清楚、准确登记账簿的关键性和重要性。

步骤:第 1 步,将全部学生分成小组进行活动,小组内再进行分工合作,各自负责自己的部分;

第 2 步,分组讨论,制定出相应的细则;

第 3 步,小组之间交换意见,各自取长补短。老师要对各组任务执行情况做记录和分析,并适时反馈任务执行的效果。

 技能实训 5.3   根据重庆佳居物业服务有限公司某一天的经济业务,练习登记现金日记账和银行存款日记账。

实训安排:首先,将学生分为两个小组,两个小组分别为对方模拟出至少十个经济业务以便登记日记账。然后,根据对方小组写出的经济业务,练习将其登记在现金日记账和银行存款日记账上。

注意:在登账的过程中,要注意按照登记账簿的相关规则,清楚、准确地反映所需记录的经济业务。

♟ 知识训练

(一)单项选择题

1.每日应将现金日记账与(   )核对,做到账款相符。

　A.库存现金　　　B.现金总分类账　C.收付款凭证　　　D.银行存款日记账

2.在结账时,发现所填制的记账凭证无误,但是现金日记账上数字填写错误,更正

时应采用(　　)

    A. 红字更正法　　B. 平行登记法　　C. 划线更正法　　D. 补充登记法

3. 在登记现金日记账时,如果经济业务发生的时间是 5 月 8 日,编制会计凭证的时间是 5 月 10 日,登记账簿的时间是 5 月 11 日,则账簿中的"日期"栏登记的时间为(　　)。

    A. 5 月 8 日　　　　B. 5 月 10 日　　　C. 5 月 11 日　　　D. 以上均可

(二)多项选择题

1. 对账的主要内容包括(　　)。

    A. 账实核对　　　B. 账证核对　　　C. 账表核对　　　D. 账账核对

2. 登记账簿的记账规则有(　　)。

    A. 准确完整　　　　　　　　B. 文字和数字必须整洁清晰,准确无误

    C. 可以使用圆珠笔书写　　　D. 不能挖补刮擦

3. 银行存款日记账的账簿类型有(　　)。

    A. 三栏式账簿　　　　　　　B. 多栏式账簿

    C. 数量金额式账簿　　　　　D. 订本式账簿

4. 更正错账时,应采用的方法主要有(　　)。

    A. 划线更正法　　B. 红字更正法　　C. 补充登记法　　D. 平行登记法

(三)判断题

1. 登记账簿时,只能用蓝黑墨水书写。(　　)

2. 为了防止重记或者漏记,记账后应在记账凭证上签名或者盖章,并注明记账符号。(　　)

3. 登记日记账时,"对方科目"一栏除了填写总分类科目以外,还必须填写明细分类科目。(　　)

 技能实训 5.4　　参考上述技能实训中登记的重庆佳居物业服务有限公司现金日记账和银行存款日记账相关内容。

实训要求:练习对现金日记账和银行存款日记账进行对账,如有错账,并进行错账更正。

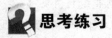 **思考练习**

(1)登记账簿的规则是什么?

(2)怎样登记现金日记账和银行存款日记账?两者之间有何区别?

(3)怎样对账和更正错账?

项目四 物业统计表

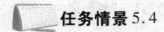

任务情景5.4

物业催缴 PK 业主催账

一方是物业公司向业主催缴物业费，一方是业主向物业公司催要上年度物业费收支明细。目前，某小区不少业主和收费员都在为物业费纠结。一周前，该小区业主李先生发帖称不交物业费最起码的理由是物业公司不公开物业费，"物业费 2.1 元/m²，小区住宅面积 15 万 m²，去年一年物业就收了 378 万。"业主们质疑，该小区是新建小区，需要花费的无非是物业办公、保安、保洁、绿化、路灯、电梯、监控、车库，公共设施都很新，且很多还都在开发商维护期，"要人帮忙买东西，给 10 块钱也得说声买啥了。378 万呢，没花完剩下的怎么处理，总得有个说法吧。"不少业主表态称不公示物业账目就不交物业费，"物业公司公示账目难，想让咱们交费就得更难。"一名业主称。昨天下午，该小区物业收费员称小区物业费收支情况的确没公开过，"小区去年才入驻，一直有业主要求物业费公开，但目前还在准备阶段，但最终肯定要公开，给业主一个交代。"

工作任务：

（1）月收支报表是什么？

（2）业主的做法是否合理？物业公司是否应该公示财务收支报表？

（3）财务收支报表应该怎么做？

知识讲解

1. 物业统计的概念和职能

1）物业统计的概念

"物业统计"这一概念在不同的场合有不同的解释。一般情况下是指物业统计工作、物业统计资料和物业统计学三种中的一种。本书中我们提到的物业统计主要是表示物业统计工作。物业统计工作，也称为物业统计实践，是指在实际工作中，对物业及相关领域现象方面的数据资料进行收集，整理，分析的活动过程。

物业统计工作一般包括以下几个阶段：数据调查—数据整理—数据分析与运用。

①数据调查是指有目的地搜集与物业管理有关的准确可靠的信息资料的工作过程。它是物业统计的基础环节，为接下来进行的数据整理和分析收集相关的资料，是数据整理和数据分析的前提。在进行数据调查的过程中，一定要注意数据或者信息的

准确性、及时性和完整性。只有通过统计调查阶段,使信息能够及时、准确和完整反映本调查单位的总体情况,才能确保物业统计工作的顺利展开。

②数据整理是将搜集到的原始资料进行加工,分组汇总,使其条理化,系统化,并形成统计报表等成果的过程。数据整理在整个物业统计的过程中起着承前启后的作用。

③数据分析是指在数据整理的基础上,运用科学的方法,理性地提示事物现象的总体本质的关键过程。并将数据结果作为重要的社会信息的妥善保存,有效利用、共享。统计分析的方法主要有大量观察法、统计分组法、综合指标法、归纳推断法和统计模型法。

物业统计的三个阶段是一个不可分割的整体。只有确保每一个阶段的工作质量,才能圆满地完成整个物业统计的工作。

2)物业统计的职能

在物业统计的过程中,统计并不是最终的目的,而是希望借助统计的结果帮助了解某种现象或者对某个事物有更进一步的认识。因此,在此过程中,物业统计应积极发挥自身的职能。物业统计的职能主要包括:信息职能、咨询职能、监督职能。

(1)信息职能

物业公司若想对某一项目进行科学的管理,首先需要对其有正确的认识。统计工作通过科学的方法,系统地采集、处理、传递和存储并最终提供全面、准确的数据或者信息,为物业公司制订计划、从事经营活动提供了保障。

(2)咨询职能

物业统计可以对收集的大量的统计信息资源进行科学的、有效的分析,为物业公司制订计划、从事经营活动提供了咨询意见和对策方案。

(3)监督职能

通过物业统计调查和分析,可以准确、及时地反映企业运行的状态。根据信息反馈可以评判和调整经营方案等,以便能全面、系统地对被统计对象进行监督、检查和预警,促使物业公司不断完善。

3)物业统计的特点

相对于其他工作,物业统计有以下特点:

①数量性。物业统计主要研究的是现象的数量方面,主要表现为量的多少、量与量之间的关系以及能够引起质变的数量界限等。例如,如果需要研究某物业管理项目的情况,可以统计该项目物业管理的量、经营收入、员工的人数和服务满意率等量的多少;也可以分析该物业项目量与成本、费用、收入等之间的关系;也可以分析该项目各经营指标是否达到了预期效果等。

②总体性。物业统计研究由许多个体组成的整体,一般不对单独个体进行研究。

③社会性。物业统计工作都是在整个社会大环境下进行的,会受到社会各种因素的影响。

2. 物业统计表

为了更好的认识相关统计资料,将调查得来的原始资料以表格的形式表现出来,称之为统计表。统计表主要有调查表、整理表和分析表 3 种形式,由于没有严格的细分,都将其统称为调查表。统计表并无统一固定的格式,企业根据自身业务需要进行设计。对物业公司而言,物业统计表的结构大致分为 3 个部分:

①表头:即总标题,包括表的名称、特征,位于上方中部。例:若公司需要编制月收支统计表,在表头则可注明。如表 5.15 所示即为重庆佳宛小区 04 栋 2011 年 7 月的月收支报表。

表 5.15 物业月收支报表

本月收入			本月支出		
序号	收入项目	金额/元	序号	支出项目	金额/元
01	单位住宅管理费	3 840.00	01	住宅装修押金	39 600.00
02	单位住宅水费	4 645.00	02	租赁保证金	38 800.00
03	单位住宅电费	4 409.00	03	水电费周转押金	8 120.00
04	车辆保管费	9 600.00			
05	公共用电分摊费	1 322.70			
06	排污水费分摊费	929.00			
07	有偿维修费	2 130.00			
08	临时罚款	300.00			
	合计	27 175.70		合计	86 520.00

制表人: 制表日期:

②表体:即物业统计表的主体部分,主要用数值及文字来表达物业公司希望出示给业主的一些收入和支出等方面的信息,如表 5.15 中所示的小区的物管费、公共用电分摊费、住宅装修押金等。这部分的内容会根据企业的不同服务项目和经济业务而有所不同。物业收费需要根据自己所负责小区的情况决定公示的主要项目及其金额等。

③表脚:填表人姓名、日期、说明、解释等。

3. 物业月收支报表的编制方法

物业收费员编制的物业统计表有物业费用收入统计表、物业费用支出统计表和物业费用月收支报表三类。

①在编制物业费用收入统计表时,物业收费员可以按照该小区的特点及其需求设置表格的格式以及收入的项目等。收入的项目可根据小区的特点和需求设置,一般需要设置物业服务费,代收的水电费、车库的管理费,电梯维修费,等等。金额则根据其明细表中总额填写,例如,如果编制的为月收入统计表,则在金额一栏直接填写当月的收入。在编制月收入统计表的时候需要注意的是,小区物管费、车辆保管的费用可以根据当月的收入直接填写。但是业主所用的水电费以及小区公摊的水电费则需按照计费周期的用量统计决定,因此,这些项目一般都是根据上一月份的金额总额来填写。

②物业费用支出表的表格形式及相关的填写方法基本与物业费用收入统计表一致,只是其中涉及的项目不同而已。

③物业费用月收支报表的格式会根据不同企业的形式和特点发生变化。但在填写物业费用月收支报表内容时,物业收费员一般根据月收入统计表和月支出统计表中设计的经费项目内容直接填写。

4. 月收支报表的编制过程

资料:××花园小区是一个有 4 栋楼阁的小型住宅物业小区楼盘,每栋楼阁为 10层,每层楼为 8 个单元户,问本小区物业收费员应如何编制水电费、物业服务费、租金、押金、滞纳金等多种费用的收支报表?为了简化资料,假设本月该收费员的收入和支出只涉及本小区的 01 栋楼,相关资料见表 5.16 和表 5.17。

(1)编制收入统计表

物业收费员需要按期(包括月度、季度、半年度和年度)将自己收取的费用,按照实际收入明细表对应编制相应的收入统计表。在编制时,应首先编制月度收入统计表,每季度末还要编制季度收入统计表,每半年度末还要编制半年度收入统计表,年末还要编制年度收入统计表但不编制半年度收入统计表。本书编制月度收入统计表,其他收入表编制方法类似。根据上述××花园小区 01 栋收入明细表可编制 2011 年 8 月实际收入统计表,见表 5.18。

需要注意的是,物业收费员在统计月收入报表时,是根据所需要的具体单元户的各费用项目在本月的收入情况中统计出来的。若在物业公司正常收费的情况下,应收年月为 2011 年 8 月,那么月收入报表的统计费用项目的计算时间区段则为 2011 年 8月 1 日至 2011 年 8 月 31 日;而其他费用项目如单位住宅水费、单位住宅电费、公共用电分摊费的计算则需要通过单位(公用)水电表的计费周期的度用量统计出来,所以单位住宅水费、单位住宅电费、公共用电分摊费等这些费用项目的计算时间区段则为 2011 年 7 月 1 日至 2011 年 7 月 31 日。

同理,可编制本小区 01 栋至 04 栋实际收入统计表。将 01 栋至 04 栋对应项目相加,即可得出整个××花园小区 2011 年 8 月的实际收入统计表。

表 5.16 ××花园小区 01 栋 2011 年 8 月实际收入明细表

楼阁名称	房屋编号	单位住宅管理费		单位住宅水费		单位住宅电费		公共用电分摊费		临时罚款
		区段	金额/元	区段	金额/元	区段	金额/元	区段	金额/元	金额/元
第 01 栋	01010101	2011-08 到 2011-08	120.00	2011-07 到 2011-07	123.00	2011-07 到 2011-07	100.00	2011-07 到 2011-07	30.00	30.00
	01010102	2011-08 到 2011-08	120.00	2011-07 到 2011-07	136.00	2011-07 到 2011-07	110.00	2011-07 到 2011-07	33.00	30.00
	01010103	2011-08 到 2011-08	120.00	2011-07 到 2011-07	156.00	2011-07 到 2011-07	115.00	2011-07 到 2011-07	34.50	
	01010104	2011-08 到 2011-08	120.00	2011-07 到 2011-07	145.00	2011-07 到 2011-07	130.00	2011-07 到 2011-07	39.00	30.00
	01010105	2011-08 到 2011-08	120.00	2011-07 到 2011-07	123.00	2011-07 到 2011-07	150.00	2011-07 到 2011-07	45.00	
	01010106	2011-08 到 2011-08	120.00	2011-07 到 2011-07	135.00	2011-07 到 2011-07	160.00	2011-07 到 2011-07	48.00	
	01010107	2011-08 到 2011-08	120.00	2011-07 到 2011-07	189.00	2011-07 到 2011-07	120.00	2011-07 到 2011-07	36.00	
	01010108	2011-08 到 2011-08	120.00	2011-07 到 2011-07	145.00	2011-07 到 2011-07	112.00	2011-07 到 2011-07	33.60	30.00
	01010201	2011-08 到 2011-08	120.00	2011-07 到 2011-07	132.00	2011-07 到 2011-07	100.00	2011-07 到 2011-07	30.00	
	01010202	2011-08 到 2011-08	120.00	2011-07 到 2011-07	144.00	2011-07 到 2011-07	110.00	2011-07 到 2011-07	33.00	30.00
	01010203	2011-08 到 2011-08	120.00	2011-07 到 2011-07	155.00	2011-07 到 2011-07	156.00	2011-07 到 2011-07	46.80	
	01010204	2011-08 到 2011-08	120.00	2011-07 到 2011-07	188.00	2011-07 到 2011-07	142.00	2011-07 到 2011-07	42.60	
	01010205	2011-08 到 2011-08	120.00	2011-07 到 2011-07	199.00	2011-07 到 2011-07	123.00	2011-07 到 2011-07	36.90	
	01010206	2011-08 到 2011-08	120.00	2011-07 到 2011-07	145.00	2011-07 到 2011-07	185.00	2011-07 到 2011-07	55.50	
	01010207	2011-08 到 2011-08	120.00	2011-07 到 2011-07	125.00	2011-07 到 2011-07	156.00	2011-07 到 2011-07	46.80	
	01010208	2011-08 到 2011-08	120.00	2011-07 到 2011-07	121.00	2011-07 到 2011-07	145.00	2011-07 到 2011-07	43.50	30.00
	01010301	2011-08 到 2011-08	120.00	2011-07 到 2011-07	123.00	2011-07 到 2011-07	120.00	2011-07 到 2011-07	36.00	
	01010302	2011-08 到 2011-08	120.00	2011-07 到 2011-07	125.00	2011-07 到 2011-07	155.00	2011-07 到 2011-07	46.50	
	01010303	2011-08 到 2011-08	120.00	2011-07 到 2011-07	145.00	2011-07 到 2011-07	133.00	2011-07 到 2011-07	39.90	
	01010304	2011-08 到 2011-08	120.00	2011-07 到 2011-07	132.00	2011-07 到 2011-07	144.00	2011-07 到 2011-07	43.20	30.00
	01010305	2011-08 到 2011-08	120.00	2011-07 到 2011-07	125.00	2011-07 到 2011-07	155.00	2011-07 到 2011-07	46.50	
	01010306	2011-08 到 2011-08	120.00	2011-07 到 2011-07	156.00	2011-07 到 2011-07	122.00	2011-07 到 2011-07	36.60	
	01010307	2011-08 到 2011-08	120.00	2011-07 到 2011-07	148.00	2011-07 到 2011-07	156.00	2011-07 到 2011-07	46.80	
	01010308	2011-08 到 2011-08	120.00	2011-07 到 2011-07	156.00	2011-07 到 2011-07	132.00	2011-07 到 2011-07	39.60	30.00
第 01 栋小计			2 880.00		3 471.00		3 231.00		969.30	240.00

单位:元

表 5.17 ××花园小区 01 栋 2011 年 8 月实际支出明细表

住户编号	付款单号	付款日期	住宅装修押金	租赁保证金
01010101_01	FK0000000067	2011-08-10	1 000. 00	1 000. 00
01010102_01	FK0000000068	2011-08-10	1 100. 00	1 100. 00
01010103_01	FK0000000069	2011-08-10	1 200. 00	1 200. 00
01010104_01	FK0000000070	2011-08-10	1 100. 00	1 500. 00
01010105_01	FK0000000071	2011-08-10	1 250. 00	1 200. 00
01010106_01	FK0000000072	2011-08-10	1 350. 00	1 300. 00
01010107_01	FK0000000073	2011-08-10	1 500. 00	1 400. 00
01010108_01	FK0000000074	2011-08-10	1 200. 00	1 000. 00
01010201_01	FK0000000075	2011-08-10	1 300. 00	1 500. 00
01010202_01	FK0000000076	2011-08-10	1 100. 00	1 300. 00
01010203_01	FK0000000077	2011-08-10	1 200. 00	1 400. 00
01010204_01	FK0000000078	2011-08-10	1 350. 00	1 200. 00
01010205_01	FK0000000079	2011-08-10	1 400. 00	1 300. 00
01010206_01	FK0000000080	2011-08-10	1 200. 00	1 000. 00
01010207_01	FK0000000081	2011-08-10	1 300. 00	1 500. 00
01010208_01	FK0000000082	2011-08-10	1 000. 00	1 000. 00
01010301_01	FK0000000083	2011-08-10	1 500. 00	1 100. 00
01010302_01	FK0000000084	2011-08-10	1 300. 00	1 300. 00
01010303_01	FK0000000085	2011-08-10	1 200. 00	1 400. 00
01010304_01	FK0000000086	2011-08-10	1 100. 00	1 200. 00
01010305_01	FK0000000087	2011-08-10	1 200. 00	1 000. 00
01010306_01	FK0000000088	2011-08-10	1 200. 00	1 500. 00
01010307_01	FK0000000089	2011-08-10	1 000. 00	
01010308_01	FK0000000090	2011-08-10	1 400. 00	1 600. 00
			29 450. 00	29 000. 00

表 5.18　物业月收入统计表

序　号	收入项目	金额/元
01	单位住宅管理费	2 880.00
02	单位住宅水费	3 471.00
03	单位住宅电费	3 231.00
04	公共用电分摊费	969.00
05	临时罚款	240.00
合　计		10 791.00

制表人：　　　　　　　　　　　　　　　　　制表日期：

（2）编制支出统计表

物业收费员需要按期（包括月度、季度、半年度和年度）将自己支出的费用，按照实际支出明细表对应编制相应的支出统计表。在编制时，应首先编制月度支出统计表，每季度末还要编制季度支出统计表，每半年度末还要编制半年度支出统计表，年末还要编制年度支出统计表，但不编制半年度支出统计表。此处仅编制月度支出统计表，其他支出表编制方法类似。根据上述××花园小区 01 栋实际支出明细表可编制 2011年 8 月实际收入统计表如表 5.19 所示。

表 5.19　物业月支出统计表

序　号	支出项目	金额/元
01	住宅装修押金	29 450.00
02	租赁保证金	29 000.00
合　计		58 450.00

制表人：　　　　　　　　　　　　　　　　　制表日期：

此处需要说明的是：物业收费员统计月支出报表，则需要把之前收取住户的各项押金和预收款项（如住宅装修押金、租赁保证金）在预定的应付时间点上回退给住户；收取这些费用时，作为取得收入期的收入；退还时，作为退还期的支出。本例中住宅装修押金、租赁保证金等是以前收取的，在收取时已作为收入处理，本月到期退还，作为支出。

同理可编制本小区 01 栋至 04 栋实际支出统计表。将 01 栋至 04 栋对应项目相加，即可得到整个××花园小区 2011 年 8 月的实际支出统计表。

（3）编制月收支报表

物业收费员每月末应根据当月的收入统计表和支出统计表，编制月收支报表，既便于物业收费员的自我核对和检查，也利于物业服务企业实施财务监管。物业收费员每月都必须编制当月的月收支报表。根据上述表 5.18 和表 5.19 的内容,则可编制××花园小区 01 栋 2011 年 8 月月收支报表,如表 5.20 所示。

表 5.20 物业月收支报表

本月收入			本月支出		
序号	收入项目	金额/元	序号	支出项目	金额/元
01	单位住宅管理费	2 880.00	01	住宅装修押金	29 450.00
02	单位住宅水费	3 471.00	02	租赁保证金	29 000.00
03	单位住宅电费	3 231.00			
04	公共用电分摊费	969.00			
05	临时罚款	240.00			
	合计	27 175.70		合计	58 450.00

制表人: 制表日期:

任务指导 5.4 完成任务情景 5.4 中的工作任务。

目的:熟悉物业收支报表的含义,编制财务收支报表的相关要求。

步骤:第 1 步,仔细阅读任务情景 5.4;

第 2 步,进行分组讨论,现场交流。

提示:事实上,物业的账单牵动多方神经。一方面是业主应享有的权利,一方面是物业应提供的服务;一方面是业主维权难的尴尬,一方面是物业说不出的苦衷。多起业主与物业之间的纠纷大多围绕着应公示账单中的内容。收支不透明是物业公司广遭质疑的主要原因。根据《物业管理条例》等相关规定,小区业主对物业收支有知情权,所以物业公司应该按照相关要求公示小区物业服务费用收支财务报表。而业主拒缴物业服务费并不能解决这个问题,这样只会激化双方的矛盾。

任务解决方法:小区应按照相关要求尽快将物业服务费用收支情况公示出来,但需要注意的是,并不能随意编制财务收支报表。必须要根据可靠的,令业主信服的数据来编制。小区业主在了解了相关的费用支出并觉得满意以后,也应尽快补缴上所欠物业服务费。

 活动 5.4 确定重庆佳居物业服务有限公司收支统计明细表项目内容。

目的:通过制订重庆佳居物业服务有限公司收支统计明细表项目内容活动,让学生尽快熟悉物业收费员这一岗位,明白财务收支统计表的重要性。

步骤:第 1 步,将全班分成业主组、资料准备组、收支统计明细表项目内容制订组。

业主组主要负责检查明细项目内容是否满足业主的需求;资料准备组主要做好资料准备,完成本职工作;收支统计明细表项目内容制订组主要负责完成明细项目内容的制定工作,并根据最后的反馈情况,进行完善总结;

第2步,进行资料、场地和材料准备;

第3步,分组讨论,得出结论。老师要对各组任务执行情况做记录和分析,并适时反馈任务执行的效果。

技能实训5.5　根据教材相关内容,设计重庆佳居物业服务公司新世纪小区的实收明细表、实付明细表及月收支统计表模板。

实训安排:第1步,以全班学生人数来设计;

第2步,搜集相关资料,例如不同小区各类统计表模板的不同之处;

第3步,参考教材相关模板,设计重庆佳居物业服务公司新世纪小区的实收明细表、实付明细表及月收支统计表模板。

提示:在编制的过程中,要注意其真实性,多考虑业主的需要。尽量将业主需要了解的各个项目考虑进去。

知识训练

(一) 单项选择题

1. 统计调查的要求不包括(　　)。

　A. 及时性　　　　B. 准确性　　　　C. 全面性　　　　D. 真实性

2. 有目的的搜集与物业管理有关的准确可靠的信息资料是(　　)。

　A. 数据调查　　　B. 数据分析　　　C. 数据运用　　　D. 数据整理

(二) 多项选择题

1. 物业统计包括以下哪几个阶段(　　)。

　A. 数据调查　　　B. 数据分析　　　C. 数据运用　　　D. 数据整理

2. 物业统计的职能有(　　)。

　A. 监督职能　　　B. 信息职能　　　C. 咨询职能　　　D. 反映职能

3. 物业统计不同于其他的特点有(　　)。

　A. 数量性　　　　B. 整体性　　　　C. 可靠性　　　　D. 社会性

4. 物业统计表一般包括以下哪几个部分(　　)。

　A. 附注　　　　　B. 表体　　　　　C. 表脚　　　　　D. 表头

5. 物业收费员需要编制的统计表有 (　　)。

　A. 物业费用收入统计表　　　　　　B. 物业费用支出统计表

　C. 物业费用月收支报表　　　　　　D. 资产负债表

(三)判断题

1.物业统计一般是对单独个体进行研究。 ( )

2.物业统计工作是指在实际工作中,对物业及相关领域现象方面的数据资料进行收集,整理,分析的活动过程。 ( )

3.物业收费员可以自行决定是否编制月收支报表,不必每月都编制。 ( )

 技能实训5.6 根据重庆佳居物业服务公司新世纪小区03栋2011年8月的实收明细表和实付明细表,试着编制月收支统计表。

实训安排:第1步,分析该小区3月实收明细表和实付明细表,统计出各项目总额;

第2步,根据两张明细表分别编制收入统计表和费用统计表;

第3步,根据月收入统计表和月支出统计表编制月收支统计报表。

提示:在编制的过程中,要注意其真实性,多考虑业主的需要。

表5.21 佳居物业公司新世纪小区03栋2011年8月实付明细表　　　　单位:元

楼盘名称	楼阁名称	住户编号	付款单号	付款日期	住宅装修押金	租赁保证金	水电费周转押金
重庆新世纪小区	第03栋	1010101	FK0000000102	2011-8-5	2 000.00	2 000.00	300.00
重庆新世纪小区	第03栋	1010102	FK0000000103	2011-8-5	1 800.00	1 600.00	200.00
重庆新世纪小区	第03栋	1010103	FK0000000104	2011-8-5	1 400.00	1 200.00	250.00
重庆新世纪小区	第03栋	1010104	FK0000000105	2011-8-5	1 500.00	1 700.00	320.00
重庆新世纪小区	第03栋	1010201	FK0000000106	2011-8-5	1 750.00	1 500.00	260.00
重庆新世纪小区	第03栋	1010202	FK0000000107	2011-8-5	1 850.00	1 400.00	300.00
……							
重庆新世纪小区	第03栋	1010404	FK0000000117	2011-8-5	2 000.00	1 800.00	230.00
重庆新世纪小区	第03栋	1010501	FK0000000118	2011-8-5	1 700.00	1 500.00	250.00
重庆新世纪小区	第03栋	1010502	FK0000000119	2011-8-5	1 500.00		280.00
重庆新世纪小区	第03栋	1010503	FK0000000120	2011-8-5	1 800.00		270.00
重庆新世纪小区	第03栋	1010504	FK0000000121	2011-8-5	1 950.00	1 200.00	300.00
重庆新世纪小区	第03栋	1010601	FK0000000122	2011-8-5	2 000.00	1 800.00	200.00
重庆新世纪小区	第03栋	1010602	FK0000000123	2011-8-5	1 700.00	1 500.00	260.00
重庆新世纪小区	第03栋	1010603	FK0000000124	2011-8-5	1 600.00	1 400.00	500.00
重庆新世纪小区	第03栋	1010604	FK0000000125	2011-8-5	1 600.00	1 400.00	230.00
合计					26 150.00	7 300.00	8 120.00

表 5.22　佳居物业公司新世纪小区 03 栋 2011 年 8 月实收明细表　　　单位:元

房屋编号	单位住宅管理费		单位住宅水费		单位住宅电费		车辆保管费		排污水费分摊费		有偿维修费
	区段	金额	区段	金额	区段	金额	区段	金额	区段	金额	金额
1010101	8-11	100.00	9-11	105.00	9-11	123.00	8-11	400.00	9-11	21.00	300.00
1010102	8-11	100.00	9-11	106.00	9-11	136.00	8-11	400.00	9-11	22.00	
1010103	8-11	100.00	9-11	107.00	9-11	156.00	8-11	400.00	9-11	23.00	180.00
1010104	8-11	100.00	9-11	108.00	9-11	145.00	8-11	400.00	9-11	24.00	
1010201	8-11	100.00	9-11	109.00	9-11	123.00	8-11	400.00	9-11	25.00	220.00
1010202	8-11	100.00	9-11	110.00	9-11	135.00	8-11	400.00	9-11	26.00	
1010203	8-11	100.00	9-11	111.00	9-11	189.00	8-11	400.00	9-11	27.00	200.00
1010204	8-11	100.00	9-11	112.00	9-11	145.00	8-11	400.00	9-11	28.00	
					……						
1010404	8-11	100.00	9-11	120.00	9-11	121.00	8-11	400.00	9-11	36.00	90.00
1010501	8-11	100.00	9-11	121.00	9-11	123.00	8-11	400.00	99-11	37.00	
1010502	8-11	100.00	9-11	122.00	9-11	125.00	8-11	400.00	9-11	38.00	
1010503	8-11	100.00	9-11	123.00	9-11	145.00	8-11	400.00	9-11	39.00	210.00
1010504	8-11	100.00	9-11	124.00	9-11	132.00	8-11	400.00	9-11	40.00	
1010601	8-11	100.00	9-11	125.00	9-11	125.00	8-11	400.00	9-11	41.00	
1010602	8-11	100.00	9-11	126.00	9-11	156.00	8-11	400.00	9-11	42.00	280.00
1010603	8-11	100.00	9-11	127.00	9-11	148.00	8-11	400.00	9-11	43.00	
1010604	8-11	100.00	9-11	128.00	9-11	156.00	8-11	400.00	9-11	44.00	300.00
		1 700.00		1 984.00		2 383.00		6 800.00		556.00	1 780.00

思考练习

(1)什么叫作物业统计?

(2)物业统计的全过程是怎样的?

(3)物业统计有何职能?

(4)怎样编制收支报表?

模块六　物业服务企业资金管理

教学目标：

能力要素	实作标准	知识要求
初识企业内部控制制度	能够理解企业内部控制的功能和重要性； 能够理解内部控制制度的设计原则	内部控制的含义； 内部控制的功能； 现代企业管理中内控制度的特殊重要性； 物业服务企业的内部控制制度的构建
物业服务企业收入与收入管理	对物业服务企业收入作出正确的判断； 能够理解货币资金内部控制制度； 按照现金的限额管理规定进行工作； 能够按规定对物业服务收入进行正确管理	物业服务企业收入的概念； 货币资金内部控制制度的重要内容； 现金限额的规定； 营业收入管理的要求
物业服务支出的认知与支出控制	对物业服务企业支出作出正确的判断； 能够按照现金支出管理制度进行工作； 能够对物业服务成本支出进行有效控制	物业服务企业支出的概念； 物业管理成本的分类； 现金的使用范围； 成本的日常管理
物业服务费用预算管理	能够对物业服务各项费用进行预算； 能够对物业服务各项费用的预算进行控制	各项物业服务费用的预算； 预算的基本要求； 预算编制和编制程序
专项维修资金的管理	对专项维修资金的筹集作出正确的认识； 能在物业服务工作中合理使用专项维修资金； 能够按规定有效管理专项维修资金	专项维修资金的概念； 专项维修资金的筹集原则； 专项维修资金的使用； 专项维修资金的管理

教学内容:

项目一　初识企业内部控制制度

任务情景 6.1

在刚过去的房地产市场调控年(2010年),万科企业股份有限公司(证券代码000002,以下简称万科)仍实现销售金额1 081.6亿元,同比增长70.5%,成为全国首个年销售额达到千亿级的住宅企业。

与此同时,旗下的北京和深圳两家子公司年销售额也突破百亿,共同刷新了国内住宅企业单个城市年销售额的历史纪录。

万科还是世界上最大的专业住宅开发企业,市值一度达到2 022亿元(2007年8月),超过了同期美国帕尔迪、霍顿房屋、莱纳、桑达克斯等四大房地产公司的市值总和。

更难能可贵的是,万科在取得骄人业绩的同时,始终保持着规范、透明的企业文化和稳健、专注的发展模式,连续7次获得"中国最受尊敬企业"称号。

工作任务:

请从万科公司的内控环境、风险评估、控制活动、信息与沟通、内部监督等方面来思考:在万科的商业成功中,内部控制发挥了什么样的作用?

知识讲解

1.内部控制制度的概念

(1)企业内部控制的概念

人类社会的各方面活动均需要进行调节与控制,大至一个国家的社会活动及经济活动需要控制,小至一个企事业单位的业务活动和收支也需要控制。控制,乃驾驭、支配之意,也就是使人类的一切活动处于掌握、支配之中,不超出一定的范围和界限。从当代管理学角度来解释,所谓控制即操作、管理、指挥、调节的意思。

内部控制是在内部牵制的基础上发展起来的。它早就存在于不同的管理活动之中,但作为一个概念,是在20世纪40年代才被提出和确认。在这以后,随着企业内部和外部的经营环境发生重大变化,促进和推动了内部控制各种方法和措施的全面研究和总结。最早给内部控制下定义的是美国执业会计师协会所属的审计程序委员会。1949年,该委员会提出:"内部控制包括组织的计划及该组织为保护其财产,检查其会计资料的准确性与可信性,提高经营效率,保证既定的管理政策得以实施而采取的所有方法和措施。"

内部控制是在一个单位中,为了实现经营目标,维护财产的安全完整,保证会计信息正确及时,遵守国家财经法规,贯彻经营决策、方针和政策,以及保证经济活动的经济性、效率性和效果性而形成的一种内部自我调整、制约和控制的系统。

（2）内部控制的基本特征

①全面性。内部控制是对单位一切业务活动的全面考核控制,并非是局部性控制。它不仅要控制考核财务、会计、资产、人事等政策计划执行情况,还要进行各种工作分析与作业研究,并提出改善措施。

②经常性。内部控制不是阶段性和突击性工作,它涉及各种业务的日常作业与各种管理职能的经常性检查考核。

③潜在性。在日常管理工作中,内部控制的行为表现并不十分明显,它隐藏与融会在一切作业工作之中。不论你采取何种管理方式,也不论发生何种业务事项,均潜在有控制意识和控制行为。

④关联性。在单位内部,任何控制工作,彼此之间都是相互关联的,一种控制行为成功与否均会影响到另一种控制行为,一种控制也许会导致另一种控制的加强,也许会导致另一种控制的取消,也许会增加或减弱另一种控制的效应。

（3）内部控制的功能

管理过程中的控制,是对人和物的控制,主要是对人的控制。在纵的方面,对职能部门施以控制;在横的方面,对管理机能施以控制。为促进各机构作业的健全合理、人与事、人与物的有效配合,使各自的机能与活动随时受整体目标、计划、方针、组织及经营准则的指导,构成综合连锁而且有相互牵制作用的集体活动。

①控制功能。一般所指的控制功能,是代表一种侦察、比较和改正的程序。即应建立某种反馈系统,首先应有规则地把某种实际状况(包括组织绩效和外界环境),反映给组织,并由管理人员对预期目标或标准作比较,如果比较结果其差异超出了一定的程度,则管理者必须查明原因,并采取改正行动,以保证实际行为及实际发展,不脱离原有目标的设计。控制并非仅仅是事后检查比较,这样往往会事过境迁,裨益不大;管理上的控制应十分注重事前和事中控制,希望在采取行动之前或当中,就能发生引导匡正的作用。

②防护职能。内部控制是以计划目标为依据的控制,单位管理部门所制订的总体计划、各类作业计划或者是长期计划、短期计划、处理业务程序等,均要经过控制部门对其具体内容的适当性,进行鉴定。如对销售、生产计划进行鉴定时,就要测试计划与单位既定政策目标是否相适应;计划是否真实与可靠;生产、销售、存量三者配合如何;生产日程、数量安排与实际资源是否相适应;成本与费用计算、控制程序等是否恰当。

③调节职能。内部控制是管理当局的一种职责,建立与维持适当的管理制度,应为最高管理或决策部门的重要任务。控制是为了制约标准的执行与平衡偏差,因此控

制的全部工作,应包括设计正确的标准、衡量实际绩效与标准的差异、提出正确分析、采取纠正偏差的措施、协助业务部门使其执行结果符合标准,等等。要保证管理目标的实现与达成控制目的,其关键是平衡偏差。平衡偏差应采取各种各样的调节方式,即要采取排除干扰、补偿干扰、自动平衡等调节方式。因此,内部控制不仅有防护职能,更重要的有调节职能,只有通过调节,才能达到监督考核与制约的目的。

④反馈职能。内部控制一般采取闭环控制的方式,无论是目标控制还是程序控制,均是闭环控制。闭环控制有利于各种信息的反馈,也就是说管理目标的执行、差异的存在及应采取的措施等能够及时准确地报告给有关管理者。在必要的情况下,有关的管理信息还可以报告给与单位有关的财政、税务、金融等部门及业务往来的单位。

(4)企业内部控制的基本目标

内部控制的基本目标是确保单位经营活动的效率性和效果性、资产的安全性、经营信息和财务报告的可靠性。

①有助于管理层实现其经营方针和目标。内部控制由若干具体政策、制度和程序所组成,它们首先是为了实现管理层的经营方针和目标而设计的。内部控制可以说渗透于一个单位经营活动的各个方面,只要单位内存在经营活动和经营管理的环节,就需要有相应的内部控制。

②保护单位各项资产的安全和完整,防止资产流失。保护资产一般指对本单位的现金、银行存款和其他货币资金、股票、债券等有价证券、商品、产品以及其他重要实物资产的安全和完整进行保护。

③保证业务经营信息和财务会计资料的真实性、完整性。对一个单位的管理层来说,要实现其经营方针和目标,需要通过各种形式的报告及时地占有准确的资料和信息,以便作出正确的判断和决策。

(5)企业内部控制基本规范

为了加强和规范企业内部控制,提高企业经营管理水平和风险防范能力,促进企业可持续发展,维护社会主义市场经济秩序和社会公众利益,财政部、证监会、审计署、银监会、保监会联合制定了《企业内部控制基本规范》,于 2008 年 6 月 28 日发布,自 2009 年 7 月 1 日起施行。

2. 构建物业服务企业的内部控制制度

1)内部控制制度设计重点

(1)以预防控制为主

内部控制制度的总体性质,是属于预防性控制。但在内部控制制度中也包括了部分事后查处性的控制。建立内部控制制度,主要是为了防止单位的经营管理发生无效益和不法行为。既要保证单位各项业务活动能正常地、有条不紊地运行,又要避免在运行中发生浪费、舞弊或混乱所带来的经济损失,它是一种事前控制手段。如单位中所实施的组织控制、人事控制、程序控制、纪律控制等都属于事前控制的性质,设计时应注重这一方面的内容。对于预防性控制力不能及的问题,还要辅以事后控制。从某种意义上说,事后控制就是检验预防控制效果的一种事后查处控制,如进行内部稽核和内部审计等。比较而言,事后控制比事前控制的耗费大得多,因为它要专门的机构和人员花专门的时间去进行检查;不像事前控制是各级管理人员在处理业务过程中完成的,也即是说各级管理人员只要按照制度的规定谨慎地处理问题,引起足够的注意,就可以达到预防控制的目的。内部控制制度设计,应以预防控制为主、以查处性控制为辅,这样就可以收到防患未然的效果,可以减少实施控制时的耗费,有利于提高控制效率与效益。

（2）注重体制牵制

组织机构控制是内部控制的基础控制,它是其他各项控制是否成功和有效的关键。以组织机构控制为重点,有利于充分发挥各部门和个人的作用,能调动单位的活力,直接达到控制人的目的。注重体制牵制,一定要按单位的经营环节、工作特点设置各职能部门,尽量做到机构精简;同时还要按职能机构区分管理对象、划分管理权限和范围,按岗位明确职责和分工等。

（3）注重程序制约

按照内部控制的观点,任何业务的处理必须经由授权、批准、执行记录、检查等控制程序,而且这些程序还应该交由不同的部门或个人去完成,任何个人不能独揽业务处理的全部过程,否则就达不到有效控制的目的。衡量一个单位的业务程序控制是否有效,主要在于考核该单位是否实施了严密的内部牵制。因此,内部控制制度设计,注重程序制约,其关键是要注重内部牵制组织的设计,不相容的职务一定要分离,以防止差错特别是舞弊的发生。在制度设计时,一定要严格规定所有业务的处理,必须取得合法的凭证;要规定凭证的处理程序与传递路线及其归属;明确规定业务记录与业务处理的程序要相互衔接、协调一致。

（4）注重责任牵制

内部控制制度,不仅要规定职能部门和有关个人处理业务的权限,还要明确规定其承担的相应责任。责任牵制是内部控制的核心问题,只谈职权,不负责任,则会紊乱无序。内部控制设计必须注重责任牵制设计。责任牵制,以体制牵制、程序制约为基础,在进行机构设置与岗位分工时,一定要明确各部门组织及上岗个人应承担的责任范围,并要规定追究、查处责任的措施与奖惩办法等。

企业的各项业务内容或资料,均在单位领导人及管理层的监督之中,并经常地予以检查考核。所以隐匿作弊的机会与可能性少得多,单位经营好坏与控制是否有效主要取决于经营者的个人能力或集团素质。当企业规模扩大,变动因素增加,如超越了任何个人的控制能量,则必须利用制度控制,方能达到严密监管的目的。用制度来代替直接的管理监督已成为现代庞大而复杂企业的自然趋势。从某种意义上讲,现代企业能否生存和发展,主要依赖不是一个或几个有才干的人,而是健全的、可以信赖的、并能产生预期效果的内部控制制度。

2) 内部控制制度设计原则

进行物业服务企业内部控制制度设计时,要遵循信息化原则、系统化原则与标准化原则。

(1) 信息化原则

控制总是和信息直接相关,正因为要获取正确信息和有效使用信息,才进行必要的控制。任何内部控制制度,都需要保证能产生正确信息,并保证信息畅通、信息反馈与利用。

①从制度上保证有效使用信息资源。每个单位都应建立系统的信息网络和信息情报中心,从组织机构、人员配备、工作程序上保证信息的搜集、贮存、加工、输出与使用。无论是涉及整个单位的制度,还是涉及个别部门的制度,都要有利于搜集充分而正确的信息,都要有利于信息的存在而不失真,都要有利于信息的分类筛选和加工,都要有利于各层次的管理人员根据各方面信息把握时机、进行正确决策、纠正工作中的缺陷。

②从制度上保证单位信息沟通。任何企业都是由人、财、物等多因素组成的经济综合体,它又由若干个子系统组成。无论是各个子系统的内部管理,还是它们之间的相互联系,都需要通过有关信息的交流沟通,达到物质和能量的合理流动,以放大企业所管理的系统的功效。应保证行政组织系统在人与人、组织与组织之间传达情况、交流思想方面的信息需要,如要通过上行沟通、下达沟通、平行沟通和斜向沟通等方式,以提高有关人员的信息接收能力,保持信道通畅与合理流向、流量,建立纵、横交错的科学网络,防止人浮于事、责权不明等。及早发现一些重大问题,做到防患未然。

③从制度上保证信息及时反馈。信息要有利于调整人的行为,发挥人的主观能动性,必须从制度上保证信息能得到及时反馈。反馈意指一去一回。决策的过程就是不断利用在管理的实践活动中反馈回来的信息,不断地控制、修正决策方案、措施,使之达到决策目标的过程。搞好信息反馈是搞好控制的首要前提。应用反馈的概念去分析和处理问题方法称反馈方法。

任何单位控制制度的设计,都要根据信息反馈过程及各阶段的特征,实行职能分立、职责分工、事务分管,以明确职责,保证信息提供与使用的正确与及时;都要建立业务处理与凭证传递的合理程序,以保证反馈过程的流畅,防止阻塞与呆滞,在反馈过程的关键点或平衡点实行最严格的控制手续,并建立经常性的核对制度,以避免和及时发现差错;要建立报告、分析制度,以便于采取纠正措施,调整人的行为。

（2）系统化原则

系统无处不有，无处不在，在进行内部控制制度设计时，一定要充分考虑系统的特性，以及利用系统哲学、系统管理和系统分析的方法。

①根据系统思想，进行制度规划。进行制度设计，首先要考虑到单位整体的需要。任何单位都是个系统整体，只有系统的制度，才能有利于适应其共性的需要；其次要考虑各子系统需要与协调，因为每个单位整体均是由相互联系、相互制约的各个部分与各个环节所组成的，各个组成因素既能体现整体共性又顽固地表现出自己的个性，而且都以特定的方式相互联系与相互制约，不照顾其个性需要，势必会破坏整体的稳定性；最后还要考虑整体系统适应外部环境的需要，因为任何单位均是以整体的方式与外部环境相互作用的，单位的制度体系应有利于抗干扰与自我适应。

②依据系统观点，设计制度功能。设计时首先应考虑制度整体优化，根据单位管理一般规律和发展的总趋势，勾画出整体制度的功能与应达到的目标，并根据多级递进性结构的框架，按不同层次设计不同的目标和程序；其次是应考虑制度个体的优化，根据管理层次与制度体系需要，确立制度的等级区域、元素与具体内容，根据任何一个元素变化和故障都会影响其他元素和整体的道理，设计各制度相互联系与相互作用的协调方式，使系统内每一项制度既能保证个别目标的实现，又能通过协调促成整体目标的实现。

③运用系统分析，设计制度结构。进行制度设计时，应充分考虑到单位的整体管理需要与整体联系，而不仅仅顾及个别管理需要与个别联系；不仅要分析个别制度的作用与其结果，而且要充分考虑整体制度的作用与其效应；不仅要分析内部机制变化和外部环境影响对合理制度的需要，而且要通过对行为和功能关系的分析来确定制度层次、制度元素、制度内容、制度联系与整合。

（3）标准化原则

如果说信息化原则是一种目标性原则，系统化原则是一种方法性原则，那么标准化原则是一种应用性的原则，也即是说内部控制制度能够在特定的组织中有效应用，在设计时就应该考虑到以下各项标准的要求。

①合法性。国家宏观控制与单位内部控制的目的是一致的，内部控制制度是在宏观指导下进行设计，并和宏观控制制度协调一致。因此，设计内部控制制度时，一定要以党和国家的各项方针、政策、法规、制度为依据，不得违法处理，以免遭受法律制裁。这样也有利于内部控制制度具有权威性和增加其约束力。

②适用性。内部控制制度必须符合管理者的需要，对其经营管理有用。各种控制制度不是装门面的广告，而应该是切实可行的规定，是管理者的控制工具。设计制度时，既要考虑到国家的要求，更要根据单位的经营特点与内外环境的实际情况。

③有效性。任何内部控制制度都要求能有效地防止错误与弊端的发生，产生效率

和效益。这不仅需要总体制度是有效的,而且需要各项具体制度也应该有明确的目的。因此,在制度设计中,应注意制度的严密性、协调性、适度性与简便性。制度的具体内容要严谨、完善、可靠、稳妥、紧凑衔接,不至于发生任何疏忽、遗漏和失控,也不会给不法分子以可乘之机,也不能给不忠于职守的人以推卸责任的机会。制度体系应相互协调一致,决不能顾此失彼、自相矛盾,既要有制约作用,又要有协调机制,以有利于整体功能发挥。控制要适度,过严会使管理活动失去生机,影响职工积极性的发挥;过宽又会引起运行机制失调,达不到控制目的。任何制度都要有利于管理者和职工群众的理解和执行,因此要简明扼要、方便易行、讲究实效。

④合理性。单位的内部控制制度要有利于提高工作效率和经济效益,因此,在设计时既要考虑到设计的经济性,又要考虑到执行时的效益性。设计制度一定要注意节省费用,更重要的是不要过于强调严密性和完善性,应尽量精简机构和人员,减少过繁的程序和手续,避免重复劳动和简化书面作业,实施后,能因工作简化,效率提高,而节省费用,增加收入。

⑤可容性。内部控制制度不仅要体现公认的管理原则,为单位外系统所接受;而且要体现一致性原则,即单位内部同类业务在不同部门、不同年度的处理要彼此一致和先后一贯;更重要的是内部控制制度的基本结构要保留相当的弹性,以增加其可容度。单位内控制度,虽然会因外部经济环境变动和内部业务改变而需要适时修正,但不能经常改变其基本结构框架,而破坏制度的稳定性和连续性。在最初设计时,要留有余地,以便适应未来的修订和补充。

3)物业服务企业内部控制设计方法

内部控制最重要、最有效的方法是职责划分,进行必要的分工,以避免一人包揽重要业务的全过程进行作弊。当一项工作由一个人处理时,必须由另外的人进行核对,如甲完成的工作,可由乙核对,经乙处理后,仍可交由甲核对。掌握这一方法,在设计单位各种管理办法与作业程序时,可以用少数人交叉相互核对彼此的工作结果,同样能达成减少差错、防止舞弊的目的。

因此物业服务企业实施内部控制,主要是看单位领导者能否认识到内部控制的重要性和能否直接参与主要的控制活动。物业服务企业根据单位主要经营业务和容易发生错弊的环节,采取的简单易行而有效的控制方法。主要内容有以下几个方面:

①物业服务收入控制。

②物业服务支出控制。

③物业服务费用预算控制。

④专项维修资金的控制。

任务指导 6.1　完成任务情景 6.1 中的工作任务。

目的:了解内部控制制度对一个企业发展的重要作用。

步骤：第 1 步，仔细阅读任务情景 6.1；

　　　第 2 步，查阅资料，了解万科公司的管理模式；

　　　第 3 步，现场交流，自由发言。

提示：

①内控环境。从首创"物业管理"模式，到全国第一个业主委员会；从"万客会"的成立，到近年来"建筑无限生活"品牌理念的提出；从"五十年后再回顾我们的产品，要对得起中国建筑史"，到成为致力于安全环保的"绿色企业"，都可以看出万科从满足现代人追求舒适、便利、完美的生活方式出发，自始至终为客户的各种合理需求提供尽善尽美的服务。万科在任用和选拔优秀人才时，一贯坚持"德才兼备、以德为先"，并把持续培养专业化、富有激情和创造力的职业经理队伍，作为公司创立和发展的一项重要使命。

②风险评估。1991 年底，万科的业务包括进出口、零售、房地产、投资、影视、广告、饮料、印刷、机加工、电气工程及其他等 13 大类。万科最终放弃了以综合商社为目标的发展模式，采纳了加速资本积累迅速形成经营规模的发展方针，确立以城市居民住宅为公司的主导业务，以城市中档居民为主，改变过去公寓、别墅、商场和写字楼什么都干的做法。

③控制活动。万科确定了快速开发、快速销售的经营战略，把握"不去圈地、不去捂盘、不去当地王"的"三不"原则，营销上要求："开盘当月销售 60% 以上"，定价上采取"按照购房者愿意接受的价格售出房屋"，保证了顺畅的销售速度，存货周转率也因此在行业内一直处于领先水平。公司通过加强集中采购、推行战略合作等采购模式和招投标、竞争性谈判等采购方式，并使用采购管理平台提升采购的效率和透明度。在实际操作中，公司使用成本管理软件，对项目运作全过程成本信息进行计划管理和动态跟踪记录。

④信息与沟通。万科在重大事项的报告与审议方面，建立了统一规范的报告渠道和方式。万科本着"与客户一起成长，让万科在投诉中完美"的价值观和客户理念，与客户进行良性互动。倡导合作共生共赢，通过第三方调查、定期沟通等多种渠道，与合作伙伴保持良好的合作关系。通过在公开网站和公司门户网站及时公告经营信息、设立投资者来访栏目和公开联系方式等，保证投资者及时了解公司的经营动态，通过互动加强对公司的理解和信任。

⑤内部监督。万科建立起涵盖总部、区域、一线三个层面的监督检查体系，由审计部、风险管理部、总部其他职能部门或聘请的第三方对各业务领域的控制执行情况进行定期与不定期的专项检查及评估，保证控制活动的存在并有效运行。

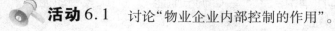

活动 6.1　　讨论"物业企业内部控制的作用"。

提示：内部控制主要是指内部管理控制和内部会计控制，内部控制系统有助于企业达到自身规定的经营目标。随着社会主义市场经济体制的建立，内部控制的作用会不断扩展。目前，它在经济管理和监督中主要有以下作用：

①提高会计信息资料的正确性和可靠性。企业决策层要想在瞬息万变的市场竞争中有效地管理经营企业，就必须及时掌握各种信息，以确保决策的正确性，并可以通过控制手段尽量提高所获信息的准确性和真实性。因此，建立内部控制系统可以提高会计信息的正确性和可靠性。

②保证生产和经营活动顺利进行。内部控制系统通过确定职责分工，严格各种手续、制度、工艺流程、审批程序、检查监督手段等，可以有效地控制本单位生产和经营活动顺利进行、防止出现偏差，纠正失误和弊端，保证实现单位的经营目标。

③保护企业财产的安全完整。财产物资是企业从事生产经营活动的物质基础。内部控制可以通过适当的方法对货币资金的收入、支出、结余以及各项财产物资的采购、验收、保管、领用、销售等活动进行控制、防止贪污、盗窃、滥用、毁坏等不法行为，保证财产物资的安全完整。

④保证企业既定方针的贯彻执行。企业决策层不但要制定管理经营方针、政策、制度，而且要狠抓贯彻执行。内部控制则可以通过制定办法，审核批准，监督检查等手段促使全体职工贯彻和执行既定的方针、政策和制度，同时，可以促使企业领导和有关人员执行国家的方针、政策，在遵守国家法规纪律的前提下认真贯彻企业的既定方针。

⑤为审计工作提供良好基础。审计监督必须以真实可靠的会计信息为依据，检查错误，揭露弊端，评价经济责任和经济效益，而只有具备了健全的内部控制制度，才能保证信息的准确，资料的真实，并为审计工作提供良好的基础。总之，良好的内部控制系统可以有效地防止各项资源的浪费和错弊的发生，提高生产、经营和管理效率，降低企业成本费用，提高企业经济效益。

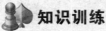 **知识训练**

（一）单项选择题

1.内部控制是在(　　)的基础上发展起来的。

　A.控制活动　　　　B.职责分工　　　　C.内部牵制　　　　D.作业程序

（二）多项选择题

1.内部控制的基本特征有(　　　)。

　A.全面性　　　　B.经常性　　　　C.潜在性　　　　D.关联性

2.内部控制的功能(　　)。

　A.控制功能　　　　B.防护职能　　　　C.调节职能　　　　D.反馈职能

（三）判断题

1.内部控制制度的总体性质，是属于预防性控制。　　　　　　　　　　(　　　)

技能实训6.1 根据技能实训1.1中重庆佳居物业服务有限责任公司的资料简介,思考:如果重庆佳居物业服务有限责任公司要制定内部控制制度,需要注意哪些方面的问题?

思考练习

(1)什么是内部控制?
(2)内部控制的功能有哪些?
(3)构建物业服务企业的内部控制制度的原则有哪些?

项目二 物业服务企业收入与收入管理

任务情景6.2

　　重庆佳居物业服务有限责任公司财务主管罗××的妻子张某,她一方面担任本单位的出纳,另一方面兼任一些行政部门需要的日常业务,并亲自办理取款、购买、报销等手续。支票等票据由会计保管,支取款项的印章都由总经理亲自保管。

　　工作任务:
　　(1)财务主管罗××的妻子可以担任公司出纳吗?
　　(2)取款、购买、报销等手续可以由张某一人完成吗?
　　(3)对于支取款项的印章都由总经理亲自保管的做法,你认为是否正确?

知识讲解

1.物业服务企业收入的认知

　　收入是指企业在日常活动中形成的、会导致所有者权益增加的、与所有者投入资本无关的经济利益的总流入。物业服务企业的营业收入是指物业服务企业从事物业管理和其他经营活动所取得的各项收入。

　　根据物业服务企业的经营特点及经营活动的内容,物业服务企业的营业收入一般划分为主营业务收入和其他业务收入。

　　(1)主营业务收入

　　主营业务收入,是指物业服务企业在从事物业管理活动中,为物业产权人、使用人提供维修、管理和服务所取得的收入,包括物业管理收入、物业经营收入和物业大修收入,其中以物业管理收入为主。物业管理收入是指企业向物业产权人、使用人收取的公共性服务费收入、公众代办性服务费收入和特约服务收入；物业经营收入是指企业经营业主管理委员会或者物业产权人、使用人提供的房屋建筑物和共用设施取得的收入，如房屋出租收入和经营停车场、游泳池、各类球场等共用设施收入；物业大修收入是指企业接受业主管理委员会或者物业产权人、使用人的委托，对房屋共用部位、共用设施设备进行大修取得的收入。

（2）其他业务收入

其他业务收入是指企业从事主营业务以外的其他业务活动取得的收入，包括中介代销手续费收入、材料物资销售收入、废品回收收入、商品用房经营收入及无形资产转让收入等。

①房屋中介代销手续费收入。物业服务企业在从事物业维修和服务的同时，受房地产开发商的委托，对其开发的房屋从事代理销售活动。在代销房屋过程中取得代销手续费。这种手续费收入，在物业企业称为房屋中介代销手续费收入。

②无形资产转让收入。固定资产的转让是指所有权的转让，其转让收益作营业外收入处理。无形资产转让形式即有所有权转让，也有使用权转让。因此会计上为简化核算，在无形资产转让时，均作为其他业务收入处理。

③材料物资销售收入：是指物业服务企业将不需用的材料物资对外出售所取得的收入。

④商业用房经营收入：是指物业服务企业利用业主管理委员会或者物业产权人、使用人提供的商业用房，从事经营活动所取得的收入。

2. 货币资金内部控制制度

货币资金是指单位在生产经营和组织经济业务中，处于货币形态的资产，具体表现为库存现金、银行存款、外埠存款、银行汇票存款、银行本票存款、信用卡存款和信用证保证金存款等。单位根据货币资金业务的特点，结合单位自身的经营管理实际，设计一套切实可行的货币资金控制制度和核算方法，对货币资金实施严密的管理，可防止不必要的损失，从而更有利于单位货币资金的管理和控制。

（1）职责分工和职权分离制度

货币资金收支应由出纳人员和会计人员分工负责、分别办理，职责分明、职权分离。应设置专职出纳员，负责货币资金的收支和保管、收支原始凭证的保管和签发、日记账的登记。会计不得兼任出纳；出纳不得兼任稽核、会计档案保管，不得兼管收入、费用、债券债务账目的登记工作。并且所有现金和银行存款的收付，都必须通过经办会计在审核原始凭证无误后填制记账凭证，然后由出纳员检查所附原始凭证是否完整后办理收付款，并在原始凭证上加盖"收讫"或"付讫"戳记。

（2）授权和批准制度

所有货币资金的经济活动必须按权限进行调查批准。单位各级工作人员，必须经过授权和批准,才能对有关的经济业务进行处理,未经授权和批准,不允许接触这些业务,这一控制方式使某些事件在发生时就得到控制。要规定各级管理人员的职责范围和业务处理权限,同时也要明确各级管理人员所承担的责任,使他们对自己的业务处理行为负责。审批人应当在授权范围内进行审批,不得超越审批权限;办理货币资金支付的经办财务人员应当忠于职守、廉洁奉公、遵纪守法、客观公正,按照审批人的批准意见办理货币资金业务;对于审批人超越授权范围审批的货币资金业务,经办财务人员有权拒绝办理。

（3）内部记录和核对制度

所有货币资金的经济业务必须按会计制度规定进行记录,并且各种收付款业务应集中到会计部门办理,任何部门和个人不得擅自出具收款或付款凭证。经济业务进行记录时,必须采取一系列措施和方法,按照规定的程序办理货币资金支付业务,把好支付申请、支付审批、支付复核三道关,以保证会计记录的真实、及时和正确。

出纳员要自觉进行经常性的对账工作,包括每日货币资金的账面数字和实际数字,应定期核对相符;每月末都要向银行索要各存款户的对账单,并编制银行存款余额调节表,调节未达账项。如调节不符,应查明原因,及时处理。内审人员应负责收支凭证和账目的定期审计和现金的突击盘点及银行账的定期核对。

（4）安全制度

对货币资金须有健全的保护措施,有专人负责保管,有专人进行内部监督。货币资金收付和保管只能由出纳员负责,其他任何人员(包括单位负责人)非经单位领导集体特别授权,不得接触货币资金。出纳员应对购入票证及时登记、统一编号、妥善保管。开具时必须按编号顺序连续使用,对已经使用和作废的支票要在登记簿上作详细记录,作废票证应加盖"作废"章,全份保存,并详细登记,由领用人员签名作证。银行预留印鉴分别由两人掌管,财务专用章由出纳员保管,公司总经理私章由财务部指定专人保管。建立复核制度,定期审查有关凭证的填制、记账及算账工作。

（5）严密的收支凭证和传递手续

货币资金的收支事项,均应有一定的收支凭证和传递手续,使各项业务按正常渠道运行。每笔收款都要开票;每笔支出都应有单位负责人审批、会计主管审核、会计人员复核;尽可能使用转账结算,现金结算的款项应及时送存银行。出纳员收妥每笔款项后应在收款凭证上加盖"收讫"章;支付每一笔款项都应以健全的凭证和完备的审批手续为依据,付款后,须在付款凭证上加盖"付讫"章。

（6）严格执行规章制度

严格执行国务院颁布的《现金管理暂行条例》,按国家规定的用途使用现金,在允许的现金开支范围内进行现金支付;取得的货币资金收入应按规定及时存入银行,遵守关于库存现金限额的规定,并不得坐支现金,不得私设"小金库",不得账外设账,严禁收款不入账;严格执行《银行结算制度》,不得开具空头支票和空白支票,不得出借银行存款账户。建立对货币资金业务的监督检查制度,明确监督检查机构或人员的职责权限,定期和不定期地进行检查。

3. 现金的限额管理

现金的限额是指国家规定由开户银行给各单位核定一个保留现金的最高额度。核定单位库存限额的原则是,既要保证日常零星现金支付的合理需要,又要尽量减少现金的使用。开户单位由于经济业务发展需要增加或减少库存现金限额,应按必要手续向开户银行提出申请。

(1)库存现金限额的核定管理

为了保证现金的安全,规范现金管理,同时又能保证开户单位的现金正常使用,按照《现金管理暂行条例》及实施细则规定,库存现金限额由开户银行和开户单位根据具体情况商定,凡在银行开户的单位,银行根据实际需要核定3~5天的日常零星开支数额作为该单位的库存现金限额。边远地区和交通不便地区的开户单位,其库存现金限额的核定天数可以适当放宽在5天以上,但最多不得超过15天的日常零星开支的需要量。

①单位实行收支两条线,不准"坐支"现金。所谓"坐支"现金是指企业事业单位和机关、团体、部队从本单位的现金收入中直接用于现金支出。各单位现金收入应于当日送存银行,如当日确有困难,由开户单位确定送存时间,如遇特殊情况需要坐支现金,应该在现金日记账上如实反映坐支情况,并同时报告开户银行,便于银行对坐支金额进行监督和管理。

②企业送存现金和提取现金,必须注明送存现金的来源和支取的用途,且不得私设"小金库"。

③现金管理"八不准"。按照《现金管理暂行条例》及其实施细则规定,企业事业单位和机关团体部队现金管理应遵循"八不准"即:

a. 不准用不符合财务制度的凭证顶替库存现金;

b. 不准单位之间互相借用现金;

c. 不准谎报用途套取现金;

d. 不准利用银行账户代其他单位和个人存入或支取现金;

e. 不准将单位收入的现金以个人名义存入储蓄;

f. 不准保留账外公款;

g. 不准发行变相货币;

h. 不准以任何票券代替人民币在市场上流通。

(2)库存现金限额的核定具体程序

库存现金限额每年核定一次,经核定的库存现金限额,开户单位必须严格遵守。

其核定具体程序为：

①开户单位与开户银行协商核定库存现金限额。

$$库存现金限额 = 每日零星支出额 × 核定天数$$

每日零星支出额 = 月（或季）平均现金支出额（不包括定期性的大额现金支出和不定期的大额现金支出）/月（或季）平均天数

②由开户单位填制"库存现金限额申请批准书"。

③开户单位将申请批准书报送单位主管部门，经主管部门签署意见，再报开户银行审查批准，开户单位凭开户银行批准的限额数作为库存现金限额。首先，填制现金库存限额申请批准书；然后，报送开户银行签署审查批准意见和核定数额。库存现金限额经银行核定批准后，开户单位应当严格遵守，每日现金的结存数不得超过核定的限额。如库存现金不足限额时，可向银行提取现金，不得在未经开户银行准许的情况下坐支现金；库存现金限额一般每年核定一次，单位因生产和业务发展、变化需要增加或减少库存限额时，可向开户银行提出申请，经批准后，方可进行调整，单位不得擅自超出核定限额增加库存现金。

4. 物业服务收入管理

（1）营业收入管理

《企业会计准则》规定："企业应当合理确认营业收入的实现，并将已实现的收入按时入账""企业应当在发出商品、提供劳务，同时收讫价款或者取得索取价款的凭证时，确认营业收入""长期工程（包括劳务）合同，一般应根据完成进度法或者完成合同法合理确认营业收入。"由此可见，营业收入的实现主要有两个明显标志：商品产品已经发出或者是劳务已经提供；价款已经收到或者得到了收取价款的凭证。在实际工作中，又与货款的结算方式有着密切的关系。

①在交款服务的情况下，营业收入的确认采取交款服务的方式，服务费收讫，发票账单已交给交款人，营业收入则被确认。

②在预收服务费的情况下，营业收入的确认采取定期预收服务费的，应在物业服务企业已提供某一阶段服务（一般以月度为计算期）后作为收入的实现，这时服务费已收，服务已提供。

③在分期收款方式情况下，营业收入的确认采取分期收款方式，按提供物业管理服务的合同约定的收款日期作为营业收入的实现。在这种方式下，服务已提供，服务费要按合同到期日收款。到了合同收款日，物业服务企业才取得收取这部分服务费的权利，确定收入实现。出租房租金收入，应按合同（租约）规定的付租日期和金额，确认租金收入的实现。合同（租约）规定的收款日期已到，承租方未付租金的，仍应视为租金收入实现。

④在托收承付结算方式的情况下,营业收入的确认采用托收承付结算的方式,在劳务已提供,或商品已发出,并已将发票账单提交银行办妥托收手续后作为收入的实现。

(2)营业外收入管理

对公司固定资产盘盈、处置固定资产、罚款收入等计入营业外收入,应由公司统一申请报批、处理,并由公司直接记录、反映。

任务指导6.2 完成任务情景6.2中的工作任务。

目的:掌握货币资金内部控制的相关制度。

步骤:第1步,仔细阅读任务情景6.2;

第2步,进行分组讨论,现场交流。

提示:

(1)财务部经理的妻子担任出纳,违背了回避制度规定。因为《内部会计控制规范—基本规范》规定,单位负责人直系亲属(也应该包括配偶)不得担任单位财务部门经理,财务部门经理的直系亲属不得担任出纳工作。公司应该另行安排出纳人员。

(2)出纳人员不应该同时办理购买、付款、报销等全过程事务,因为这种做法违背了禁止同一部门或者个人办理某一业务全过程的规定。应该将相关工作交由不同人员办理,以实现相互制约和监督。

(3)支取款项的印章不应该由总经理一个人保管。因为货币资金内部控制规范要求,单位财务专用章应该由专人保管,个人印章由其本人或授权人员保管,禁止将支取款项的所有印章交由一个人保管。正确的做法应该是由出纳、财务部主管、总经理等相关人员分别保管。

活动6.2 制订重庆佳居物业服务有限公司收入管理制度。

目的:通过制订"重庆佳居物业服务有限公司收入管理制度"的活动,让学生体会到一个企业应该从哪些方面对企业的收入进行管理,应重点注意些什么内容。

步骤:第1步,将全班分成评委组、资料准备组、收入管理制度制订组。评委组主要负责制定评分标准,当好评委;资料准备组主要做好资料准备,完成本职工作;收入管理制度订组主要做好收入管理制度的制订工作,并做好事后总结工作;

第2步,进行资料、场地和材料准备;

第3步,分组讨论,得出结论。老师要对各组任务执行情况做记录和分析,并适时反馈任务执行的效果。

技能实训6.2 讨论:固定资产盘盈、处置固定资产、罚款收入能够称为企业的营业收入吗?

提示:不能。因为按照收入的定义,收入是指企业在日常活动中形成的、会导致所有者权益增加的、与所有者投入资本无关的经济利益的总流入。物业服务企业的营业收入是指物业服务企业从事物业管理和其他经营活动所取得的各项收入。所以,固定资产盘盈、处置固定资产、罚款收入等应该计入企业的"营业外收入",而不是营业收入。

 知识训练

(一)单项选择题

1.物业服务企业的其他业务收入不包括( )。

  A.中介代销手续费收入　　　　　　B.材料物资销售收入

  C.物业管理收入　　　　　　　　　D.废品回收收入

2.根据货币资金内部控制制度,出纳员不能负责的工作是( )。

  A.货币资金的收支和保管　　　　　B.日记账的登记

  C.会计工作　　　　　　　　　　　D.收支原始凭证的保管和签发

(二)多项选择题

1.物业服务企业的主营业务收入主要包括下面哪些( )。

  A.物业管理收入　　　　　　　　　B.物业经营收入

  C.物业大修收入　　　　　　　　　D.废品回收收入

(三)判断题

1.所有现金和银行存款的收付,都必须通过经办会计在审核原始凭证无误后填制记账凭证,然后由出纳员检查所附原始凭证是否完整后办理收付款,并在原始凭证上加盖"收讫"或"付讫"戳记。　　　　　　　　　　　　　　　　　　( )

2.企业取得的货币资金收入应按规定及时存入银行,遵守关于库存现金限额的规定,并不得坐支现金,不得私设"小金库",不得账外设账,严禁收款不入账。　( )

3.按照《现金管理暂行条例》及实施细则规定,凡在银行开户的单位,银行根据实际需要核定6~10天的日常零星开支数额作为该单位的库存现金限额。　( )

 技能实训6.3 请根据技能实训1.1中重庆佳居物业服务有限责任公司的资料简介,拟订一份重庆佳居物业服务有限责任公司货币资金内部控制制度。

思考练习

（1）物业服务企业收入包括哪些方面？
（2）货币资金内部控制制度的内容？

项目三　物业服务支出的认知与支出控制

任务情景 6.3

新来的物业管理员小宋对"固定成本随着物业服务企业所接管物业数量的变动成反比变动"这句话不理解，请你向他解释清楚。

知识讲解

1. 物业服务企业支出的认知

1）物业服务企业支出的概念

企业在从事物业管理活动中，为物业产权人、使用人提供维修、管理和服务等过程中发生的各项支出，按照国家规定计入成本、费用。物业服务企业支出也即物业管理成本，物业管理成本由营业成本和经营管理费用两部分构成。

（1）营业成本

营业成本是企业在从事物业管理活动中发生的各项直接支出，它包括直接人工费、直接材料费和间接费用等。

①直接人工费，包括企业直接从事物业管理活动等人员的工资、奖金及职工福利费等。

②直接材料费，包括企业在物业管理活动中直接消耗的各种材料、辅助材料、燃料和动力、构配件、零件、低值易耗品、包装物等。

③间接费用，包括企业所属物业管理单位管理人员的工资、奖金及职工福利费、固定资产折旧费及修理费、水电费、取暖费、办公费、差旅费、邮电通讯费、交通运输费、租赁费、财产保险费、劳动保护费、保安费、绿化维护费、低值易耗品摊销及其他费用等。

（2）经营管理费用（期间费用）

经营管理费用是物业服务企业在提供物业管理服务过程中发生的，与物业管理服务活动没有直接联系，属于某一会计期间耗用的费用。

①管理费用：物业服务企业行政管理部门为管理和组织物业管理服务活动而发生

的各项费用,包括公司经费、工会经费、职工教育经费、劳动保险费、待业保险费、董事会费、咨询费、审计费、诉讼费、排污费、绿化费、税金、土地使用费、土地损失补偿费、技术转让费、技术开发费、无形资产摊销、开办费摊销、业务招待费、坏账损失、存货盘亏、毁损和报废(减盘盈)损失以及其他管理费用等(注:实行一级成本核算的物业服务企业,营业成本中可不设间接费用,直接将间接费用全部计入管理费用)。其中:

a. 公司经费:包括公司总部管理人员的工资、奖金及职工福利费、差旅费、办公费、折旧费、修理费、物料消耗、低值易耗品摊销及其他公司经费等。

b. 劳动保险费,是指公司支付离退休职工的退休金、价格补贴、医药费、职工退职金、6个月以上病假人员工资、职工死亡丧葬补助费、抚恤金、按规定支付给离退休干部的各项经费等。

c. 董事会费,是指公司最高权力机构,如董事会及其成员为履行职责而发生的各项费用,如差旅费、会议费等。

d. 税金,是指企业按规定支付的房产税、车船使用税、土地使用税、印花税等。

e. 无形资产摊销,是指专利权、商标权、著作权、土地使用权、专利技术等无形资产的摊销。

②财务费用,是指物业服务企业为筹措资金而发生的各项费用,包括:

a. 利息净支出,是指公司在经营期间发生的各项债务的利息支出减去利息收入后的净额;

b. 汇兑净损失(汇兑收益减去汇兑损失),是指已经收入的外币资金在使用时、已经发生的外币债权和债务在偿还时,由于时间和汇率的不同而发生的折合为记账本位币的净损失,以及不同货币之间的买卖、兑换,由于实际兑换的汇率与账面或记账汇率的不同而发生的净损失;

c. 金融机构手续费,是指公司为筹资和办理各种结算业务而支付给银行和非银行金融机构的各种手续费;

d. 公司筹资发生的其他财务费用。

关于物业管理成本的构成或开支范围,《物业服务企业财务管理规定》和《施工、房地产开发企业财务制度》还有以下特别规定:

• 物业服务企业经营共用设施设备,支付的有偿使用费,计入营业成本;

• 物业服务企业支付的管理用房有偿使用费,计入营业成本或管理费用;

• 物业服务企业对管理用房进行装饰装修发生的支出,计入递延资产,在有效使用期限内,分期摊入营业成本或管理费用;

• 发生的坏账损失,计入管理费用;

• 按现行财务制度的规定,不得列入营业成本的支出主要有:购置和建造固定资产、无形资产和其他资产的支出;对外投资支出;被没收的财产,支付的滞纳金、罚款、违约金、赔偿金,以及企业的赞助、捐赠支出;国家法律、法规规定之外的各种付费;国家规定不得列入成本、费用的其他支出。

2)物业管理成本的分类

物业服务企业的成本内容繁杂,为了加强企业对成本的管理,加深对其成本的认识,有必要以不同标准对物业管理成本进行分类。

(1)按照经济性质分类

按照成本的经济性质或内容分类,通常可以将物业服务企业发生的成本分为以下七个要素:

①外购材料:指物业服务企业耗用的从外部购进的各种材料、辅助材料、燃料和动力、构配件、零件、低值易耗品、包装物等。

②工资:指企业职工的工资总额。

③职工福利费:指企业按工资的规定比例计提的职工福利费。

④折旧费:指按照规定计算的固定资产折旧费用。

⑤利息支出:指财务费用中银行借款利息支出减去利息收入后的净额。

⑥税金:指应计入管理费用的各种税金,如房产税、车船使用税、印花税等。

⑦其他支出:指不属于以上各要素的费用,如邮电通讯费、差旅费、租赁费等。

按照费用的经济内容(或性质)进行分类,有助于具体反映物业服务企业各种费用的构成和水平。

(2)按照经济用途划分

物业服务企业在经营过程中发生的成本,其用途各不相同。前面所介绍的物业管理成本的构成实际上就是按照经济用途的不同来分类的,包括营业成本和经营管理费用两个部分。

按经济用途进行分类,有助于揭示物业管理成本升降的原因,从而可为降低成本,加强成本管理指明方向。

(3)按照与业务量的关系划分

按照与物业管理服务业务量的关系划分,可将成本分为固定成本、变动成本和半固定或半变动成本。

①固定成本:指在相关的范围内,所发生的成本总额保持相对稳定、不随物业管理服务业务量而变化的项目,如固定资产的折旧、第一线物业管理师的基本工资等。但当物业管理服务业务量的增减超过一定幅度(相关范围)时,固定成本会相对地有所增减,所以固定成本也称为"相对固定成本"。

②变动成本:指其成本总额随着物业管理服务业务量的增减变动而变动的那部分成本。它又可以划分为比例变动成本和非比例变动成本两个部分。比例变动成本是指所发生的费用随业务量而比例变化的费用,如物业管理成本中的原材料成本。非比

例变动成本是指所发生的费用随业务量而呈同向趋势变化的项目,如物业管理成本中的许多辅助材料、燃料、动力等。

③半固定或半变动成本:指成本的发生随着业务量的增减而变动、但不呈正比例变动的情况。它又称混合成本,指即使无产量时,也有一定的支出,而当生产开始时,成本会按一定比率增加。

将成本划分为固定成本、变动成本和半固定或半变动成本,对于分析成本升降因素和寻求降低成本的途径起着重要的作用。一般来说,由于固定成本总额与业务量的变动关系不大,因此降低单位业务量的固定成本应从增加业务量和减少费用的绝对额入手;而变动成本随着业务量的变动而变动,因此降低变动成本应从降低单位业务量的消耗入手。此外,这种成本划分方式,还有利于进行物业经营管理的预测与决策。

(4)按照计算依据不同划分

按照成本计算依据的不同,可以有以下一些成本的划分(并非成本构成项目)。

①目标成本:指在目标利润已经确定的基础上所要求实现的期望成本。

②定额成本:指成本项目按定额计算,再汇总出物业管理成本。例如,依据材料消耗定额确定材料成本、依据工时定额确定人工成本、依据费用标准确定生产成本,由此而得出定额成本。

③计划成本:为指令性成本,是计划期经过预测而预算出来、并要求执行的物业管理成本。

④实际成本:指计算期依据实际费用支出而计算出来的物业管理成本。它又可以分为上年实际成本、本年实际成本与累计实际成本。

把成本划分为目标成本、定额成本、计划成本和实际成本,对于物业服务企业正确看待成本支出,加强成本的核算和管理,具有十分重要的意义。

(5)按照与决策的关系划分

按照与决策的关系,可将成本分为边际成本、差异成本和机会成本等8类。

①边际成本:指在一定物业管理服务量水平下,增加或减少一个单位服务量所引起成本总额的变动数,用以判断增减服务量在经济上是否合算。当增加一个单位服务量所增加的收入高于边际成本时,是合算的;反之,是不合算的。微观经济学理论认为,服务量增至边际成本等于边际收入时,为企业获得其最大利润的服务量。

②差异成本:指不同经营管理方案间成本之差异,又称增量成本或减量成本。在数量上,差异成本等于不同方案之间增加或缩小单位物业管理服务量的成本变化量,乘以增加或减少的单位服务量,再加上由于增加或缩小服务规模而导致的"固定成本"。"差异成本"会计工作者认为,边际分析的方法固然科学和精巧,但边际在现实中是难以把握的,不如"差异分析"那样易于求得较优效果。

③机会成本:指选择使用经济资源于某方案,而放弃另一方案所发生的潜在利益

损失。例如,在一定资源条件下,选择某住宅小区物业管理项目,就意味着放弃其他住宅小区物业管理项目或收益性物业管理项目潜在收益。

④估计成本:指在会计期间开始前,对所承担的实际物业管理工作预估的成本,目的在于预测实际成本以供定价参考。

⑤沉没成本:指因为过去决策已发生,而在目前和未来无论实行何种方案均无法改变的成本。

⑥可缓成本:指可延缓至以后期间支出、而对当期营业效率无影响的成本。

⑦可免成本:指一项成本仅与某一方案有关,当该方案被取消时,此项成本亦可免除。

⑧附加价值成本。是指当投入的成本可使顾客觉得服务质量或价值有增加,或是将此成本删减后顾客会觉得服务质量或价值会减低时,所对应的成本即为附加价值成本。

将成本划分为边际成本、差异成本和机会成本等,对于分析评价各种不同经营方案,从中选择最优方案,以提高企业物业经营管理服务的经济效益具有十分重要的意义。

2. 现金支出管理制度

现金是企业中流动性最强的一种货币性资产,是立即可以投入流通的媒介,可以随时用其购买所需的物资,支付有关费用,偿还债券,也可以随时存入银行。企业为保证生产经营活动的正常进行,必须拥有一定数额的现金,用以购买零星材料,发放工资,缴纳税金,支付手续费或进行对外投资活动。企业现金拥有量的多少,是企业的偿债能力强弱的标志,是投资者分析判断企业财务状况好坏的重要指标。

(1)现金的使用范围

根据国家现金结算制度的规定,企业收支的各种款项,必须按照国务院颁布的《现金管理暂行条例》的规定办理,在规定的范围内使用现金。

①职工工资,津贴。

②个人劳务报酬。

③根据国家制度条例的规定,颁发给个人的科学技术、文化艺术、体育等方面的各种奖金。

④各种劳保、福利费用以及国家规定的对个人的其他支出,如退休金,抚恤金,学生助学金,职工困难生活补助。

⑤收购单位向个人收购农副产品和其他物资的价款,如金银,工艺品,废旧物资的价款。

⑥出差人员必须随身携带的差旅费。

⑦结算起点(1 000元)以下的零星支出。超过结算起点的应实行银行转账结算,

结算起点的调整由中国人民银行确定报国务院备案。

⑧中国人民银行确定需要现金支付的其他支出。如同采购地点不确定,抢险救灾以及其他特殊情况,办理转账结算不够方便,必须使用现金的支出。对于这类支出,现金支取单位应向开户银行提出书面申请,由本单位财会部门负责人签字盖章,开户银行审查批准后予以支付现金。

除上述⑤、⑥两项外,其他各项在支付给个人的款项中,支付现金每人不得超过1 000元,超过限额的部分根据提款人的要求,在指定的银行转存为储蓄存款或以支票,银行本票予以支付。企业与其他单位的经济往来除规定的范围可以使用现金外,应通过开户银行进行转账结算。

(2)其他注意事项

企业与其他单位在使用现金时还要注意以下几点:

①现金支出必须有合法的凭证。现金支出要有凭有据,手续完备,借款必须持有效的借据,不能以"白条"代借据。

②在规定限额内支付个人现金。各单位必须严格按照国家规定的开支范围使用现金,开户单位除向个人收购农副产品和其他物资以及出差人员随身携带的差旅费支付现金外,其他对个人支付现金的限额为100元,超过限额部分可以转办储蓄或以支票、银行本票支付,确需全额支付现金的,经开户银行审核后,予以支付现金。

③购买国家规定的专控商品不得使用现金。单位在购买专控商品时,一律采用转账方式支付,不得以现金支付。国家专控商品销售单位不得收取现金。

④单位之间不得互相借用现金。

3. 物业服务成本支出控制

1)成本控制的分类

成本的控制可按不同的标志进行分类。常用的分类方法有:

(1)按控制的时间特征分类

按成本控制的时间不同,可分为事先控制、事中控制和事后控制。

①事先控制。事先控制是"设计"阶段的控制,又称事前控制,是在开始新的物业管理服务之前,即在成本发生之前,事先确定成本控制标准,如劳动工时定额、物资消耗定额、费用开支预算以及各种材料的成本目标等,对各种资源消耗和各项费用开支规定数量界限,作为衡量生产费用实际支出超支或节约的依据,并建立健全成本管理制度,以达到防患于未然的目的。事先控制是成本控制的开端。

②事中控制。事中控制是执行阶段的控制,又称为过程控制,是在提供物业经营管理服务时,实际发生物业管理成本的过程中所进行的成本控制,它是对成本的耗费所进行的日常控制。事中控制以成本标准控制成本实际支出,并将成本的实际支出与成本标准进行比较,及时发现产生的偏差,以消除或减少这些差异。如果实际成本支

出超过成本标准则为逆差,也称不利的差异;反之,实际成本支出低于成本标准则为顺差,也称为有利的差异。成本差异是重要的管理信息,它从成本上及时反映物业经营管理中哪些方面取得了成绩(顺差),哪些方面存在问题(逆差),这就有利于加强企业的经营管理,寻求降低成本的途径。事中控制,是成本控制的中心环节。

③事后控制。事后控制是考核阶段的控制,即对成本的实际耗费进行事后分析,及时查清成本差异发生的原因,确定责任归属,总结经验教训,评定和考核业绩,制订有效的措施,改进工作,以提高成本管理的水平。由此可见,成本的事后控制着眼于将来工作的改进,避免不合理的支出和损失的重新发生,为未来的成本管理工作指出努力的方向。

成本的事后控制是事中控制的延续,而事中控制又是事后控制的前提。成本有了事中控制,就能在每一项生产费用发生之前或发生之时加以控制,把它限制在合理范围之内,以达到降低成本的目的。但是,事中控制还有一定的局限性,它一般只限于一时、一地、一事的单项成本控制,至于一个时期、一个单位、一种服务的综合成本进行分析和考核,则有待于成本的事后控制。另外,由于成本的控制是一个不断循环的过程,所以,就本质而言,事后控制实际上还是下一个循环中事先控制的组成部分。

(2)按控制的机制分类

成本的控制常常运用不同的机制,据此可将成本的控制分为以下三大类:

①前馈性控制。前馈性控制是运用控制论中的前馈控制原理,在成本发生之前所进行的控制,如通过对各成本开支的必要性进行分析,以确定最佳的实现企业利润最大化和物业增值最大化的成本支出水平等。

②防护性控制。防护性控制即制度控制,也称会计控制,就是通过制定相关的规章制度以及办法规定,制约不必要或不合理的开支或超支的发生,如物业管理成本开支的审批制度等。前馈性控制和防护性控制都属于事先控制。

③反馈性控制。反馈性控制是利用反馈控制原理进行的事中或事后控制,其重点在于及时了解成本的开支情况,针对发生偏差的具体原因,采取相应措施,确保总成本不超过预定标准。

此外,还有其他一些分类方法,如按成本信息反馈的程度不同,可以分为成本开环控制和成本闭环控制。前者是成本控制的最低级,是单方向控制,没有应变能力,不形成及时反馈系统,是开放环路。后者能及时把成本信息反馈给控制机构,控制机构具有应变能力,能采用调节措施,达到既定的成本目标,形成一个闭合环路。按控制的系统不同,可以分为简单控制和分级控制。按控制的要求不同,可以分为绝对成本控制和相对成本控制。按控制的对象不同,可以分为材料成本控制、工资控制和管理费用控制等。

2)成本控制的原则

尽管物业服务企业对成本的控制各具特色,但一般而言,有效的成本控制都应遵循以下一些原则：

（1）全面控制原则

全面控制是全员和全过程成本控制的结合。具体而言，一方面，成本控制是全员控制，应充分调动物业服务企业全体职工控制成本的积极性，积极发动每位职工参加成本控制活动，要求人人、事事、时时都要按照定额、标准、预算或成本目标实行有效的成本控制。充分发挥广大职工的主观能动性，是降低成本的关键。另一方面，成本控制还应贯穿于物业管理成本形成的全过程，而不仅仅是对部分费用支出的控制。要努力形成一个完整的成本控制体系，使影响成本形成的所有因素都处于严密控制之下。

（2）讲求经济效益原则

成本控制应与提供适当数量与质量的物业管理服务相结合，不能为控制而控制，即不能单纯地强调降低成本而不提供或少提供服务，或者说，绝不能片面地追求成本的降低而忽视服务的数量和质量。成本控制应以相同服务数量与水平下成本最小化，或相同成本水平下服务数量和质量最大化为目标。这一目标是经济效益原则在物业管理成本控制中的具体体现。如果成本控制不能体现以上要求，则实际成本支出虽然不超过成本目标，也不能认为实现了成本控制的目的。

（3）责权利相结合原则

明确的职责、适宜的权限和相应的利益，是任何管理工作取得成功的基础。为此，成本的控制中，应明确规定各部门和有关人员应承担的责任，赋予其相应的权限，并通过考核其责任履行情况，予以相应的奖罚。需要注意的是，企业及各级成本控制主体的管理权限、应承担的经济责任，以及物质利益三者，应正确地结合起来，这样，才能充分调动职工积极性，降低成本，加强成本控制的积极性和主动性，才能使成本控制的目标及相应的管理措施真正落到实处。

（4）例外管理原则

例外管理原则是指物业服务企业在全面控制的基础上，对那些重要的、不正常的、不符合常规的关键性成本差异（例外情况）集中精力重点处理，深入分析、追根究底、查明原因，并及时采取措施进行控制解决。例外原则有时也称为重要性原则，它主要应用于成本的事中控制中，是保证成本有效控制的重要手段。

实际中，例外情况的常用判定有以下要点：第一，重要性。重要与否，主要根据成本差异金额大小确定。数额较大的差异，超过了规定的上下限，或虽未超过规定的上下限，但经常在上下限附近波动。第二，特殊性。凡是对企业长期获利能力有重要影响的成本差异，不论是否达到重要性的程度，均应受到密切重视。第三，一贯性。凡是某项成本差异虽未达到重要性程度，从未超过规定的百分率或绝对金额，但是该项成本差异却持续时间很长（如一个月以上），则应视为"例外"，需要引起管理人员充分注意。

3）成本控制的程序

在物业服务企业，成本的控制一般由 5 个步骤组成：

（1）确定控制标准

成本控制首先要明确控制标准。成本的控制标准或目标，是对各项费用支出和资源消耗规定的数量界限，是进行成本控制和考评的直接依据。实务中，常用的控制标准有成本预算（包括责任预算）和消耗定额等，它们是成本控制的准绳，也是分析和评价的依据。成本控制目标的确定一般可以按计划指标分解法、定额法、预算法三种方法确定。

（2）执行控制标准

开始进行物业经营管理服务后，需要对成本控制标准进行具体的落实。这实际上就是成本控制的必要组成部分。在这个过程中，涉及运用相应的控制手段如凭证控制和制度控制等，对成本的形成过程进行具体的约束，即审核各项费用的开支和各项资源的消耗，实施各种节约措施，保证控制目标的实现。

（3）分析相关差异

将实际成本与成本目标（标准）相比较，考察成本是超支还是节约，通过对差异进行分析，找出差异产生的原因和责任单位。对成本差异的分析必须经常化、系统化。成本差异产生的原因较多，包括主观的和客观的以及具体原因，必须深入找出其主要原因，并明确其责任人，以便有效地消除成本差异。分析不深入，原因就无法查明，责任不明确，措施就难以制定。

（4）纠正成本偏差

揭示成本差异的原因以后，就必须提出降低成本的新措施，确定改进方案，并予以贯彻落实。这样才能最终控制成本的差异，也才能形成完整的成本控制体系，促使成本管理水平不断提高。

（5）进行考核奖罚

考核一定时期内物业管理成本目标的执行情况，并依据考核评价的结果好坏或等级，给予相应的奖励或处罚，以充分调动有关部门和人员的积极性，提高以后成本控制工作的质量和效率。

4）成本控制的组织体系

（1）成本控制责任中心的建立

为了有效地进行成本控制，保证经济效益的实现，物业服务企业需实行分级分口管理经济责任制，建立成本控制的组织体系，即建立以责任中心为基本控制单元的组织体系。这里的责任中心是指具有一定的管理权限，并承担相应经济责任的企业内部单位。在这一组织体系中，物业服务企业通常将各部门确立为不同类型的责任中心，根据其各自的工作内容，将成本预算分解为各责任中心的成本预算，分口管理，分工负责,并据以进行成本的分析考核。

根据物业服务企业业务活动的特点以及各责任实体的权限。责任中心一般分为两类:

①成本中心。成本中心是指仅对所发生成本负责的责任中心。在物业服务企业,凡直接参与提供物业管理服务的部门,都可以设置为成本中心。这些成本中心通常只发生成本,而不会直接形成收入。或者说,成本中心就是以控制营业成本为主的责任中心。一般来说,物业服务企业的业务部门,如保洁部门、保安部门、工程管理部门等是成本中心,该成本中心负责将人工、原材料和机器设备投入转化为物业管理服务。

②费用中心。费用中心是指仅对费用发生额负责的责任中心。在物业服务企业,凡不直接参与提供物业管理服务的部门,通常都设置为费用中心。即费用中心是以控制运营费用为主的责任中心,一般是物业服务企业的各个职能部门,如总经理室、人事部门等。

总之,只要有成本发生的地方,就可设立成本(费用)中心。由于各责任中心是贯彻成本预算的责任单位,理论上,各责任中心的责任成本(费用)应等同于由企业成本预算分解而形成的责任预算。

(2)成本控制责任中心的业绩考评

考核物业服务企业成本(费用)控制中心业绩的指标有两类,一类是经济效益指标,一类是服务质量指标。其中,经济效益指标是成本(费用)降低额和成本(费用)降低率,其计算公式分别为:

$$成本(费用)降低额 = 预算成本(费用) - 实际成本(费用)$$

$$成本(费用)降低率 = [成本(费用)降低额/预算成本(费用)] \times 100\%$$

考核物业服务企业成本(费用)控制中心服务质量的定量指标,主要有房屋完好率、维修及时率、重大事故发生率、绿化率、保洁率、业主满意率、物业增值率等。其中,物业增值率是最具综合性的服务质量评价指标,其评估标准是与同类物业平均增值率比较,具体计算方法为:

$$物业增值率 = (期末物业总值/期初物业总值) \times 100\%$$

5)成本的日常管理

(1)利用物业管理周期理论进行成本控制

任何物业都存在着由新到旧的生命周期。与物业的生命周期相适应,物业管理也具有周期性,即它会经历从起步、成长、成熟、衰退甚至消亡的生命历程。

在物业管理生命周期的不同阶段,其成本开支的重点不同。一般而言,在起步阶段,需投入的项目多,且多为新项目,成本开支必然较大;在成熟期,投资项目营运良好,成本支出相对减少;而在衰退期,由于维修费用开支增大,在其他项目不变的条件下,成本开支会逐步增大。所以,利用物业管理周期理论,有助于了解物业管理成本支出的周期性特点,对加强物业管理成本的控制有重要的现实意义。

（2）严格实施预算的凭证控制

物业服务企业财务管理部门可以采用费用手册形式,对成本实行总额控制。具体而言,就是根据成本预算,为各责任中心设立记载成本指标的费用手册,每发生一笔费用,就根据有关凭证核减相应指标,并随时结出指标结存额。这一凭证控制方法能使责任部门随时了解各项费用支出的数额及指标余额,如发现支出过多,可及时查明原因,采取措施节约开支。

（3）建立健全费用开支与报销审批制度

物业服务企业应结合国家有关法律法规及各项费用开支的特点,制订自身的开支审批制度,明确各项费用的审批部门和各部门的审批权限。正常的成本开支,由责任部门归口审批,而重大的支出和预算外支出则由公司最高管理层直至业主大会审批。

对于每一笔费用的报销,都应通过审核原始凭证进行控制。一般而言,审核的重点为凭证的真实性、合理性以及完整性（如有无预算指标、手续是否齐全）等。经审核确认无误后,方能予以报销;手续不全的要求补办手续;违反制度规定的不予报销。

🎯 任务指导6.3　　完成任务情景6.3中的工作任务。

目的:理解物业管理支出的内涵,了解物业管理成本的有效控制。

步骤:第1步,仔细思考任务情景6.3;

　　　第2步,进行分组讨论,现场交流。

提示:按照物业管理成本与物业管理服务业务量的关系划分,可将成本分为固定成本、变动成本和半固定或半变动成本。

固定成本其总额并不随所管物业的数量增减而增减。就单位建筑面积所分摊的费用来看,则随着物业服务企业所接管物业数量的变动成反比变动,即所接管物业的数量增加,每平方米建筑面积分摊的成本费用就随之减少。因此,物业服务企业多接管一些物业,相对就可降低日常管理费收费标准。

📢 活动6.3　　制订重庆佳居物业服务有限公司成本管理制度。

目的:通过制订"重庆佳居物业服务有限公司成本管理制度"的活动,让学生体会到一个企业如何进行成本控制,应采取些怎样的有效措施?

步骤:第1步,将全班分成评委组、资料准备组、成本控制制度制订组。评委组主要负责制定评分标准,当好评委。资料准备组主要做好资料准备,完成本职工作。成本控制制度制订组主要做好制度的制订工作,并做好事后总结工作;

　　　第2步,进行资料、场地和材料准备;

第 3 步,分组讨论,得出结论。老师要对各组任务执行情况做记录和分析,并适时反馈任务执行的效果。

 技能实训6.4 根据资料,测算成本。

2010 年 12 月 31 日,重庆佳居物业服务有限公司接受 3 号楼 2 单元 102 室业主委托,为其清洗油烟机并进行居室保洁、家具保养服务,耗用清洗剂等材料 120 元,人工费 180 元,款已收妥入账。请问其主营业务成本有多少?

提示:清洗剂等材料费和人工费作为主营业务成本入账。

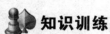 **知识训练**

(一)单项选择题

1. 财务费用属于物业服务企业的(　　)。
   A. 管理费用　　　　　　　　B. 经营管理费用
   C. 营业成本　　　　　　　　D. 间接费用

2. 不能计入物业服务企业营业成本的是(　　)。
   A. 经营共用设施设备,支付的有偿使用费
   B. 支付的管理用房有偿使用费
   C. 直接从事物业管理活动等人员的工资、奖金及职工福利费等
   D. 被没收的财产,支付的滞纳金、罚款、违约金、赔偿金

(二)多项选择题

1. 下列属于物业管理成本的有(　　)。
   A. 直接人工费　　　　　　　B. 经营管理费用
   C. 直接材料费　　　　　　　D. 间接费用

2. 按照与业务量的关系划分,物业服务企业的成本可以分为(　　)。
   A. 固定成本　　　　　　　　B. 变动成本
   C. 半变动成本　　　　　　　D. 定额成本

3. 下列可以使用现金结算的有(　　)。
   A. 出差人员必须随身携带的差旅费
   B. 结算起点(1 000 元)以下的零星支出
   C. 职工工资、津贴
   D. 个人劳务报酬

4. 责任中心一般分为(　　)。
   A. 成本中心　　　B. 利润中心　　　C. 费用中心　　　D. 核算中心

(三)判断题

1. 单位在购买专控商品时,一律采用转账方式支付,不得以现金支付。国家专控

商品销售单位不得收取现金。 （　　）

  2.按成本控制的时间不同,可分为事先控制、事中控制和事后控制。 （　　）

  3.对于每一笔费用的报销,都应通过审核原始凭证进行控制。 （　　）

 技能实训 6.6 请根据技能实训 1.1 中重庆佳居物业服务有限责任公司的资料简介,拟定一份重庆佳居物业服务有限责任公司现金支出管理制度。

思考练习

  (1)物业服务企业支出有哪些?

  (2)物业管理成本如何分类?

  (3)现金的使用范围?

项目四　物业服务费用预算管理

任务情景 6.4

重庆佳居物业服务有限责任公司所服务的佳宛小区住宅建筑面积 79 380 m², 绿化管理费用的详细情况如下:

  1.绿化工具费 6 000 元/年

  2.劳保用品费 6 000 元/年

  3.绿化用水费 60 000 元/年

  4.农药化肥费 4 500 元/年

  5.杂草清运费 4 500 元/年

  6.园林景观再造费 4 500 元/年

工作任务:

请测算佳宛小区绿化管理费用为每月每平方米多少元?

知识讲解

1.物业服务费用预算

对各类物业服务费用进行预算,形成按单位建筑面积计算的合计物业管理服务费用,可借助以下公式计算:

$$P = \frac{\sum F_i}{S}$$

式中　P——某项物业管理成本,单位为元/(月·m^2);

　　　　F_i——各分项费用,$i = 1, 2, \cdots, n$;

　　　　S——参加测算的物业总建筑面积。

1)人工费 P_1 的预算

人工费是指物业服务企业的人员费用,包括管理服务人员的工资、社会保险、按规定提取的福利费及加班费和服装费等。

(1)基本工资 F_1(元/月)

各类管理服务人员的基本工资标准根据企业性质,参考当地平均工资水平确定。

(2)社会保险费 F_2(元/月)

社会保险费包括医疗、工伤保险、养老保险、待业保险、住房基金(含住房公积金)等,应当根据当地政府的规定由企业确定。

(3)按规定提取的福利费 F_3(元/月)

福利费包括以下 3 项:

a. 福利基金。按工资总额的 14% 计算。

b. 工会基金。按工资总额的 2% 计算。

c. 教育经费。按工资总额的 1.5% 计算。

(4)加班费 F_4(元/月)

加班费按人均月加班 2 ~ 3 天,再乘以日平均工资计算,日平均工资按每月 22 个工作日计算。

(5)服装费 F_5(元/月)

按每人每年 2 套服装计算,其服装标准由企业自定。计算出服装费后再除以 12 个月,即可得到每月服装费。

(6)工服洗涤费 F_6(元/月)

工服洗涤费是企业根据实际需要担负洗涤费用的工服数量,按照当地的洗涤费标准计算确定。

综合上述各项费用,人工费的测算公式为:

$$人工费\ P_1 = \frac{F_1 + F_2 + F_3 + F_4 + F_5 + F_6}{S}$$

式中　S——参加测算的物业总面积,m^2。

2)办公费 P_2 的预算

办公费是物业服务企业开展正常工作所需要的有关费用。主要包括:

（1）交通费 F_1（元/年）

交通费包括车辆耗油、维修保养费、保险费、保养费、养路费等。

（2）通信费 F_2（元/年）

通信费包括电话费、传真费、手机费等。

（3）低值易耗文具、办公用品费 F_3（元/年）

低值易耗文具、办公用品费包括文具（如笔墨）、纸张、打印复印费等。

（4）书报费 F_4（元/年）

书报费指每年必须购置的报纸杂志，特别是专业书报所需要的花费。

（5）宣传广告和市场推广费 F_5（元/年）

该项费用支出的数量取决于物业的空置水平、新旧程度以及市场的供求状况等。

（6）法律费用 F_6（元/年）

经常出现在该科目下的支出包括：为催收拖欠租金而诉诸法律的费用、预估房产税的支出、定期检讨法律文件（如租约、合同等）等费用支出等。律师费也是该项下的经常费用。

（7）节日装饰费 F_7（元/年）

节日装饰费主要是指在法定节假日（如元旦、春节、国庆等节日）进行物业装饰的费用。

（8）办公用房租金（含水电费）F_8（元/年）

综合上述各项费用，办公费一般按年先进行估算，汇总后再分摊到每月每平方米面积中，单位为元/（月·m^2）。其计算公式为：

$$P_2 = \frac{F_1 + F_2 + F_3 + F_4 + F_5 + F_6 + F_7 + F_8}{12S}$$

3）共用部位与共用设施设备的日常运行和维护费 P_3 的预算

该项费用在物业管理成本中通常都占有较大比例，而且其中的具体项目也比较多。主要包括以下几项：

（1）维修保养费 F_1（元/年）

该项费用主要用于核算物业内外部的总体维修保养费用支出。具体内容包括：建筑物立面的清洗、电梯维修与保养、锅炉检查与维修、空调维修保养、小型手动工具和防火设备购置等支出。

（2）装修费 F_2（元/年）

该费用科目一般包括装修材料费（如墙纸、涂料等）、工器具和设备使用费（摊销）、人工费、管理费和承包商利润（如果发包）。

（3）能源费 F_3（元/年）

能源费是指物业经营管理过程中消耗的能源（电、气、油料等）的成本。

（4）康乐设施费 F_4（元/年）

该项成本即康乐设施的运营成本，主要指健身设施、游泳池和其他康乐设施的维修、保养费支出。有时救生员、器械使用指导员和其他康乐服务人员的工资也属于此项成本的开支范围。

（5）杂项费用 F_5（元/年）

杂项费用是指为保持物业正常运转而需要支出的非经常性的、零星的费用项目，如停车位划线、配钥匙、修理或重新油漆建筑物内外的有关标志或符号等的费用支出。

综合上述各项费用，公共部位、公共设施设备维修保养费一般按年先进行估算，汇总后再分摊到每月每平方米面积中，单位为元/（月·m^2）。其计算公式为：

$$P_3 = \frac{F_1 + F_2 + F_3 + F_4 + F_5}{12S}$$

4）保安费 P_4 的预算

保安费是指维持物业公共区域秩序的费用，它由保安系统费、保安人员人身保险费以及保安用房和保安人员住房租金构成。

（1）保安系统费 F_1（元/年）

保安系统费具体包括以下内容：

①保安系统日常运行电费及维修保养费。其数值为保安系统用电量×电费单价＋日常维修养护费。

②日常保安器材费。即日常保安用警棍、对讲机、电池和电筒等的购置费。

③更新储备金。该项费用为保安系统购置费与安装费之和除以保安系统正常使用年限的数值。

（2）保安人员人身保险费 F_2（元/年）

（3）保安用房和保安人员住房租金 F_3（元/年）

根据实际情况，分别计算出上述各项费用，加总后再分摊到每月每平方米面积中即得出保安费，其计算公式为：

$$P_4 = \frac{F_1 + F_2 + F_3}{12S}$$

5）清洁卫生费 P_5 的预算

清洁卫生费是指楼宇内共用部位、公共区域的日常清洁保养费用。包括：

（1）清洁工具购置费 F_1（元/年）

此项费用包括垃圾桶、拖把等的购置费。

（2）劳保用品费 F_2（元/年）

（3）清洁机械材料费 F_3（元/年）

此项费用包括大楼幕墙清洁设备，打蜡抛光机的折旧、消耗材料等。

（4）化粪池清理费 F_4（元/年）

（5）垃圾外运费 F_5（元/年）

（6）其他费用 F_6（元/年）

（7）水池清洁费 F_7（元/年）

可按实际情况分别估算出上述各项费用各自的年总支出，然后加总，用各项费用总和除以参与测算的物业面积与 12 个月的乘积，即得到环卫清洁费。其计算公式为：

$$P_5 = \frac{F_1 + F_2 + F_3 + F_4 + F_5 + F_6 + F_7}{12S}$$

6）绿化养护费 P_6 的预算

绿化养护费是指物业区域内绿化的养护费用，包括美化大堂、楼道等公共部位的支出等。应测算项目有：

（1）绿化工具费 F_1（元/年）

绿化工具费主要包括锄头、草剪、枝剪、喷雾器等的购置费用。

（2）劳保用品费 F_2（元/年）

此项费用包括手套、口罩、草帽等的购置费用。

（3）绿化用水费 F_3（元/年）

（4）农药化肥费 F_4（元/年）

（5）杂草清运费 F_5（元/年）

（6）园林景观再造费 F_6（元/年）

园林景观再造费主要包括补苗费、环境内摆设花卉等的费用。

上述各项费用通常按年计算，加总后除以参与测算的物业面积和 12 个月的乘积，即可测算出绿化保护费。其计算公式为：

$$P_6 = \frac{F_1 + F_2 + F_3 + F_4 + F_5 + F_6}{12S}$$

7）固定资产折旧费 P_7 的预算

该项费用是指物业服务企业拥有的各类固定资产按其总额每月分摊提取的折旧费用。各类固定包括：

（1）交通工具（汽车等）F_1（元/年）

（2）通信设备（电话机、手机、传真机等）F_2（元/年）

（3）办公设备（桌椅、沙发、电脑、复印机、空调机等）F_3（元/年）

（4）工程维修设备（管道疏通机、电焊机等）F_4（元/年）

（5）其他设备 F_5（元/年）

按实际拥有的上述各类固定资产总额，除以平均折旧年限（固定资产平均折旧年限一般为 5 年），再分摊到每月每平方米面积中，即可得出固定资产折旧费。其计算公式为：

$$P_7 = \frac{F_1 + F_2 + F_3 + F_4 + F_5}{12S}$$

8)保险费 P_8 的预算

物业共用部位、共用设施设备及公众责任保险费用开支,不包括员工医疗险和失业险,后者在人工费里列支。

对于公寓、别墅区,一般只对配套的水电设施投保;对于写字楼、商厦、酒店等,则必须投购大厦财产险,包括土建、装修和设备(如酒店的中央空调等),一般是按楼宇或设备的总造价来投保。对于商厦、酒店,还要投购公共责任险(如电梯责任保险)。

保险费的估算公式如下:

$$P_8 = \frac{\sum (M_i \times X_i)}{12S} \quad (i = 1, 2, \cdots, n)$$

式中 P_8——保险费支出额,元/年;

M_i——投保的第 i 种保险种类;

X_i——第 i 种保险种类的保险费费率,$i = 1, 2, \cdots, n$。

9)专项维修资金 P_9 的预算

专项维修资金支出,是在新建物业保修期满后,为确保物业的公用部位、公共设施和公用设备的完好和正常运转,而对其进行定期检查、维修和更新、改造所需的费用开支。专项维修资金项下的开支,从主要包括以下几项费用:

(1)工资津贴等费用 F_1(元/年)

工资津贴是指物业的维修更新工程中施工工人、维修技术人员的工资、奖金、津贴和多种物价补贴费等。

(2)设备、零部件和材料购置费 F_2(元/年)

该项费用是指在维修更新物业的过程中,需要更换的设备、零部件购置费用和维修更新工程中使用的各种材料费。

(3)机械使用费 F_3(元/年)

该项费用是指维修更新工程中使用各类机械的费用,主要包括机械用的燃料动力费、材料费、折旧修理费、替换工具部件费、运输装卸费、辅助设施费等。

(4)水、电、气费 F_4(元/年)

该项费用是指维修或更新工程中耗用的水、电、气费支出。

(5)管理费 F_5(元/年)

该项费用是指为组织和管理维修或更新工程所发生的各项费用,包括办公费、管理人员工资、交通费和其他管理费等。

上述各项费用一般按年先进行预算,汇总后再分摊到每月每平方米面积中,即可

得到专项维修基金,单位为元/(月·m²)。其计算公式为:

$$P_9 = \frac{F_1 + F_2 + F_3 + F_4 + F_5}{12S}$$

鉴于对收益性物业管理成本的测算我国还没有统一的规定,物业服务企业在具体测算时,还可参考《物业管理服务收费管理办法》(发改价格〔2003〕1864号)的基本原则要求、当地政府的有关规定以及现行的会计核算办法执行。

由于多数收益性物业都具有自己的特点,其物业管理成本项目还因物业的类型、档次、规模、所处城市以及物业管理服务合同的具体规定的不同而有一些差别。因此,在实际测算中,要根据具体情况和实际需要将有关成本项目进一步细化或合并,测算依据也要作相应调整。这样,才能比较准确的反映所管物业的物业管理成本的高低。

10) 费用汇总

完成前述1)~9)项单项成本预算后,还需要进行各成本项目的汇总,物业管理成本估算结果汇总计算,可借助于如下公式:

$$P = \sum P_i$$

式中 P——物业服务费用,单位为元/(月·m²);

P_i——各分类费用,单位为元/(月·m²),$i = 1, 2, \cdots, n$。

此外,物业服务企业还要进行成本估算结果的分析工作,应根据以往经验,分析判断各项费用比例的合理性,并在必要时进行相应的调整和修正。

2. 物业服务成本费用预算控制

1) 预算的基本要求

成本预算的编制过程,是对公司未来经营管理活动成本的安排过程。为了保证成本预算的有效性,编制成本预算时,必须遵循以下基本要求:

(1) 成本预算必须同其他预算相协调

物业服务企业的收入预算、资本预算、现金预算等都是编制成本预算的重要依据。编制成本预算时,一方面要综合地反映这些预算的要求,另一方面又要根据合理降低管理服务成本、减少相关费用的要求,对这些预算提出进一步的改进意见,使企业的各项预算相互衔接,协调平衡。

(2) 成本预算要以各项定额为基础

物业服务企业制定的各项材料物资消耗定额、劳动定额、费用定额等,是编制成本预算的直接依据。成本预算必须以各项先进的技术经济定额为基础,因此,应及时完善和修订各项技术经济定额。

(3) 成本预算应有相应的技术经济措施保证

在编制成本预算时,首先应进行成本预测,如果没有相应的技术经济措施,成本预算便失去了意义,编制和执行成本预算就会流于形式,也不能作为成本分析和考核的依据。因此,编制成本预算应积极发动职工,提出具体切实可行的措施,使成本预算建立在可靠的基础之上。同时,职工的参与也能有效地增强其对成本管理目标的认同,从而提高达成目标的可能性。

(4)成本预算要全面权衡,提高资金使用效益

物业管理服务中,如何提高物业管理资金的使用效益是物业服务企业始终关心的主题。为此,不仅要求严格控制成本支出,更重要的是在编制成本预算的过程中,应充分考虑各项成本支出的必要性及其经济价值,防止和避免成本预算中包含不应发生的成本项目。

(5)成本预算既要符合实际,又要适当留有余地

预算作为一种控制目标,其水平的高低既应该体现出挑战性,同时也应是可实现的,不应是高不可攀的,否则,财务预算难以起到应有的作用。具体而言,编制的财务预算既应符合公司的实际情况,不宜过低,同时也不宜过高。

2)不同成本费用的预算编制

(1)营业成本预算

营业成本是物业服务企业在从事物业管理活动中发生的各项直接支出,其预算包括直接人工费和直接材料费预算两部分。其中,直接人工费预算是公司在预算期内直接从事物业管理活动人员的工资、奖金和福利费等预计支出,而直接材料费预算是物业管理活动中直接消耗的各种材料、辅助材料、燃料和动力、低值易耗品和包装物等方面的预计支出。由于营业成本是公司为赚取收入而发生的直接费用,因此,编制营业成本预算应以收入预算为基础,分别确定公共服务收入、公众代办性服务收入和特约服务收入的直接成本。其中,公众代办性服务和特约服务直接成本的确定较为容易,可参照其他工商企业采用的方法确定;公共服务的直接人工费,可根据保安人员、维修工程人员和清洁人员等直接从事公共服务人员的人数和当地的工资水平(包括职工福利费)确定,其材料成本可以上年度实际发生的成本为基础,增减一定百分比(通常为物价指数)来确定。

(2)管理费用预算

管理费用预算是财务预算的重要组成部分。它涵盖了物业服务企业在提供服务过程中发生的所有间接费用,包括管理人员的工资和福利费、办公费、差旅费、固定资产的折旧、保险费等。编制管理费用预算的最佳方法为零基预算,但为了简便起见,物业服务企业仍可以采用固定预算。

(3)财务费用预算

财务费用预算是物业服务企业在预算期内为筹措资金所发生费用的预算,其构成项目包括利息支出、汇兑损失、金融机构手续费和其他财务费用等。对于一般的物业

服务企业来说,如果不涉及融资的问题,通常该项费用预算值为零。

3) 成本费用预算的编制程序

不同的物业服务企业,编制预算的方式和程序各不相同。一般而言,为调动广大员工的积极性,在成本预算的编制过程中,应尽可能让物业服务企业的各个部门和所有员工共同参与,并由物业服务企业财务部门负责编制财务预算,包括成本的预算。

(1) 收集和整理有关资料

在编制成本预算前,财务部门要收集和整理有关资料,对上年度成本预算的执行情况进行分析,总结上年度执行成本预算的经验和存在的问题,提出改进措施,以便正确地、真实地编制预算期成本预算。

需要收集和整理的资料主要包括:预算期业务量、物资采购情况和工资情况等有关资料;材料消耗定额、工时消耗定额和费用消耗定额等有关定额资料;上级下达的成本降低指标等资料;国家有关成本开支规定及编制成本预算的要求等资料;本企业上年度的实际成本以及同行业同类管理服务的成本资料等。

(2) 对预算期成本指标进行预测

在编制成本预算前,财务部门先分别预测由于材料费的升降而影响的服务成本降低率,人工费的升降而影响的服务成本降低率,生产费用的升降而影响的服务成本降低率;然后加以汇总,计算出总的服务成本降低率。将预测的成本降低率,与上级下达的成本降低率指标相比较,若前者大于后者,即表明企业(部门)按照预测的成本降低率的有关数据编制预算年度成本预算,可完成上级下达的成本降低任务;反之,企业(部门)就必须调整有关数字,重新计算成本降低率,以保证上级下达的成本降低任务的顺利完成。

(3) 根据企业(部门)特点编制成本预算

由于企业的规模、生产经营特点及管理要求不同,因而成本预算的编制程序也不尽一致。

🔘 任务指导6.4　完成情景任务6.4中的工作任务。

目的:学习物业服务费用的测算。

步骤:第1步,仔细阅读任务情景6.4;

第2步,每位同学独立进行,认真计算,现场交流。

提示:根据物业服务费用测算的公式进行测算。

$$P = \frac{\sum 各项费用年支出}{12 \times 参与测算的物业面积}$$

首先要知道绿化管理费用下各个子项目的年成本,绿化工具费6 000元/年,劳保用品费6 000元/年,绿化用水费60 000元/年,农药化肥费4 500元/年,杂草清运费

4 500 元/年,园林景观再造费 4 500 元/年。然后汇总全年绿化费为 85 500 元。算出物业服务费用中绿化费为 0.09 元/(月·m²)

 活动 6.4　制订物业服务费用预算的编制程序。

目的:通过制订"物业服务费用预算的编制程序"的活动,让学生明白物业服务费用预算的一般流程,训练学生成本控制意识,提升学生对物业服务预算的认识。

步骤:第 1 步,将全班分成评委组、资料准备组、物业服务费用预算编制程序的制订组。评委组主要负责制定评分标准,当好评委;资料准备组主要做好资料准备,完成本职工作;物业服务质量标准制订组主要做好物业服务费用预算编制程序的制订工作,并做好事后总结工作;

第 2 步,进行资料、场地和材料准备;

第 3 步,分组讨论,得出结论。老师要对各组任务执行情况做记录和分析,并适时反馈任务执行的效果。

 技能实训 6.7　阅读并理解物业服务成本预算的编制方法。

提示:成本预算有多种编制方法。理论研究表明,成本预算的编制方法不同,其效益性和实现的可能性大不相同。现实中,物业服务企业编制成本预算的方法主要有:

(1)固定预算

固定预算又称静态运算,是指以过去的实际费用支出为基础,考虑预算期内相关因素,如业务量水平可能发生的变动及其影响,在过去实际费用基础上增加或减少一定的百分比确定出的预算。这种预算编制方法也称为增量预算或减量预算编制法,其假设前提是:

①现有的业务活动是企业必需的。

②原有的各项开支都是合理的。

③增加费用预算是值得的。

固定预算的主要特点是:预算编出后,在预算期内除特殊情况必须追加预算外一般不做变动或更迭,具有相对固定性。固定预算通常每年编制一次,使预算期间同会计年度相一致,便于对预算的执行情况和结果进行考核、评价。

固定预算是传统的预算编制方法,特别适合于那些经营管理水平较高、业务结构和业务数量较为稳定的物业服务企业采用。其优点集中表现为:编制简单、预算的编制成本较低。此外,由于固定预算以过去的费用支出为基础,费用支出水平的控制要求易于为各部门所接受。这一方法的缺点为:没有结合预算期的情况,重新对各项费用支出的必要性及其支出水平进行论证,难以实现费用支出效益的最大化。同时,由于采用该方法编制的预算缺乏挑战性,因此也难以调动各部门和全体员工控制费用支出的积极性。

(2)弹性预算

弹性预算又称变动预算,是指在成本习性分析的基础上,以业务量、成本和利润之间的依存关系为依据,按照预算期可预见的各种业务量水平,分别确定相应反映预算期内预计支出的费用数额,并据此编制能够适应各种情况的成本预算的预算编制方法。这种预算随着物业经营管理活动水平的不同可以作相应的调控,具有伸缩性,因而称为弹性预算。

弹性预算是为克服固定预算无法准确地预见未来成本可能达到的程度和发展趋势这一缺陷而产生的,它主要适用于弹性成本预算和弹性利润的预算。而弹性成本预算主要指生产费用弹性预算和管理费用弹性预算。

弹性预算就是根据业务量的多少,列出几个不同水平的费用预算,根据企业的具体情况,可以每隔一定的比例列出一个不同水平的预算,而编制成费用弹性预算表。实际执行时,就可以根据实际经营管理水平与业务量,对照相应的费用预算进行控制。这种弹性预算是随着业务量的变动而变动的预算,不存在执行时需要有追加预算的手续。而且弹性预算技术要求在预算制订过程中考虑多种因素的影响,因此可导致预算更为精确。

编制弹性成本(费用)预算的主要方法一般有两种:

①列表法。列表法又称多水平法,就是按照物业服务企业管理服务能力的利用程度的不同而编制的多种管理服务水平的预算。

②公式法。公式法就是利用 $y = a + bx$ 的公式,计算各种管理经营活动水平下的预算成本。其中:y 代表某项成本预算总金额;a 表示其中的固定成本金额;b 代表单位变动成本金额;x 代表业务量。因此,只要具备某项成本中固定成本 a 和单位变动成本 b,就可以根据实际的物业管理服务业务量随时计算出该项成本的预算金额,并用此预算金额对成本支出进行控制和考核。

(3)零基预算

零基预算是指以零为基础的预算,它产生于20世纪60年代,是已被西方国家广泛使用并公认为是有效的管理方法。其基本理论是:在每一预算期对任何一项预算开支项目,不考虑以往会计期间所发生的费用项目或费用额,而是以所有的预算支出均为零为出发点,一切从实际需要与可能出发,逐项审议预算期内各项费用的内容及开支标准是否合理,在综合平衡的基础上编制成本预算。在我国,零基预算作为成本预算的一种编制方法,越来越多地应用于产出较难辨认的服务性部门费用预算的编制,如政府部门和以微利为主要特征的物业管理行业。

零基预算不受以往实际费用支出水平的限制,完全根据预算期业务活动的需要和各项业务的轻重缓急,对各支出项目进行逐个分析和计量,从而制订出费用预算。对物业服务企业而言,零基预算有着重要价值。在既定的管理收费标准下,它有助于提高管理收费的使用效益,改善物业服务企业与业主之间的关系,从而增强物业服务企业的市场竞争能力。但零基预算也有一些不足,主要表现为:编制预算的工作量相对较大,各费用项目的成本效益率的确定缺乏客观依据等。

(4)滚动预算和概率预算

在编制成本预算时,除了常用的固定预算、弹性预算和零基预算以外,还可以用滚动预算和概率预算两种方法。

①滚动预算:指在按年分月编制预算的情况下,随着一个时期的过去,连续补充编制另一个时期,逐期向后滚动,并调整各期预算的过程。因为它是滚动式的编制预算,因此也称为滚动预算。

滚动预算包括逐月滚动、逐季滚动和混合滚动三种方式。逐季滚动编制的预算比逐月滚动的工作量小,但预算精度较差。混合滚动是指在预算编制过程中,同时使用月份和季度作为预算的编制和滚动单位的方法。它可以做到长计划短安排、远略近详,减少预算工作量。

滚动预算能将原预算的调整、衔接工作从被动型转化为主动型,将事后的预算控制转化为事前的预算控制,使预算适应客观情况的发展,具有促进企业管理服务活动协调进行的作用。同时,也有利于企业管理人员对预算资料作经常性的分析研究,并能根据当前预算执行过程中的种种情况及时加以修订,使企业的经营活动始终有一个较长远的总体战略布局。

②概率预算:指运用概率论原理,对成本预算编制中所涉及的诸多变量(如价格、业务量等)在一定范围内的变动作出近似的估计,从而使预算的编制能把未来预计的各种因素的变化考虑进去,使预算更为符合实际。

概率预算的编制方法是:

a.确定预算编制所涉及的每一变量。

b.确定每一变量的变化范围及其可能性。

c.计算各变量不同"组合"的联合概率。

d.对各种组合的联合概率与各该组合的结果计算加总,求取成本期望值。

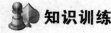 **知识训练**

(一)单项选择题

1.对物业服务企业在新建物业保修期满后,为确保物业的公用部位、公共设施和共用设备的完好和正常运转,而对其进行定期检查、维修和更新、改造所需的费用开支的预算称为(　　)。

A. 办公费预算

B. 保安费预算

C. 共用部位与共用设施设备的日常运行和维护费预算

D. 专项维修资金预算

(二)多项选择题

1. 物业服务企业成本费用的预算,主要是哪几方面的预算(　　)。

A. 营业成本预算 　　　　　　　B. 管理费用预算

C. 财务费用预算 　　　　　　　D. 制造费用预算

(三)判断题

1. 编制成本预算的过程中,应充分考虑各项成本支出的必要性及其经济价值,防止和避免成本预算中包含不应发生的成本项目。　　　　　　　　　　　　(　　)

 技能实训 6.7　请根据业务资料,测算佳宛小区的清洁卫生费。

重庆佳居物业服务有限责任公司所服务的佳宛小区住宅建筑面积 79 380 m²,清洁卫生费情况如下:

①清洁工具购置费 3 600 元/年。此项费用包括垃圾桶、拖把等的购置费。

②劳保用品费 3 600 元/年。

③清洁机械材料费 3 600 元/年。此项费用包括大楼幕墙清洁设备,打蜡抛光机的折旧、消耗材料等。

④化粪池清理费 12 000 元/年。

⑤垃圾外运费 12 000 元/年。

⑥其他费用 2 000 元/年。

⑦水池清洁费 6 000 元/年。

思考练习

(1)物业服务费用的预算运用的公式?

(2)物业费用预算的基本有哪些?

(3)物业费用预算的编制程序?

项目五　专项维修资金的管理

任务情景 6.5

随着我国经济快速发展,居民个人拥有住房的比例越来越高,住房共用部位、共用设施设备的维修管理责任也由国家或单位承担转移到主要由居民个人承担。这些共用部位、共用设施设备是否完好,运行是否正常,直接关系住宅的正常使用和安全。一般情况下这些共用部位、共用设施设备由多个业主区分所有,在发生维修或更新改造时容易出现资金归集上的困难,从而影响住宅的使用和安全。因此,有必要建立经常性的保障资金,确保业主共同利益的实现。

工作任务:

当业主处分了房屋所有权后,是否可以要求返还其缴纳的部分维修基金呢?

知识讲解

1.专项维修资金的筹集

1)专项维修资金的概念

住宅专项维修资金,是指专项用于住宅共用部位、共用设施设备保修期满后的维修和更新、改造的资金。

住宅共用部位,是指根据法律、法规和房屋买卖合同,由单幢住宅内业主或者单幢住宅内业主及与之结构相连的非住宅业主共有的部位,一般包括:住宅的基础、承重墙体、柱、梁、楼板、屋顶以及户外的墙面、门厅、楼梯间、走廊通道等。

共用设施设备,是指根据法律、法规和房屋买卖合同,由住宅业主或者住宅业主及有关非住宅业主共有的附属设施设备,一般包括电梯、天线、照明、消防设施、绿地、道路、路灯、沟渠、池、井、非经营性车场车库、公益性文体设施和共用设施设备使用的房屋等。

专项维修资金属业主所有,物业管理单位的管理和使用属于代管性质。

2)专项维修资金的筹集原则

(1)商品房的首次专项维修资金

商品住宅的业主、非住宅的业主按照所拥有物业的建筑面积交存住宅专项维修资金,每平方米建筑面积交存首期住宅专项维修资金的数额为当地住宅建筑安装工程每平方米造价的 5% ~8% 。

直辖市、市、县人民政府建设(房地产)主管部门应当根据本地区情况,合理确定、公布每 m^2 建筑面积交存首期住宅专项维修资金的数额,并适时调整。

（2）公有住房售后的首次专项维修资金

公有住房售后的首次专项维修资金由购房人和售房单位分别按下列规定提取和缴存：

①业主按照所拥有物业的建筑面积交存住宅专项维修资金，每 m² 建筑面积交存首期住宅专项维修资金的数额为当地房改成本价的 2%。业主交存的住宅专项维修资金属于业主所有。

②售房单位按照多层住宅不低于售房款的 20%、高层住宅不低于售房款的 30%，从售房款中一次性提取住宅专项维修资金。从公有住房售房款中提取的住宅专项维修资金属于公有住房售房单位所有。

（3）专项维修资金的续筹

专项维修资金余额不足首次专项维修资金的 30% 时，业主应当续筹专项维修资金。成立业主大会的，续交方案由业主大会决定。未成立业主大会的，续交的具体管理办法由直辖市、市、县人民政府建设（房地产）主管部门会同同级财政部门制定。

（4）商品房的首次专项维修资金的缴存时限

商品住宅的业主应当在办理房屋入住手续前，将首期住宅专项维修资金存入住宅专项维修资金专户。

（5）公有住房售后的首次专项维修资金的缴存时限

①已售公有住房的业主应当在办理房屋入住手续前，将首期住宅专项维修资金存入公有住房住宅专项维修资金专户或者交由售房单位存入公有住房住宅专项维修资金专户。

②公有住房售房单位应当在收到售房款之日起 30 日内，将提取的住宅专项维修资金存入公有住房住宅专项维修资金专户。

（6）房屋所有权转让时专项维修资金的过户

房屋所有权转让时，业主应当向受让人说明住宅专项维修资金交存和结余情况并出具有效证明，该房屋分户账中结余的住宅专项维修资金随房屋所有权同时过户。受让人应当持住宅专项维修资金过户的协议、房屋权属证书、身份证等到专户管理银行办理分户账更名手续。

2.专项维修资金的使用

①住宅专项维修资金应当专项用于住宅共用部位、共用设施设备保修期满后的维修和更新、改造，不得挪作他用。住宅专项维修资金的使用，应当遵循方便快捷、公开透明、受益人和负担人相一致的原则。

下列费用不得从住宅专项维修资金中列支：

a.依法应当由建设单位或者施工单位承担的住宅共用部位、共用设施设备维修、更新和改造费用。

b. 依法应当由相关单位承担的供水、供电、供气、供热、通信、有线电视等管线和设施设备的维修、养护费用。

c. 应当由当事人承担的因人为损坏住宅共用部位、共用设施设备所需的修复费用。

d. 根据物业服务合同约定,应当由物业服务企业承担的住宅共用部位、共用设施设备的维修和养护费用。

②专项维修资金使用的分摊,应当遵循业主谁受益谁承担的原则,按下列规定列支:

a. 商品住宅之间或者商品住宅与非住宅之间共用部位、共用设施设备的维修和更新、改造费用,由相关业主按照各自拥有物业建筑面积的比例分摊。

b. 售后公有住房之间共用部位、共用设施设备的维修和更新、改造费用,由相关业主和公有住房售房单位按照所交存住宅专项维修资金的比例分摊。其中,应由业主承担的,再由相关业主按照各自拥有物业建筑面积的比例分摊。

c. 售后公有住房与商品住宅或者非住宅之间共用部位、共用设施设备的维修和更新、改造费用,先按照建筑面积比例分摊到各相关物业。其中,售后公有住房应分摊的费用,再由相关业主和公有住房售房单位按照所交存住宅专项维修资金的比例分摊。

d. 住宅共用部位、共用设施设备维修和更新、改造,涉及尚未售出的商品住宅、非住宅或者公有住房的,开发建设单位或者公有住房单位应当按照尚未售出商品住宅或者公有住房的建筑面积,分摊维修和更新、改造费用。

③住宅专项维修资金划转业主大会管理前,需要使用住宅专项维修资金的,按照以下程序办理:

a. 物业服务企业根据维修和更新、改造项目提出使用建议;没有物业服务企业的,由相关业主提出使用建议。

b. 住宅专项维修资金列支范围内专有部分占建筑物总面积三分之二以上的业主且占总人数三分之二以上的业主讨论通过使用建议。

c. 物业服务企业或者相关业主组织实施使用方案。

d. 物业服务企业或者相关业主持有关材料,向所在地直辖市、市、县人民政府建设(房地产)主管部门申请列支;其中,动用公有住房住宅专项维修资金的,向负责管理公有住房住宅专项维修资金的部门申请列支。

e. 直辖市、市、县人民政府建设(房地产)主管部门或者负责管理公有住房住宅专项维修资金的部门审核同意后,向专户管理银行发出划转住宅专项维修资金的通知。

f. 专户管理银行将所需住宅专项维修资金划转至维修单位。

④住宅专项维修资金划转业主大会管理后,需要使用住宅专项维修资金的,按照以下程序办理:

a. 物业服务企业提出使用方案,使用方案应当包括拟维修和更新、改造的项目、费用预算、列支范围、发生危及房屋安全等紧急情况以及其他需临时使用住宅专项维修资金的情况的处置办法等。

b. 业主大会依法通过使用方案。

c. 物业服务企业组织实施使用方案。

d. 物业服务企业持有关材料向业主委员会提出列支住宅专项维修资金。其中,动用公有住房住宅专项维修资金的,向负责管理公有住房住宅专项维修资金的部门申请列支。

e. 业主委员会依据使用方案审核同意,并报直辖市、市、县人民政府建设(房地产)主管部门备案;动用公有住房住宅专项维修资金的,经负责管理公有住房住宅专项维修资金的部门审核同意;直辖市、市、县人民政府建设(房地产)主管部门或者负责管理公有住房住宅专项维修资金的部门发现不符合有关法律、法规、规章和使用方案的,应当责令改正。

f. 业主委员会、负责管理公有住房住宅专项维修资金的部门向专户管理银行发出划转住宅专项维修资金的通知。

g. 专户管理银行将所需住宅专项维修资金划转至维修单位。

⑤在保证住宅专项维修资金正常使用的前提下,可以按照国家有关规定将住宅专项维修资金用于购买国债。

⑥下列资金应当转入住宅专项维修资金滚存使用:

a. 住宅专项维修资金的存储利息。

b. 利用住宅专项维修资金购买国债的增值收益。

c. 利用住宅共用部位、共用设施设备进行经营的,业主所得收益,但业主大会另有决定的除外。

d. 住宅共用设施设备报废后回收的残值。

3. 专项维修资金的管理

物业专项维修资金的管理实行专户专存、业主决策、专款专用、统筹监管的原则。

①房地产管理部门应当与商业银行(即专户管理银行)签订委托合同,委托专户管理银行办理专项维修资金账户的设立、缴存、使用、结算等手续,并在专户管理银行设立本市专项维修资金专户。

在专项维修资金专户中,应当建立专项维修资金明细账,以一个物业管理区域为单位立账,并以房屋户门号设分户账,记载分户账的缴存、使用、结存等情况。房地产开发建设单位、公有住房售房单位缴存、提取的首次专项维修资金按物业管理区域单独列账。

②业主大会未成立的,首次专项维修资金由市房地产管理部门统一代为监管。

③业主大会成立后,应当按照下列规定划转业主交存的住宅专项维修资金:

a. 业主大会应当委托所在地一家商业银行作为本物业管理区域内住宅专项维修资金的专户管理银行,并在专户管理银行开立住宅专项维修资金专户。

开立住宅专项维修资金专户,应当以物业管理区域为单位设账,按房屋户门号设分户账。

b. 业主委员会应当通知所在地直辖市、市、县人民政府建设(房地产)主管部门;涉及已售公有住房的,应当通知负责管理公有住房住宅专项维修资金的部门。

c. 直辖市、市、县人民政府建设(房地产)主管部门或者负责管理公有住房住宅专项维修资金的部门应当在收到通知之日起30日内,通知专户管理银行将该物业管理区域内业主交存的住宅专项维修资金账面余额划转至业主大会开立的住宅专项维修资金账户,并将有关账目等移交业主委员会。

④业主委员会设立专项维修资金账户后,应当书面告知所在地区(市)县房地产管理部门,由市房地产管理部门将代为监管的该业主委员会所在物业管理区域的首次专项维修资金的本金和利息,划转至该业主委员会设立的专项维修资金账户。

⑤住宅专项维修资金划转后的账目管理单位,由业主大会决定。业主大会应当建立住宅专项维修资金管理制度。业主大会开立的住宅专项维修资金账户,应当接受所在地直辖市、市、县人民政府建设(房地产)主管部门的监督。

⑥直辖市、市、县人民政府建设(房地产)主管部门,负责管理公有住房住宅专项维修资金的部门及业主委员会,应当每年至少一次与专户管理银行核对住宅专项维修资金账目,并向业主、公有住房售房单位公布下列情况:

a. 住宅专项维修资金交存、使用、增值收益和结存的总额。

b. 发生列支的项目、费用和分摊情况。

c. 业主、公有住房售房单位分户账中住宅专项维修资金交存、使用、增值收益和结存的金额。

d. 其他有关住宅专项维修资金使用和管理的情况。

⑦房屋灭失的,按规定返还住宅专项维修资金。

⑧专户管理银行应当每年至少一次向直辖市、市、县人民政府建设(房地产)主管部门,负责管理公有住房住宅专项维修资金的部门及业主委员会发送住宅专项维修资金对账单。直辖市、市、县建设(房地产)主管部门,负责管理公有住房住宅专项维修资金的部门及业主委员会对资金账户变化情况有异议的,可以要求专户管理银行进行复核。专户管理银行应当建立住宅专项维修资金查询制度,接受业主、公有住房售房单位对其分户账中住宅专项维修资金使用、增值收益和账面余额的查询。

⑨住宅专项维修资金的管理和使用,应当依法接受审计部门的审计监督。住宅专

项维修资金的财务管理和会计核算应当执行财政部有关规定。财政部门应当加强对住宅专项维修资金收支财务管理和会计核算制度执行情况的监督。住宅专项维修资金专用票据的购领、使用、保存、核销管理,应当按照财政部以及省、自治区、直辖市人民政府财政部门的有关规定执行,并接受财政部门的监督检查。

 任务指导6.5　完成任务情景6.5中的工作任务。

目的:加深理解住宅专项维修资金的所有权问题。

步骤:第1步,仔细阅读任务情景6.5;

　　　第2步,进行分组讨论,现场交流。

提示:2008年2月1日起施行的《住宅专项维修资金管理办法》规定,业主交存的住宅专项维修资金属于业主所有。从公有住房售房款中提取的住宅专项维修资金属于公有住房售房单位所有。显然,房屋维修资金的所有权是明确的,应属于全体业主共同所有。其次,房屋维修资金只能专款专用于房屋共有部位的维修,不能挪作他用,将它返还给业主显然背离了这一使用目的。

专项维修基金由该物业内的业主共同筹集,业主按照缴纳比例享有维修基金的所有权,但使用权归全体业主所有,单个业主不得向银行提取自己所有的维修基金部分。维修基金与具体房屋相结合,随房屋存在而存在、灭失而灭失,不因具体业主的变更而变化,因房屋产权变更成为新业主时,维修基金也应经旧业主更名为新业主名下。虽然业主处分了房屋所有权,但是共同使用房屋共有部位的关系依然存在,不能要求返还其缴纳的部分维修基金。

 活动6.5　归纳专项维修资金的使用原则。

目的:通过归纳专项维修资金的使用原则的活动,让学生了解专项维修资金的使用范围和使用方法,让学生加深对专项维修资金使用的认识。

步骤:第1步,将全班分成评委组、资料准备组、专项维修资金的使用原则制订组。评委组主要负责制定评分标准,当好评委;资料准备组主要做好资料准备,完成本职工作;专项维修资金的使用原则制订组主要做好物业服务质量标准的制订工作,并做好事后总结工作;

　　　第2步,进行资料、场地和材料准备;

　　　第3步,分组讨论,得出结论。老师要对各组任务执行情况做记录和分析,并适时反馈任务执行的效果。

技能实训6.8　阅读下面材料后回答问题。

某小区内一幢多层住宅顶楼屋顶出现漏水情况,且已过了开发商的保修期,按规定可以申请动用住宅专项维修资金进行维修,该顶楼业主在办理好报修申请后,需要将维修方案交与本单元业主讨论,并需要本单元三分之二以上业主签字同意后方能施工。可楼下的大部分业主不同意该施工方案,他们认为这是顶楼业主自己的事情,不能动用大家的住宅专项维修资金予以维修。得知上述情况后,主管部门、业主委员会都曾上门进行协调,但部分业主还是不理解,不支持,并拒绝在施工方案上签字,而主管部门又不能违反政策,更不能采取强制措施,所以该项目维修暂时处于停滞状态。

1. 请试想:遇到这样的问题,我们该如何处理呢?

2. 在什么情况下可以使用房屋维修基金? 应通过什么途径来使用?

 知识训练

(一) 单项选择题

1. 业主交存的住宅专项维修资金属于(　　)所有。

 A. 售房单位　　　　　　　　B. 业主大会

 C. 业主　　　　　　　　　　D. 施工单位

(二) 多项选择题

1. 直辖市、市、县人民政府建设(房地产)主管部门,负责管理公有住房住宅专项维修资金的部门及业主委员会,应当每年至少一次与专户管理银行核对住宅专项维修资金账目,并向业主、公有住房售房单位公布下列情况(　　)。

 A. 住宅专项维修资金交存、使用、增值收益和结存的总额

 B. 发生列支的项目、费用和分摊情况

 C. 业主、公有住房售房单位分户账中住宅专项维修资金交存、使用、增值收益和结存的金额

 D. 其他有关住宅专项维修资金使用和管理的情况

(三) 判断题

1. 住宅专项维修资金,是指专项用于住宅共用部位、共用设施设备保修期满后的维修和更新、改造的资金。　　　　　　　　　　　　　　　　　　(　　)

2. 即使在保证住宅专项维修资金正常使用的前提下,也不能将住宅专项维修资金用于购买国债。　　　　　　　　　　　　　　　　　　　　　　(　　)

3. 房屋灭失的,不能返还其住宅专项维修资金。　　　　　　　　(　　)

思考练习

(1) 专项维修资金的使用应注意些什么?

(2) 如何对专项维修资金进行管理?

模块七　物业服务企业财务管理

教学目标：

能力要素	实作标准	知识要求
物业服务企业财务管理认知	设置物业服务企业财务管理机构； 制定物业服务企业财务管理制度	认识物业服务企业财务管理的基本概念； 熟知物业服务企业财务管理机构的设置
货币时间价值与财务风险管理	掌握单利、复利的计算方法； 掌握4种年金终值、现值的计算公式和计算方法； 掌握风险的概念和计算	理解并掌握货币时间价值； 掌握财务风险管理
现金流量与财务决策	掌握现金流量、财务决策指标的计算与决策； 组织和讨论现金流量对财务决策的影响和作用	现金流量的相关基本概念； 财务决策的基本概念和方法
财务分析与评价	进行各分析指标的计算和评价得出结果，并做出正确科学的决策	掌握财务分析与评价的方法； 理解财务分析的主要指标、计算、评价和应用

教学内容：

项目一　物业服务企业财务管理认知

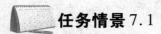 **任务情景** 7.1

"奇怪"的物业服务企业

某小区一业主张先生到物业服务中心去交物业服务费，但付费后却没有收到物业公司的物业缴费发票,于是询问物业管理人员原因,对方回答说:我们是小物业服务企业,没有专用物业缴费发票。业主张先生说那你给我你们财务部的发票也可以,对方回答说:我们是小公司也没有财务部,你只要交了钱就不会再去找你麻烦的,放心吧!我们这儿都记着账呢。

工作任务

(1)交物业服务费不给缴费发票的做法对吗?如不对,张先生应该怎样做?

(2)小的物业服务企业就可以不要财务部,对吗?

知识讲解

1. 物业财务管理的含义

物业财务管理是指企业为达到既定目标所进行的筹集资金和运用资金的活动。在物业管理经营过程中,各类管理服务费、特约代办服务费、各种兼营性服务的收入和相应的开支等,就构成了物业服务企业的资金运动。

2. 物业财务管理的定义

物业财务管理就是物业服务企业资金运行的管理,在资金运行过程中,包括整个物业经营出租、管理服务收费等资金的筹集、使用、耗费、收入和分配。因此,要按照政府有关规定,规范物业服务企业的财务行为,加强财务管理和经济核算。

3. 物业财务管理的对象

物业财务管理的对象就是物业经营、管理、服务的资金费用和利润。为了提高经济效益,扩大收入来源,使物业不断保值增值,许多物业服务企业实行"一业为主,多种经营"的方针,公司下属既有商业贸易部门,也有工程维修机构,还有出租物业及其他提供有偿服务服务机构。

4. 物业财务管理的主要内容

物业财务管理的主要内容有:对资金筹集运用的管理,固定资产和经租房产租金的管理,租金收支管理,商品房资金的管理,物业有偿服务管理费的管理,流动资金和专用资金的管理,资金分配的管理,财务收支汇总平衡,等等。

5. 物业财务管理的任务

(1)筹集、管理资金

这就是要保证物业经营的需要,加快资金周转,不断提高资金运用的效能,尤其是提高自有资金的收益率。物业服务企业的主要经济来源是房租收入、物业有偿服务管理费收入,要大力组织租金收入,加强有偿服务管理费的收费工作,做到应收尽收,提高回收率。另外,在资金使用上,对各项支出要妥善安排,严格控制,注意节约,防止浪费。充分发挥资金的效果。

(2)经济核算

通过财务活动加强经济核算,改善经营管理,降低修缮、维修、养护成本,不断降低消耗,增加积累,提高投资效益和经济效益。

(3)多元经营

积极组织资金,开辟物业经营市场,"一业为主,多元经营",不断寻求物业经营的新生长点,不断拓展物业经营的新领域,形成新优势。

(4)财务监督

实行财务监督,维护财经纪律。物业服务企业的经营、管理、服务,必须依据国家的方针、政策和财经法规以及财务计划,对公司预算开支标准和各项经济指标进行监督,使资金的筹集合理合法,资金运用的效果不断提高,确保资金分配兼顾国家、集体和个人三者的利益。同时,要在分配收益上严格遵守国家规定,及时上缴各种税金,弥补以前年度亏损,提取法定公积金、公益金,并向投资者分配利润。

6. 物业服务企业财务管理的机构及职责

(1)财务部门机构的设置

物业服务企业的财务管理机构设置与其他行业的机构设置也大致相同,只是工作内容和方法有物业管理行业的特点。根据物业服务企业的具体情况、资质等级及规模大小、人员可以灵活配备。财会部门一般可设置下列人员:财务会计部经理、主管会计、出纳、电脑员、统计员、收费员。

(2)财会人员的岗位职责

①财会部经理。其岗位职责有:

a. 向企业领导人负责,组织公司的财会管理工作,当好企业负责人的经营管理参谋。

b. 每月、每季审核各种会计报表和统计报表,写出财务会计分析报表,送企业法人审阅。

c. 检查、监督物业管理各项费用的及时收缴,保证企业资金的正常运转。

d. 审核控制各项费用的支出,杜绝浪费。

e. 合理有效地经营管理好企业的金融资产,为企业创造利润。

f. 根据物业管理行业的具体特点、依据财会管理有关法规、政策、文件,制定财会管理具体制度和操作程序。

g. 组织拟定物业管理各项费用标准的预算方案,送企业领导、业主委员会和相关主管部门审核、修订。

h. 研究熟悉和实施相关的工商、财会及税务、物价等管理制度,运用法律、行政处分和经济手段保护公司的合法权益。

②主管会计。其岗位职责有:

a.向部门经理负责,具体组织好本部门的日常管理工作。

b.每日做好各种会计凭证和账务处理工作。

c.每月、每季按时做好各种会计报表,定期向业主委员会公布管理收缴及使用情况。

d.负责检查、审核各经营管理部门及下属机构的收支账目,向企业领导及时汇报工作情况。

e.检查银行、库存现金和资产账目,做到账账相符,账实相符。

f.按照物业管理的行业特点和需要,分类计账;完成企业领导交办的财会工作。

③出纳。其岗位职责有:

a.遵守公司员工守则和财务管理制度。

b.管理好公司的现金收付、银行存款的存取,保管现金、有价证券、银行支票等。

c.及时追收企业各种应收款项,保护企业和业主利益不受损失。

d.编制有关现金收付记账凭证、现金日记账、银行日记账的工作。

e.及时办理各项转账、现金支票,按月将银行存款余额与银行对账单核对相符,并交会计作账。

④统计员(电脑员)。其岗位职责有:

a.及时统计、存储各种费用收付资料,供主管会计参考。

b.维护好电脑设备,保管好所有资料,对变动资料数据应及时修改并存储。

c.及时输入打印收费通知单,保证费用的按时收缴。

⑤收费员。其岗位职责有:

a.负责物业服务费等各项费用的通知和收缴。

b.对缴费情况随时进行统计,及时追讨欠缴费用。

c.承接与物业管理相关的经营服务收费,为业主办理各项公用事业费的缴付。

d.和业主(使用人)交朋友,争取他们对物业管理工作的理解和支持,协助搞好"窗口"服务。

e.完成企业和部门领导交办的其他任务。

任务指导7.1　完成任务情景7.1中的工作任务。

目的:熟悉物业服务企业财务管理机构设置和财务管理制度。

步骤:第1步,仔细阅读任务情景7.1;

　　　第2步,进行分组讨论,现场交流。

提示:根据国家财务制度要求,任何缴费都必须出具相关正规财务收款凭证。

活动7.1　制订重庆佳居物业服务有限公司财务管理制度。

目的:通过制订"重庆佳居物业服务有限公司财务管理制度"活动,让学生明白财务管理制度制定的要求和注意事项。

步骤:第1步,分组讨论注意事项;

第2步,得出结论,整理成文字材料。老师要对各组任务执行情况做记录和分析,并适时反馈任务执行的效果。

 知识训练

(一)单项选择题

1.物业财务管理是指企业为达到既定目标所进行的筹集资金和( )的活动。

    A.运用资金   B.消耗资金   C.买卖资金   D.借出资金

2.多元经营是指( )。

    A."一业为主,多元经营"   B.多元化经营为主

    C.多元经营,副业为主   D.主业为主,多元经营

(二)多项选择题

1.物业财务管理的对象就是( )。

    A.物业经营   B.物业管理

    C.物业服务的资金费用和利润   D.物业制度制定

2.固定资产分为( )一般设备等大类。

    A.房屋及建筑物   B.专用设备   C.家具设备   D.电器设备

(三)判断题

1.物业财务管理就是物业服务企业资金运行的管理。   ( )

2.凡单价在2 000元以上的一般设备,单价在5 000元以上的专用设备,其耐用时间在一年以上的,均列为固定资产。   ( )

3.物业财务管理制度是公司内部管理的重要制度,是保证有关财务管理工作规范化、标准化的一系列具体规定。   ( )

4.物业服务企业的财务管理机构设置与其他行业的机构设置也大致相同,只是工作内容和方法上有物业管理行业的特点。   ( )

 技能实训7.1

实训内容:请根据技能实训1.1中重庆佳居物业服务有限责任公司的相关资料,完成以下工作任务:

①帮助重庆佳居物业服务有限责任公司设置财务管理部门的岗位及职责。

②帮助重庆佳居物业服务有限责任公司制定公司财务管理规章制度。

思考练习

(1)什么是物业服务企业的财务管理?

(2)物业服务企业财务管理的内容是什么?

(3)为什么物业服务企业要制定财务管理制度?

项目二 货币时间价值与财务风险管理

任务情景 7.2

大学毕业生小王在某物业管理有限公司上班,可是他上班 3 个多月了还没拿到过工资,于是他到经理那儿问,经理说你找总经理,于是他又找到了总经理李总,可是李总经理对他说:"年轻人做事不要着急,你好好上班,你的工资年底会一分不少的全部发给你的,现在公司现金周转出现了点问题,作为公司一员应该为公司着想。"小王正想说什么,李总又打断他说:"要不你到财务部,我让他们给你出一张欠条,这总可以了吧!"

工作任务:

(1)今天的 100 元是否与 1 年后的 100 元价值相等? 为什么?

(2)如果你是小王,你该怎么办?

知识讲解

1. 货币时间价值的概念

资金时间价值,又称货币时间价值,是指在不考虑通货膨胀和风险性因素的情况下,资金在其周转使用过程中随着时间因素的变化而变化的价值,其实质是资金周转使用后带来的利润或实现的增值。所以,资金在不同的时点上,其价值是不同的,如今天的 100 元和一年后的 100 元是不等值的。今天将 100 元存入银行,在银行利息率 10% 的情况下,一年以后会得到 110 元,多出的 10 元利息就是 100 元经过一年时间的投资所增加了的价值,即货币的时间价值。显然,今天的 100 元与一年后的 110 元不相等。由于不同时间的资金价值不同,所以,在进行价值大小对比时,必须将不同时间的资金折算为同一时间后才能进行大小的比较。

2. 货币时间价值的计算

由于资金具有时间价值,因此同一笔资金,在不同的时间,其价值是不同的。计算资金的时间价值,其实质就是不同时点上资金价值的换算。它具体包括两方面的内容:一方面,是计算现在拥有一定数额的资金,在未来某个时点将是多少数额,这是计算终值问题;另一方面,是计算未来时点上一定数额的资金,相当于现在多少数额的资金,这是计算现值问题。

资金时间价值的计算有两种方法:一是只就本金计算利息的单利法;二是不仅本金要计算利息,利息也能生利,即俗称"利上加利"的复利法。相比较而言,复利法更能确切地反映本金及其增值部分的时间价值。计算货币时间价值量,首先引入"现值"和"终值"两个概念表示不同时期的货币时间价值。现值,又称本金,是指资金现在的价值;终值,又称本利和,是指资金经过若干时期后包括本金和时间价值在内的未来价值。通常有单利终值与现值、复利终值与现值、年金终值与现值。

(1)单利终值与现值

单利是指只对借贷的原始金额或本金支付(收取)的利息。我国银行一般是按照单利计算利息的。

在单利计算中,设定以下符号:

P——本金(现值);i——利率;I——利息;F——本利和(终值);t——时间。

①单利终值。单利终值是本金与未来利息之和。其计算公式为:$F = P + I = P + P \times i \times t = P(1 + i \times t)$。例如,将100元存入银行,利率假设为10%,1年后、2年后、3年后的终值是多少?(单利计算)1年后:$100 \times (1 + 10\%) = 110$(元);

2年后:$100 \times (1 + 10\% \times 2) = 120$(元);

3年后:$100 \times (1 + 10\% \times 3) = 130$(元)。

②单利现值。单利现值是资金现在的价值。单利现值的计算就是确定未来终值的现在价值。例如公司商业票据的贴现。商业票据贴现时,银行按一定利率从票据的到期值中扣除自借款日至票据到期日的应计利息,将余款支付给持票人。贴现时使用的利率称为贴现率,计算出的利息称为贴现息,扣除贴现息后的余额称为贴现值即现值。单利现值的计算公式为:

$$P = F - I = F \times (1 + i \times t)$$

例:假设银行存款利率为10%,为使3年后获得20 000现金,某人现在应存入银行多少钱?

$$P = 20\ 000 \times (1 + 10\% \times 3) = 15\ 384.62(元)。$$

(2)复利终值与现值

复利,就是不仅本金要计算利息,本金所生的利息在下期也要加入本金一起计算利息,即通常所说的"利滚利"。

在复利的计算中,设定以下符号:

F——复利终值;i——利率;P——复利现值;n——期数。

①复利终值。复利终值是指一定数量的本金在一定的利率下按照复利的方法计算出的若干时期以后的本金和利息。例如公司将一笔资金 P 存入银行,年利率为 i,如果每年计息一次,则 n 年后的本利和就是复利终值,如图 7.1 所示。

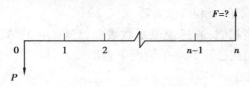

图 7.1 复利终值示意图

如图 7.1 所示,1 年后的终值是:$F_1 = P + P \times i = P \times (1 + i)$。

2 年后的终值为:$F_2 = F_1 + F_1 \times i = F_1 \times (1 + i)$

$$= P \times (1 + i)(1 + i) = P \times (1 + i)^2$$

……

由此可以推出 n 年后复利终值的计算公式为:$F = P \times (1 + i)^n$

例:将 100 元存入银行,利率假设为 10%,1 年后、2 年后、3 年后的终值是多少?(复利计算)

1 年后:$100 \times (1 + 10\%) = 110(元)$;

2 年后:$100 \times (1 + 10\%)^2 = 121(元)$;

3 年后:$100 \times (1 + 10\%)^3 = 133.1(元)$。

复利终值公式中,$(1 + i)^n$ 称为复利终值系数,用符号 $(F/P, i, n)$ 表示。例如 $(F/P, 8\%, 5)$,表示利率为 8%,5 期的复利终值系数。复利终值系数可以通过查"复利终值系数表"(见附录Ⅱ)获得。通过复利系数表,还可以在已知 F, i 的情况下查出 n;或在已知 F, n 的情况下查出 i。

②复利现值:是指未来一定时间的特定资金按复利计算的现在价值。即为取得未来一定本利和现在所需要的本金。例如,将 n 年后的一笔资金 F,按年利率 i 折算为现在的价值,这就是复利现值,如图 7.2 所示。

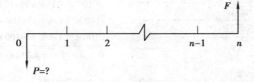

图 7.2 复利现值示意图

由终值求现值,称为折现,折算时使用的利率称为折现率。

复利现值的计算公式为:$P = \dfrac{F}{(1 + i)^n} = F \times (1 + i)^{-n}$

例:A 钢铁公司计划 4 年后进行技术改造,需要资金 120 万元,当银行利率为 5%

时,公司现在应存入银行的资金为:

$$P = F \times (1 + i)^{-n} = 1\ 200\ 000 \times (1 + 5\%)^{-4} = 1\ 200\ 000 \times 0.822\ 7 = 987\ 240(元)$$

公式中$(1 + i)^{-n}$称为复利现值系数,用符号$(P/F, i, n)$表示。例如$(P/F, 5\%, 4)$,表示利率为5%,4期的复利现值系数。

与复利终值系数表相似,通过现值系数表在已知i, n的情况下查出P;或在已知P, i的情况下查出n;或在已知P, n的情况下查出i。

(3)年金终值与现值

年金是指一定时期内一系列相等金额的收付款项。如分期付款赊购,分期偿还贷款、发放养老金、支付租金、提取折旧等都属于年金收付形式。按照收付的次数和支付的时间划分,年金可以分为普通年金、先付年金、递延年金和永续年金。

在年金的计算中,设定以下符号:

A——每年收付的金额;i——利率;F——年金终值;P——年金现值;n——期数。

①普通年金:是指每期期末有等额的收付款项的年金,又称后付年金,如图7.3所示。

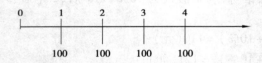

图7.3 普通年金示意图

图7.3中,横轴代表时间,用数字标出各期的顺序号,竖线的位置表示支付的时刻,竖线下端数字表示支付的金额。图7.3表示4期内每年100元的普通年金。

a. 普通年金的终值:是指一定时期内每期期末等额收付款项的复利终值之和。例如,按图7.3的数据,假如$i = 6\%$,第4期期末的普通年金终值的计算见图7.4。

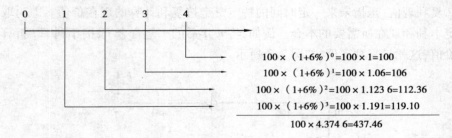

图7.4 普通年金终值计算示意图

从7.4图可知,第1期期末的100元,有3个计息期,其复利终值为119.1元;第2期期末的100元,有2个计息期,其复利终值为112.36元;第3期期末的100元,有1个计息期,其复利终值为106元;而第4期期末的100元没有利息,其终值仍为100元。将以上4项加总得437.46元,即为总的年金终值。

从以上的计算可以看出,通过复利终值计算年金终值比较复杂,但存在一定的规律性,由此可以推导出普通年金终值的计算公式。

根据复利终值的方法,计算年金终值 F 的公式为:

$$F = A + A(1 + i) + A(1 + i)^2 + \cdots + A(1 + i)^{n-1} \tag{1}$$

等式两边同乘 $(1 + i)$,则有:

$$F(1 + i) = A(1 + i) + A(1 + i)^2 + A(1 + i)^3 + \cdots + A(1 + i)^n \tag{2}$$

公式(2)与公式(1)相减,可得:

$$F(1 + i) - F = A(1 + i)^n - A$$

$$Fi = A[(1 + i)^n - 1]$$

$$F = A \frac{(1 + i)^n - 1}{i}$$

通常将 $\dfrac{(1 + i)^n - 1}{i}$ 称为"年金终值系数",用符号 $(F/A, i, n)$ 表示。

年金终值系数可以通过查"年金终值系数表"获得。该表的第一行是利率 i,第一列是计息期数 n。相应的年金系数在其纵横交叉之处。例如,可以通过查表获得 $(F/A, 6\%, 4)$ 的年金终值系数为 4.374 6,即每年年末收付 1 元,按年利率为 6% 计算,到第 4 年年末,其年金终值为 4.374 6 元。

例:某公司每年在银行存入 4 000 元,计划在 10 年后更新设备,银行存款利率 5%,问第 10 年末公司能筹集的资金总额是多少?

$$F = A \frac{(1 + i)^n - 1}{i} = 4\ 000 \times \frac{(1 + 5\%)^{10} - 1}{5\%} = 50\ 312(元)$$

在年金终值的一般公式中有 4 个变量 F, A, i, n,已知其中的任意 3 个变量都可以计算出第 4 个变量。

例:某公司计划在 8 年后改造厂房,预计需要 400 万元,假设银行存款利率为 4%,该公司在这 8 年中每年年末要存入多少万元才能满足改造厂房的资金需要?

$$F = A \times \frac{(1 + i)^n - 1}{i}$$

$$400 = A \times \frac{(1 + 4\%)^8 - 1}{4\%} = A \times 9.214$$

$$A = 43.41(万元)$$

该公司在银行存款利率为 4% 时,每年年末存入 43.41 万元,8 年后可以获得 400 万元用于改造厂房。

b. 普通年金的现值:是指一定时期内每期期末收付款项的复利现值之和。例如,按图 7.3 的数据,假如 $i = 6\%$,其普通年金现值的计算如图 7.5。

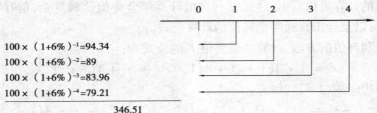

$$100 \times (1+6\%)^{-1} = 94.34$$
$$100 \times (1+6\%)^{-2} = 89$$
$$100 \times (1+6\%)^{-3} = 83.96$$
$$100 \times (1+6\%)^{-4} = 79.21$$
$$346.51$$

图 7.5　普通年金现值计算示意图

从图 7.5 可知,第 1 期期末的 100 元到第 1 期初,经历了 1 个计息期,其复利现值为 94.34 元;第 2 期期末的 100 元到第 1 期初,经历了 2 个计息期,其复利现值为 89 元;第 3 期期末的 100 元到第 1 期初,经历了 3 个计息期,其复利现值为 83.96 元;第 4 期期末的 100 元到第 1 期初,经历了 4 个计息期,其复利现值为 79.21 元。将以上 4 项加总得 346.51 元,即为 4 期的年金现值。

从以上计算可以看出,通过复利现值计算年金现值比较复杂,但存在一定的规律性,由此可以推导出普通年金终值的计算公式。

根据复利现值的方法计算年金现值 P 的计算公式为:

$$P = A\frac{1}{(1+i)} + A\frac{1}{(1+i)^2} + \cdots + A\frac{1}{(1+i)^{n-1}} + A\frac{1}{(1+i)^n} \tag{1}$$

等式两边同乘 $(1+i)$,则有:

$$P(1+i) = A + A\frac{1}{(1+i)} + A\frac{1}{(1+i)^2} + \cdots + A\frac{1}{(1+i)^{n-2}} + A\frac{1}{(1+i)^{n-1}} \tag{2}$$

公式(2)与公式(1)相减,可得:

$$P(1+i) - p = A - A\frac{1}{(1+i)^n}$$

$$Pi = A\left[1 - \frac{1}{(1+i)^n}\right]$$

$$P = A\frac{1 - (1+i)^{-n}}{i}$$

通常将 $\dfrac{1 - (1+i)^{-n}}{i}$ 称为"年金现值系数",用符号 $(P/A, i, n)$ 表示。

年金现值系数可以通过查"年金现值系数表"获得。该表的第一行是利率 i,第一列是计息期数 n。相应的年金现值系数在其纵横交叉之处。例如,可以通过查表获得 $(P/A, 6\%, 4)$ 的年金现值系数为 3.465 1,即每年末收付 1 元,按年利率为 6% 计算,其年金现值为 3.465 1 元。

例:某公司预计在 8 年中,从一名顾客处收取 6 000 的汽车贷款还款,贷款利率为 6%,问该顾客借了多少资金,即这笔贷款的现值是多少?

$$P = A \times \frac{1 - (1 + i)^{-n}}{i} = 6\ 000 \times \frac{1 - (1 + 6\%)^{-8}}{6\%}$$

$$= 6\ 000 \times 6.209\ 8 = 37\ 258.8(元)$$

在年金现值的一般公式中有 4 个变量 P, A, i, n，已知其中的任意 3 个变量都可以计算出第 4 个变量。

②先付年金。先付年金是指每期期初有等额的收付款项的年金，又称预付年金，如图 7.6 所示。

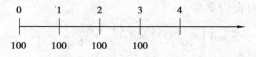

图 7.6　先付年金示意图

图 7.6 中横轴代表时间，用数字标出各期的顺序号，竖线的位置表示支付的时刻，竖线下端数字表示支付的金额。图 7.6 表示 4 期内每年 100 元的先付年金。

a. 先付年金的终值：是指一定时期内每期期初等额收付款项的复利终值之和。例如，按图 7.6 的数据，假如 $i = 6\%$，第 4 期期末的年金终值的计算见图 7.7。

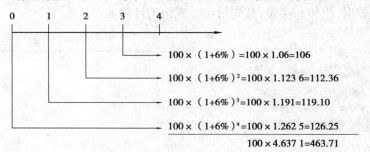

图 7.7　先付年金终值计算示意图

从图 7.7 可知，第 1 期期初的 100 元，有 4 个计息期，其复利终值为 126.25 元；第 2 期期初的 100 元，有 3 个计息期，其复利终值为 119.1 元；第 3 期期初的 100 元，有 2 个计息期，其复利终值为 112.36 元；而第 4 期期初的 100 元，有 1 个计息期，其复利终值为 106 元。将以上 4 项加总得 463.71 元，即为整个的先付年金终值。

从以上的计算可以看出，先付年金与普通年金的付款期数相同，但由于其付款时间的不同，先付年金终值比普通年金终值多计算一期利息。因此，可在普通年金终值的基础上乘上 $(1 + i)$ 就是先付年金的终值。

先付年金的终值 F 的计算公式为：

$$F = A \times \frac{(1 + i)^n - 1}{i}(1 + i) = A \times \frac{(1 + i)^{n+1} - (1 + i)}{i}$$

$$= A\left[\frac{(1 + i)^{n+1} - 1}{i} - 1\right]$$

公式中 $\dfrac{(1+i)^{n+1}-1}{i}-1$ 常称为"先付年金终值系数",它是在普通年金终值系数的基础上,期数加1,系数减1求得的,可表示为 $[(F/A,i,n+1)-1]$,可通过查"普通年金终值系数表",得 $(n+1)$ 期的值,然后减去1可得对应的先付年金终值系数的值。例如 $[(F/A,6\%,4+1)-1]$,$(F/A,6\%,4+1)$ 的值为 5.637 1,再减去1,得先付年金终值系数为 4.637 1。

例:某公司租赁写字楼,每年年初支付租金5 000元,年利率为8%,该公司计划租赁12年,问需支付的租金为多少?

$$F = A\left[\frac{(1+i)^{n+1}-1}{i}-1\right] = 5\,000 \times \left[\frac{(1+8\%)^{12+1}-1}{8\%}-1\right] = 102\,475(元)$$

或:$F = A \times [(F/A,i,n+1)-1] = 5\,000 \times [(F/A,8\%,12+1)-1]$

查"年金终值系数表"得:

$$(F/A,8\%,12+1) = 21.495$$

$$F = 5\,000 \times (21.495-1) = 102\,475(元)$$

b. 先付年金的现值:是指一定时期内每期期初收付款项的复利现值之和。例如,按图7.6的数据,假如 $i=6\%$,其先付年金现值的计算如图7.8。

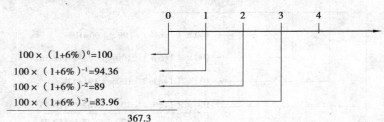

$$367.3$$

图7.8　先付年金现值计算示意图

从图7.8可知,第1期期初的100元,没有计息期,其复利现值仍然为100元;第2期期初的100元到第1期初,经历了1个计息期,其复利现值为94.34元;第3期期初的100元到第一期初,经历了2个计息期,其复利现值为89元;第4期期初的100元到第1期初,经历了3个计息期,其复利现值为83.96元。将以上4项加总得367.3元,即为4期的先付年金现值。

从以上的计算可以看出,先付年金与普通年金的付款期数相同,但由于其付款时间的不同,先付年金现值比普通年金现值少折算一期利息。因此,可在普通年金现值的基础上乘上 $(1+i)$ 就是先付年金的现值。

先付年金的现值 P 的计算公式为:

$$P = A\frac{1-(1+i)^{-n}}{i}(1+i) = A\left[\frac{(1+i)-(1+i)^{-(n-1)}}{i}\right]$$

$$= A\left[\frac{1 - (1 + i)^{-(n-1)}}{i} + 1\right]$$

通常称$\left[\dfrac{1 - (1 + i)^{-(n-1)}}{i} + 1\right]$为"先付年金现值系数",先付年金现值系数是在普通年金现值系数的基础上,期数减1,系数加1求得的,可表示为$[(P/A, i, n-1) + 1]$,可通过查"年金先现值系数表",得$(n-1)$期的值,然后加上1可得对应的先付年金现值系数的值。例如$[(P/A, 6\%, 4-1) + 1]$,$(P/A, 6\%, 4-1)$的值为2.673,再加上1,得先付年金现值系数为3.673。

例:某人分期付款购买住宅,每年年初支付6 000元,20年还款期,假设银行借款利率为5%,该项分期付款如果现在一次性支付,需支付现金是多少?

$$P = A\left[\frac{1 - (1 + i)^{-(n-1)}}{i} + 1\right] = 6\ 000 \times \left[\frac{1 - (1 + 5\%)^{-(20-1)}}{5\%} + 1\right]$$

$$= 78\ 511.8(元)$$

或:$P = A \times [(P/A, i, n-1) + 1] = 6\ 000 \times [(P/A, 5\%, 20-1) + 1]$

查"年金现值系数表"得:

$$(P/A, 5\%, 20-1) = 12.085\ 3$$

$$P = 6\ 000 \times (12.085\ 3 + 1) = 78\ 511.8(元)$$

③递延年金。递延年金是指第一次收付款发生时间是在第二期或者第二期以后的年金。递延年金的收付形式如图7.9所示。

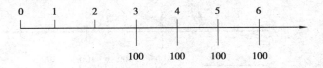

图7.9 递延年金示意图

递延年金是普通年金的特殊形式,一般用m表示递延期数。从图7.9可以看出,第1期和第2期没有发生收付款项,$m = 2$。从第3期开始连续4期发生等额的收付款项,$n = 4$。

a.延年金终值:递延年金终值的计算方法与普通年金终值的计算方法相似,其终值的大小与递延期限无关。

b.递延年金现值:递延年金现值是自若干时期后开始每期款项的现值之和。其现值计算方法有两种:

方法一,首先把递延年金看作n期普通年金,计算出递延期末的现值;然后将已计算出的现值折现到第1期期初。

例:依据图7.9所示数据,计算其递延年金现值为多少(假设银行利率为6%)?

第1步,计算4期的普通年金现值。

$$P_2 = A \times \frac{1 - (1 + i)^{-n}}{i} = 100 \times \frac{1 - (1 + 6\%)^4}{6\%} = 346.51(元)$$

第 2 步,已计算的普通年金现值,折现到第 1 期期初。

$$P_0 = P_2 \frac{1}{(1 + i)^m} = 346.51 \times \frac{1}{(1 + 6\%)^2} = 308.39(元)$$

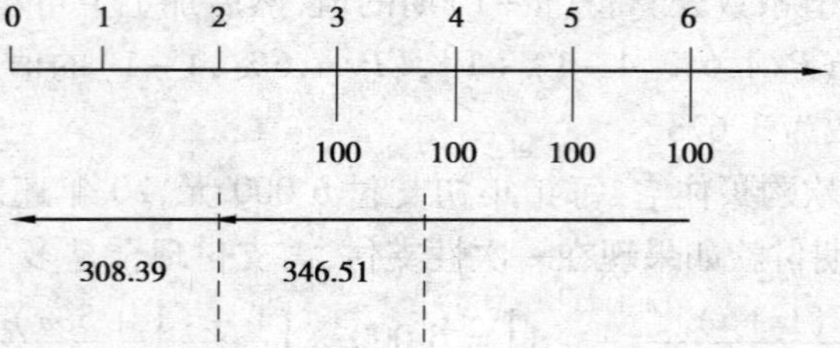

图 7.10　递延年金计算示意图

方法二,首先计算出 $(m + n)$ 期的年金现值;然后,计算 m 期年金现值;最后,将计算出的 $(m + n)$ 期扣除递延期 m 的年金现值,得出 n 期年金现值。其计算步骤为:

$$P_{(m+n)} = 100 \times \frac{1 - (1 + 6\%)^{2+4}}{6\%} = 491.73(元)$$

$$P_{(m)} = 100 \times \frac{1 - (1 + 6\%)^2}{6\%} = 183.34(元)$$

$$P_{(n)} = P_{(m+n)} - P_{(m)} = 308.39(元)$$

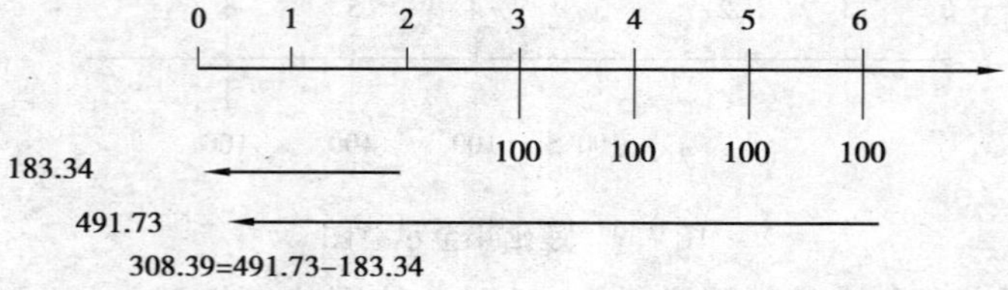

图 7.11　递延年金计算示意图

④永续年金:是指无限期支付的年金,如优先股股利。由于永续年金持续期无限,没有终止时间,因此没有终值,只有现值。永续年金可视为普通年金的特殊形式,即期限趋于无穷的普通年金。其现值的计算公式可由普通年金现值公式推出。

永续年金现值 P 计算公式为:

$$P = A \times \frac{1 - (1 + i)^{-n}}{i} = A \times \frac{1 - \dfrac{1}{(1 + i)^n}}{i}$$

当 $i \to \infty$ 时,$\dfrac{1}{(1 + i)^n} \to 0$

故: $P = \dfrac{A}{i}$,这在企业价值评估和企业并购确定目标企业价值时用到。

3.风险分析

风险是现代企业财务管理环境的一个重要特征,在企业财务管理的每一个环节都不可避免地要面对风险。风险是客观存在的,如何防范和化解风险,以达到风险与报酬的优化配置是非常重要的。

1)风险的概念

风险是指在一定条件下和一定时期内可能发生的各种结果的变动程度,或是指人们事先能够肯定采取某种行为所有可能的后果,以及每种后果出现可能性的状况。我们这里所的风险,是指投资风险,与投资活动密切相关。

2)风险的收益

一般而言,投资者都讨厌风险,并力求回避风险。那么为什么还会有人进行风险性投资呢? 这是因为风险投资可以得到额外报酬——风险报酬。

(1)风险报酬

①风险报酬的定义。所谓风险报酬,是指投资者因冒风险进行投资而获得的超过时间价值的那部分报酬。风险报酬有两种表示方法:风险报酬额和风险报酬率。但在财务管理中,风险报酬通常用相对数——风险报酬率来加以计量。由于投资风险的存在,要使投资者愿意承担一份风险,必须给予一定报酬作为补偿。风险越大,补偿越高,即风险和报酬间的基本关系是风险越大,要求的报酬率越高。在投资报酬率相同的情况下,人们都会选择风险小的投资,结果竞争使其风险增加,报酬率下降。风险和报酬的这种联系是市场竞争的结果。

②风险报酬具有以下特征:

a.预期报酬的不确定性。风险表现为投资报酬的不确定性,故与风险相关的预期报酬就是不确定的。由于存在投资风险,不仅风险报酬是不确定的,它还会在整体上影响投资的成败,从而导致整个投资报酬都是不肯定的。这样,在投资风险与投资风险报酬之间就产生了一种差别,即投资风险是对整个投资的成败而言,而投资风险报酬则只是就投资风险自身而言,它不是整个投资的总报酬,而只是投资报酬的风险部分。这种划分实际上是一种理论分析的必要。

b.衡量报酬的风险性,也就是说风险报酬只与风险有关。

(2)无风险报酬

①无风险报酬的概念。无风险报酬是指将投资投放某一投资项目上能够肯定得到的报酬。在西方国家通常以固定利息公债券所提供的报酬作为无风险报酬。公债券以政府作为债务主体,一般认为这种债券的信用极高,其到期还本付息不存在问题,因而投资的预期报酬几乎是确定的。

②无风险报酬的特征。

a. 预期报酬的确定性，或者说无风险报酬是必要投资报酬中肯定和必然会得到的部分。无风险报酬是投资者所期望的必要投资报酬的基础，也是投资者是否进行投资的必要前提。

b. 衡量报酬的时间性。无风险报酬也称资金时间价值，也就是说，无风险报酬只与投资的时间长短有关。它有两方面的含义：一是同一投资随着投资时间的延长，投资报酬会按指数增长。这与资金的周转价值有关，每一次周转后的利润也要加入周转，即考虑复利的影响，则每一次周转所获得的利润一定会比上一次周转所获得的利润多，投资报酬呈指数增长。二是同一投资会因投资期间不同，而使同一时期所获的无风险投资报酬不相同。例如长期债券和短期债券的年利率是不相同的，长期债券因其流动性更弱，故必须以更高的利率作为补偿。

（3）通货膨胀贴补

通货膨胀贴补又称通货膨胀溢价，它是指由于通货贬值而使投资带来损失的一种补偿。在投资报酬中，只考虑通货膨胀贴补中货币贬值而导致的原始投资贬值和投资收益贬值，是对投资收益实际购买力下降的一种补偿。它与各投资者或各投资项目所实际感受的通货膨胀影响无关。当通货膨胀发生时，有时投资项目所形成的产品售价上升会得到涨价的好处。有时投资项目所形成的产品成本上升，从而则会遭受损失。尽管存在这种差别，但就投资者的投资收益来说，只要存在通货膨胀，其实际购买力必然下降，因为同样多的货币投资和投资收益不可能代表同样多的实际价值。而要使实际价值不变，只有增加货币量，这个增加的货币量就是通货膨胀贴补。

（4）无风险报酬、风险报酬和通货膨胀贴补的关系

从理论上讲，投资报酬是由无风险报酬、通货膨胀贴补和风险报酬3个部分组成的。投资报酬可表示为：

$$投资报酬(R) = 无风险报酬 + 风险报酬 + 通货膨胀贴补$$

风险报酬率是投资者因承担风险而获得的超过时间价值率的那部分额外报酬率，即风险报酬与原投资额的比率。风险报酬率是投资项目报酬率的一个重要组成部分，如果不考虑通货膨胀因素，投资报酬率就是时间价值率与风险报酬率之和。

3）风险衡量

这里的投资风险指的是单项投资风险，是指某一项投资方案实施后，将会出现各种投资结果的概率。换句话说，某一项投资方案实施后，能否如期回收投资以及能否获得预期收益，在事前是无法确定的，这就是单项投资的风险。因承担单项投资风险而获得的风险报酬率就称为单项投资风险报酬率。除无风险投资项目（国库券投资）外，其他所有投资项目的预期报酬率都可能不同于实际获得的报酬率。对于有风险的投资项目来说，其实际报酬率可以看成是一个有概率分布的随机变量，可以用两个标

准来对风险进行衡量:期望报酬率;标准离差。

（1）期望报酬率

期望值是随机变量的均值。对于单项投资风险报酬率的评估来说,我们所要计算的期望值即为期望报酬率,根据以上公式,期望投资报酬率的计算公式为:

$$K = \sum_{i=1}^{n} K_i P_i$$

式中　K——期望投资报酬率;

　　　K_i——第 i 个可能结果下的报酬率;

　　　p_i——第 i 个可能结果出现的概率;

　　　n——可能结果的总数。

例:有 A、B 两个项目,两个项目的报酬率及其概率分布情况如表 7.1 所示,试计算两个项目的期望报酬率。

表 7.1　A 项目和 B 项目投资报酬率的概率分布情况表

项目实施情况	该种情况出现的概率		投资报酬率	
	项目 A	项目 B	项目 A	项目 B
好	0.20	0.30	15%	20%
一般	0.60	0.40	10%	15%
差	0.20	0.30	0	-10%

根据公式分别计算项目 A 和项目 B 的期望投资报酬率分别为:

项目 A 的期望投资报酬率 $= K_1 P_1 + K_2 P_2 + K_3 P_3$

$$= 0.2 \times 0.15 + 0.6 \times 0.1 + 0.2 \times 0 = 9\%$$

项目 B 的期望投资报酬率 $= K_1 P_1 + K_2 P_2 + K_3 P_3$

$$= 0.3 \times 0.2 + 0.4 \times 0.15 + 0.3 \times (-0.1) = 9\%$$

从计算结果可以看出,两个项目的期望投资报酬率都是 9%。但是否可以就此认为两个项目是等同的呢? 我们还需要了解概率分布的离散情况,即计算标准离差和标准离差率。

（2）方差、标准离差和标准离差率

①方差。按照概率论的定义,方差是各种可能的结果偏离期望值的综合差异,是反映离散程度的一种量度。方差可按以下公式计算:

$$\delta^2 = \sum_{i=1}^{n} (K_i - \overline{K})^2 P_i$$

②标准离差。标准离差则是方差的平方根。在实务中一般使用标准离差而不使

用方差来反映风险的大小程度。一般来说,标准离差越小,说明离散程度越小,风险也就越小;反之标准离差越大则风险越大。标准离差的计算公式为:

$$\delta = \sqrt{\sum_{i=1}^{n} (K_i - \overline{K})^2 P_i}$$

例:分别计算上例中 A、B 两个项目投资报酬率的方差和标准离差。

项目 A 的方差 $= \sum_{i=1}^{n} (K_i - \overline{K})^2 P_i$

$= 0.2 \times (0.15 - 0.09)^2 + 0.6 \times (0.10 - 0.09)^2 + 0.2 \times (0 - 0.09)^2$

$= 0.002\ 4$

项目 A 的标准离差 $= \sqrt{0.002\ 4} = 0.049$

项目 B 的方差 $= \sum_{i=1}^{n} (K_i - \overline{K})^2 P_i$

$= 0.3 \times (0.20 - 0.09)^2 + 0.4 \times (0.15 - 0.09)^2 +$

$\quad 0.3 \times (-0.100\ 108\ 3 - 0.09)^2$

$= 0.0159$

项目 B 的标准离差 $= 0.126$

以上计算结果表明,项目 B 的风险要高于项目 A 的风险。

③标准离差率。标准离差是反映随机变量离散程度的一个指标,但我们应当注意到标准离差是一个绝对指标,作为一个绝对指标,标准离差无法准确地反映随机变量的离散程度。解决这一问题的思路是计算反映离散程度的相对指标,即标准离差率。

标准离差率是某随机变量标准离差相对该随机变量期望值的比率。其计算公式为:

$$V = \frac{\delta}{\overline{K}} \times 100\%$$

式中 V——标准离差率;

δ——标准离差;

$\overline{K}$——期望投资报酬率。

利用上例的数据,分别计算项目 A 和项目 B 的标准离差率为:

项目 A 的标准离差率 $= \dfrac{0.049}{0.09} \times 100\% = 0.544$

项目 A 的标准离差率 $= \dfrac{0.126}{0.09} \times 100\% = 1.4$

当然,在此例中项目 A 和项目 B 的期望投资报酬率是相等的,可以直接根据标准离差来比较两个项目的风险水平。但如比较项目的期望报酬率不同,则一定要计算标准离差率才能进行比较。

④风险价值系数和风险报酬率。标准离差率虽然能正确评价投资风险程度的大小,但还无法将风险与报酬结合起来进行分析。假设我们面临的决策不是评价与比较两个投资项目的风险水平,而是要决定是否对某一投资项目进行投资,此时我们就需要计算出该项目的风险报酬率。因此我们还需要一个指标来将对风险的评价转化为报酬率指标,这便是风险报酬系数。风险报酬率、风险报酬和标准离差率之间的关系可用公式表示如下:

$$R_R = bV$$

式中　R_R——风险报酬率;

　　　b——风险报酬系数;

　　　V——标准离差率。

则在不考虑通货膨胀因素的影响时,投资的总报酬率为:

$$K = R_F + R_R = R_F + bV$$

式中　K——投资报酬率;

　　　R_F——无风险报酬率。

其中无风险报酬率 R_F 可用加上通货膨胀溢价的时间价值来确定,在财务管理实务中一般把短期政府债券的(如短期国库券)的报酬率作为无风险报酬率;风险价值系数 b 则可以通过对历史资料的分析、统计回归、专家评议获得,或者由政府部门公布。

例:利用前例的数据,并假设无风险报酬率为 10%,风险报酬系数为 10%,请计算两个项目的风险报酬率和投资报酬率。

项目 A 的风险报酬率 $= bV = 10\% \times 0.544 = 5.44\%$

项目 A 的投资报酬率 $= R_F + bV = 10\% + 10\% \times 0.544 = 15.44\%$

项目 B 的风险报酬率 $= bV = 10\% \times 1.4 = 14\%$

项目 B 的投资报酬率 $= R_F + bV = 10\% + 10\% \times 1.4 = 24\%$

从计算结果可以看出,项目 B 的投资报酬率(24%)要高于项目 A 的投资报酬率(15.44%),似乎项目 B 是一个更好的选择。但从我们前面的分析来看,两个项目的期望报酬率是相等的,而项目 B 的风险要高于项目 A,因此项目 A 是应选择的项目。

任务指导7.2　完成任务情景7.2中的工作任务。

目的:理解并熟悉货币资金的时间价值。

步骤:第 1 步,仔细阅读任务情景 7.2;

　　　第 2 步,将学生分成 3 人讨论小组,对情景中的 3 个角色进行现场问答和讨论。

活动7.2　讨论资金的时间价值观念的重要性和必然性。

目的:通过讨论资金的时间价值观念的重要性和必然性的活动,让学生掌握并具备资金的时间价值观念是进行物业企业财务管理工作必须要有的基本职业能力,训练学生职业意识。

步骤:第 1 步,做好分组和纸张准备;

第 2 步,将学生分成小组进行讨论训练,并做好事后总结工作。

 技能实训 7.2　让学生以小组为单位,到银行调查了解当时的银行存贷款利率的情况,并计算 100 元的 3 个月、半年和 1 年期的到期本利,将计算结果并写成书面材料交上来。组织学生讨论在日常生活和工作中了解资金时间价值的作用和意义。

 知识训练

(一)单项选择题

1. 已知 $(P/A,10\%,4)=3.169\ 9,(P/F,10\%,4)=0.683\ 0,(P/F,10\%,5)=0.620\ 9$,则 $(P/A,10\%,5)$ 为(　　)。

　　A. 2.549 0　　　　　　B. 3.790 8　　　　　　C. 3.852 9　　　　　　D. 5.105 3

2. 已知 $(F/A,10\%,4)=4.641\ 0,(F/P,10\%,4)=1.464\ 1,(F/P,10\%,5)=1.610\ 5$,则 $(F/A,10\%,5)$ 为(　　)。

　　A. 6.105 1　　　　　　B. 6.251 5　　　　　　C. 3.176 9　　　　　　D. 2.030 5

3. 有一项年金,前 3 年年初无流入,后 5 年每年年初流入 500 万元,假设年利率为 10%,其现值为(　　)万元。

　　A. 1 995　　　　　　B. 1 566　　　　　　C. 1 813　　　　　　D. 1 423

4. 某企业拟建立一项基金,每年初投入 100 000 元,若利率为 10%,五年后该项基金本利和将为(　　)元。

　　A. 671 600　　　　　　B. 564 100　　　　　　C. 871 600　　　　　　D. 610 500

5. 假设以 10% 的年利率借得 30 000 元,投资于某个寿命为 10 年的项目,为使该投资项目成为有盈利的项目,每年至少应收回的现金数额为(　　)元。

　　A. 6 000　　　　　　B. 3 000　　　　　　C. 5 374　　　　　　D. 4 882

6. 某人年初存入银行 1 000 元,假设银行按每年 10% 的复利计息,每年末取出 200 元,则最后一次能够足额(200 元)提款的时间是(　　)。

　　A. 5 年　　　　　　B. 8 年末　　　　　　C. 7 年　　　　　　D. 9 年末

7. 投资者由于冒风险进行投资而获得的超过资金时间价值的额外收益,称为投资的(　　)。

　　A. 时间价值率　　　B. 期望报酬率　　　C. 风险报酬率　　　D. 必要报酬率

8. 一项 1 000 万元的借款,借款期 3 年,年利率为 5%,若每年半年复利一次,年实际利率会高出名义利率(　　)。

A. 0. 16%　　　　　B. 0. 25%　　　　　C. 0. 06%　　　　　D. 0. 05%

9. 普通年金终值系数的基础上,期数加 1、系数减 1 所得的结果,数值上等于( )。

　　A. 普通年金现值系数　　　　　　　　B. 即付年金现值系数

　　C. 普通年金终值系数　　　　　　　　D. 即付年金终值系数

10. 企业某新产品开发成功的概率为 80%,成功后的投资报酬率为 40%,开发失败的概率为 20%,失败后的投资报酬率为 – 100%,则该产品开发方案的预期投资报酬率为( )。

　　A. 18%　　　　　B. 20%　　　　　C. 12%　　　　　D. 40%

(二)多项选择题

1. 年金是一定期间内每期相等金额的收付款项,以年金形式出现的有( )

　　A. 折旧　　　　　B. 租金　　　　　C. 利息　　　　　D. 奖金

2. 在下列各项中,可以直接或者间接用普通年金终值系数计算出确切结果的项目有( )

　　A. 偿债基金　　　B. 先付年金终值　　C. 永续年金现值　　D. 永续年金终值

3. 下列项目中属于普通年金形式的项目有( )

　　A. 零存整取储蓄存款的整取额　　　　B. 定期定额支付的养老金

　　C. 年资本回收额　　　　　　　　　　D. 偿债基金

(三)判断题

1. 资金的时间价值是指随着时间的推移,资金价值发生了增值。　　　　　　　( )

2. 在通常情况下,资金的时间价值是指无风险条件下的社会平均资金利润率。

　　　　　　　　　　　　　　　　　　　　　　　　　　　　　　　　　( )

3. 永续年金既无终值也无现值。　　　　　　　　　　　　　　　　　　　　( )

4. 单利与复利是两种不同的计息方式,因此单利终值与复利终值在任何情况下都不同。　　　　　　　　　　　　　　　　　　　　　　　　　　　　　　　　( )

5. 一定时间期内时间间隔相等,金额相同的一系列收付称为年金。　　　　　　( )

6. 凡一定时期内每期都有收付款的现金流量,都属于年金。　　　　　　　　　( )

7. 在本金和利率一定的前提下,时间越长,复利终值越大。　　　　　　　　　( )

8. 在将来值和时间一定的前提下,贴现率越低,复利现值越大。　　　　　　　( )

9. 风险是一种危险,是一种不确定性,在财务活动中低风险只能获得低收益,高风险则往往可能获得高收益。　　　　　　　　　　　　　　　　　　　　　　( )

10. 两个或两个以上项目比较,标准离差越大则风险也越大。　　　　　　　　( )

技能实训7.3　计算后回答问题。

问题：

（1）利民工厂制订了一笔存款计划，准备每年年末存入银行10 000元，存期5年，希望在5年后利用这笔款项的购买一套生产设备，假定该设备预计价格为60 000元，银行存款利率为10%，问该企业能否如愿。

（2）中兴公司购买一台设备，买价8 000元，可用10年，如果租用，则每年年初需付租金1 000元，如果银行年利率为6%，请计算说明购买与租赁孰优孰劣（按复利计算）？

（3）某企业向银行借入一笔款项，银行贷款的年利率为8%，银行规定前7年无须还款，从第8年年末至第20年年末每年偿还1 000元，问该笔款项的现值为多少？

（4）某企业有一项专有技术要进行估价，该专有技术年收益额为48 000元，本行业平均资产收益率为16%，试问该专有技术的价值有多少？

（5）某企业用银行贷款投资兴建一工程项目，总投资8 000万元，工程当年投资当年生产，假定银行贷款利率为14%。问：①该工程建成投产后，分10年等额归还银行借款，问每年年末应还多少？②如果项目投产后，每年可获净利2 386.63万元，全部用来归还借款本息，用数据说明需要几年还清？

思考练习

（1）什么叫资金时间价值？其产生的原因何在？为什么在公司理财中必须考虑时间价值？

（2）何谓名义利率和实际利率，两者之间存在什么关系？

（3）什么叫风险？风险与报酬之间有什么关系？

（4）简述风险量化的步骤。

（5）简述标准离差与标准离差率的区别。

（6）什么叫资本资产总价模型？它有哪些假设前提？

项目三　现金流量与财务决策

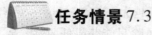

任务情景7.3

国内某物业服务公司2010年财务状况表如表7.2—表7.4所示。

表 7.2 资产负债表 (2010.12.31) 单位:元

资 产	期初数	期末数	权 益	期初数	期末数
货币资金	60 000	64 500	应付账款	70 000	60 000
应收账款	85 000	142 000	应付福利费	40 000	45 000
存 货	20 000	20 000	长期借款	110 000	98 000
长期投资	60 000	55 000	实收资本	80 000	80 000
固定资产	250 000	240 000	盈余公积	100 000	109 100
减:折旧	40 000	65 000	未分配利润	35 000	64 400
合 计	435 000	456 500	合 计	435 000	456 500

表 7.3 损益表 (2010 年度) 单位:元

项 目	金 额
营业收入	1 250 000
营业成本	1 100 000
营业费用	60 000
营业税金	25 000
营业利润	65 000
投资收益	9 000
利润总额	74 000

表 7.4 现金流量表 (2010 年度) 单位:元

项 目	金 额	项 目	金 额
一、经营活动现金流量:		二、投资活动现金流量:	
销售商品或提供劳务所收到的现金	1 201 282	收回投资所收到的现金	5 000
收到销项税或退税	204 218	分得股利利润收到现金	9 000
现金流入小计	1 405 500	现金流入小计	14 000
购买商品或接受劳务付现	814 067	投资活动净现金流量	14 000
支付给及为职工支付现金	261 580	三、筹资活动现金流量:	
支付的增值税款	213 953	借款所收到的现金	− 12 000
支付的所得税款	19 500	现金流入小计	− 12 000

续表

项　目	金　额	项　目	金　额
支付增值及所得税外税款	25 000	分配股利或利润付现金	16 000
支付其他与经营有关现金	43 100	偿付利息所支付现金	9 800
		现金流出小计	25 800
现金流出小计	1 377 200	筹资活动净现金流量	− 37 800
经营活动净现金流量	28 300	四、现金及现金净增加额	4 500

工作任务：

（1）试分析该公司现金流量状况。

（2）通过现金流量能判断出企业应做出怎样的财务决策吗？

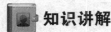 **知识讲解**

1. 什么是现金流量

一个外在表现生龙活虎的企业在内在价值体现上，则为高速有序的现金流动，即现金流量。现金流量被喻为企业的"血液"，是企业生存和发展的基础，在企业财务预测决策中，分析和研究现金流量有着不可替代的重要作用。

1）现金流量及其构成

现金流量指现金及现金等价物的流入和流出，也就是实际转移的现金等价物的数量。现金流量按其所反映的内容和计算方式，可分为总现金流量和净现金流量。总现金流量包括总现金流入量和总现金流出量，通过它可以了解现金流动的总括情况；净现金流量是总现金流入量和总现金流出量的算术和，通过它可以了解现金流量的净影响。

2）现金流量的作用

①现金流量对整个项目投资期间的现实货币资金收支情况进行了全面揭示，及时动态地反映了项目投资的流向与回收之间的投入产出关系，使决策得以完整、准确，进而全面地评价投资项目的经济效益。

②采用现金流量指标有利于科学地考虑资金的时间价值因素。

③采用现金流量指标作为评价项目投资经济效益的信息，可以摆脱在贯彻财务会计的权责发生制时必然面临的困境，即由于不同的投资项目可能采取不同的固定资产折旧方法、存货估价方法或费用摊配方法，从而导致不同方案的利润相关性差、可比性差等问题。

④利用现金流量信息，排除了现金收付内部周转的资本运动形式，从而简化了有

关投资决策评价指标的计算过程。

3）现金流量的计算

在计算投资项目的现金流量时应该注意以下几个方面的问题：

①销售收入。产生现金流入的销售收入是已收到货款的销售收入。

②应考虑增量现金流量。当投资一个项目时，除了应计算本项目的现金流量外，还应考虑它对企业其他项目的影响：

a. 是否会从现有产品中转移现金流量。

b. 是否会增加现有项目的现金流量。

③应考虑增量费用，如人员培训等。

④注意区分相关成本和非相关成本。相关成本是指与该投资项目决策有关的、在分析评价时必须加以考虑的成本。例如,差额成本、未来成本、重置成本、机会成本等都属于相关成本。非相关成本是指与该投资项目无关的、在分析评价时不必加以考虑的成本。例如,沉入成本、过去成本、账面成本等往往是非相关成本。

现金流量运动情况举例如下：B 项目需要固定资产投资 210 万元,开办费用 20 万元,流动资金垫支 30 万元。其中固定资产投资和开办费用在建设期初发生,开办费于投产当年一次性摊销。流动资金在经营期初垫支,在项目结束时收回。建设期为 1 年,建设期资本化利息 10 万元。该项目的有效期为 10 年,直线法计提固定资产折旧,期满有残值 20 万元。该项目投产后,第 1 年至第 5 年每年归还借款利息 10 万元,各年分别产生净利润：10、30、50、60、60、50、30、30、20、10 万元。试计算该项目的现金净流量。

根据以上资料计算有关指标如下：

a. 固定资产每年计提折旧额 $= (210 + 10 - 20) \div 10 = 20$（万元）。

b. 建设期现金净流量：

$NCF_0 = -(210 + 20) = -230$（万元）

$NCF_1 = -30$ 万元

c. 经营期现金净流量：

$NCF_2 = 10 + 20 + 20 + 10 = 60$（万元）

$NCF_3 = 30 + 20 + 10 = 60$（万元）

$NCF_4 = 50 + 20 + 10 = 80$（万元）

$NCF_5 = 60 + 20 + 10 = 90$（万元）

$NCF_6 = 60 + 20 + 10 = 90$（万元）

$NCF_7 = 50 + 20 = 70$（万元）

$NCF_8 = 30 + 20 = 50$（万元）

$NCP_9 = 30 + 20 = 50$（万元）

$$NCF_{10} = 20 + 20 = 40(万元)$$
$$NCF_{11} = 10 + 20 + 20 + 30 = 80(万元)$$

2. 企业财务决策及其方法

1) 企业财务决策及其方法

财务决策是在财务预测的基础上,在充分考虑各种可能的前提下,为实现企业预定理财目标或解决重大财务问题,从众多备选的财务预测方案中,权衡利弊,选择最优或决定取舍的过程。由此可见,预测是分析比较过程,决策是判断决定过程,财务预测与决策密不可分。

财务决策方法有两类:定量分析法和定性分析法。定量分析法适用于以现金流量等能以数量计量的决策,它是在完整掌握各种定量资料的基础上,运用现代数学方法,建立能够反映有关变量之间规律性联系的各类模型的方法体系。定性分析法则是根据专业经验知识,结合决策对象的特点进行分析,对事物进行判断并做出决定。在实际应用中,它们常常是相辅相成、结合使用,定量分析定性化,定性分析定量化,以提高决策准确性和可信性。

企业财务决策过程通常包括确定决策目标、收集整理数据资料并建立模型、进行计算并确定备选方案、分析各备选方案差异、结合企业目标选择方案进行决策等步骤。企业财务决策总是围绕着企业目标进行的,企业目标有长期和近期之分,从近期看,企业目标是多样化的,有企业利润最大、股东财富最大、企业知名度提高、产品市场占有率提高、增加产品品种以期分散市场风险等。而财务决策目标主要是盈利性和流动性,因此与近期目标存在着一定的差异。从长期看,企业目标与企业财务目标是一致的,均为改善财务状况,扩大财务成果。特别是在科学技术飞速发展、企业竞争日趋激烈的今天,维持合理有序的现金流量,保持良好的财务状况已成为企业始终坚持和长期追求的目标。

2) 投资活动与财务决策分析

投资活动是企业经济活动中的一项重要内容,投资活动的财务决策分析主要是从流动性和盈利性角度,对投资方案将产生的未来收益和现金流动进行预测分析,从而为验证其可行性提供依据。

(1) 投资活动决策分析因素及方法

由于投资活动一般需投入大量资金,见效慢,对企业长期效益和发展都会产生影响,通常以现金流量及获利能力作为分析评价的标准,且考虑资金时间价值,所以投资决策分析考虑的三大因素为:利润、净现金流量和资金时间价值。对于利润作为分析评价的标准之一,这是由企业追求利润的性质所决定,自不必多叙;净现金流量又称现金净流量,是指在投资项目计算期内由每年现金流入量与同年现金流出量之间的差额所形成的序列指标,从计算公式(净现金流量 = 计算期现金流入量 – 计算期现金流出量)中可知,净现金流量可能是正也可能是负;资金时间价值是指在利润平均化规律的影响下,等量资金在相同时间内应获得的等量利润,即社会平均的资金利润率,在一定条件下可视为存款利息率。

(2)投资活动决策分析方法

投资活动决策分析主要有三种分类:按投资方案的多少,可分为单一方案投资决策分析和多方案投资决策分析;按对未来情况的掌握程度,可分为确定性投资决策分析和风险投资决策分析;按投资客体的是否变换,又可分为固定资产投资决策分析和更新改造投资决策分析。

另外,按是否考虑资金时间价值,投资活动决策分析方法也可分为非折现法和折现法,非折现法主要有年平均报酬率法和投资回收期法,折现法主要有净现值法、现值指数法、内部收益率法和外部收益率法。投资决策分析方法的多种分类常常相互交叉,一个确定性投资决策中的固定资产投资决策方案可使用折现法进行分析,另一个风险投资决策中的更新改造投资方案也可使用折现法或非折现法进行分析。

3)筹资活动与财务决策分析

投资、经营活动是对以货币资金为主的企业全部资源进行充分利用,以求获取最大收益的行为。与投资、经营活动相对应,筹资活动是企业经济活动中又一重要内容。只有有效的筹资,才有投资,继而经营活动的开展;而成功的经营活动所获取的资源,又为筹资提供了途径,也促进了筹资和投资的增长。它们相互联系,密不可分,共同构成企业全部的经济活动。

①筹资是企业向外部有关单位或个人和从企业内部筹措和集中资金投资、经营活动所需资金的财务活动。

②筹资渠道、方式及目标资金结构。改革开放以来,尤其是横向经济联合的发展和各种融资活动的出现,使企业资金来源渠道更趋多样化。

a. 国家财政资金,它是关系国计民生企业重要的资金来源。

b. 企业内部资金,主要是企业提取的盈余公积金和未分配利润在一定条件下转为经营资金。

c. 金融机构资金,包括各种商业银行和非银行金融机构的贷款。

d. 其他法人单位可投入资金。

e. 职工和民间暂闲置未用的资金。

f. 外国资金等。

企业筹资方式因资金期限长短而异,短期资金可采用商业信用、银行短期贷款、商业票据等方式来筹集;长期资金一般采用发行股票、债券、银行中长期贷款、融资租赁等方式进行。在企业资金来源中,短期资金和长期资金所占比例叫筹资组合,即资金结构。由于长期资金期限长、偿付风险小,资金成本较高;短期资金期限期限短、风险大,资金成本相对较低。不同的资金结构对企业的风险和盈利有不同的影响,企业往往会根据所处经济环境、生产经营特点等因素,确定企业的目标资金结构,以寻求适度的风险与较低的资金成本。

4)现金流量与企业财务决策的关系

在财务决策中,现金流量分析方法主要是为决策提供定量依据,但定量依据的准确性与可靠性又给定性指标提出了新的要求。在新的历史条件下,在瞬息万变的世界性国际大市场中,企业为了提高竞争与发展能力,对项目或方案的评价与取舍,还需从定性信息的事前责任制度、事后验证修正制度两个方面,兼顾了多样化的"非财务指标",如投资的结果对生产的灵活性、质量的适当性、对顾客需求反映的适时性、企业生产经营管理的协调性等的影响,以提高财务决策的准确性和可靠性。同时,在现有如流动比率、速动比率等反映时点偿债能力的财务指标的基础上,随着《现金流量表》的应用,决策现金流量表和决策资产负债表开始服务于财务决策,反映企业现金流量的充足性、获取能力以及现金流动速度等系列财务指标必将出现,从而使利用现金流量直接进行财务决策成为可能。

任务指导7.3　完成任务情景7.3中的工作任务。

活动目的:熟悉现金流量的性质。

活动步骤:第1步,仔细阅读任务情景7.3;

　　　　　第2步,进行分组讨论,现场交流。

知识训练

(一)单项选择题

1.筹资是企业向(　　)和从企业内部筹措和集中资金投资、经营活动所需资金的财务活动。

　　A.外部有关单位或个人　　　　　　B.内部有关单位和个人

　　C.两个或两个以上的人　　　　　　D.社会上的人

2.按现金流量运动方向的不同,可分为现金流入和(　　)。

　　A.现金流出　　　　　　　　　　　B.资金流入

　　C.资金流出　　　　　　　　　　　D.资金流入和流出

(二)多项选择题

1.按性质和目的的不同,现金流量包括三部分:(　　)

　　A.筹资活动产生的现金流量　　　　B.投资活动产生的现金流量

　　C.经营活动产生的现金流量　　　　D.融资活动产生的现金流量

2.财务预测决策方法有两类:(　　)

A.定量分析法　　　　　　　　　B.定性分析法

C.技术经济法　　　　　　　　　D.计量经济法

3.企业筹资方式因资金期限长短而异,短期资金可采用(　　)等方式来筹集。

A.商业信用　　　　　　　　　　B.银行短期贷款

C.商业票据　　　　　　　　　　D.根据工作人员个人偏好进行筹集

(三)判断题

1.现金流量指现金及现金等价物的流入和流出,也就是实际转移的现金等价物的数量。　　　　　　　　　　　　　　　　　　　　　　　　　　　　　　　　(　　)

2.从现金流量的质量性特征及在企业财务决策决策中的应用情况可见,现金流量起着基础性作用。　　　　　　　　　　　　　　　　　　　　　　　　　　　(　　)

3.在财务决策中,现金流量分析方法主要是为决策提供定量依据,但定量依据的准确性与可靠性又给定性指标提出了新的要求。　　　　　　　　　　　　　(　　)

 活动 7.3　模拟物业服务专业财务分析人员进行财务决策分析。

让学生5~8人为一组,找一个物业公司的财务报表进行现金流量分析,并作出财务决策。

思考练习

(1)什么是现金流量?

(2)现金流量可以从哪些方面进行分类其内容有哪些?

(3)现金流量与财务决策有之间是什么关系?

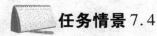

项目四　财务分析与评价

任务情景 7.4

××物业服务有限公司是一家中型物业服务企业。由于市场竞争激烈,引发的价格战使企业获利甚微,再加上公司自身原因,企业竞争能力整体较弱,从而影响了公司的市场开拓和经营业绩。2011年初董事会决定引进职业经理人来更换目前年事已高的公司总经理。新任总经理李强首先要了解公司的财务状况,他要求公司财务部门提供2010年度的财务报表。李强查阅了近年来物业服务行业的主要财务指标的平均值,然后仔细阅读了××公司的财务报表,觉得公司的财务状况和经营业绩似乎不太理想。但对于公司究竟在哪些方面优于行业平均水平,在哪些方面存在差距,差距又有多大,他心中仍没有十足的把握。于是他要求财务人员对该公司 2010 年度的财务报表进行系统地分析,并提供一份财务分析报告。

工作任务:

财务人员如何根据这些公司的财务会计报表进行财务分析呢?

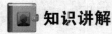 **知识讲解**

1. 财务分析的概念

财务分析是根据企业的经营和财务等各方面的资料,运用一定的分析方法和技术,有效地寻求企业经营和财务状况变化的原因,正确地解答有关问题的过程。财务分析的职能是:评价企业以往的经营业绩,衡量企业现在的财务状况,预测企业未来的发展趋势,为企业正确的经营和财务决策提供依据。

在进行财务报表分析时,应搜集丰富的相关资料,以保证分析结果的客观性,具体资料一般包括以下内容:

①财务报表、报表注释及财务情况说明书等。

②注册会计师的审计报告。

③其他有关资料。

2. 财务分析的目的

财务分析对于企业各方面关系利益者都具有重要意义。从评价的角度看,财务分析应该具有以下几项基本目的:

①评价企业财务状况。

②评价企业盈利能力。

③评价企业资产管理水平。

④评价企业成本费用水平。

⑤评价企业未来发展能力。

3. 财务分析的基本方法

财务分析的方法有很多种,主要包括趋势分析法、比率分析法、因素分析法。

1) 趋势分析法

趋势分析法又称水平分析法,是将两期或连续数期财务报告中相同指标进行对比,确定其增减变动的方向、数额和幅度,以说明企业财务状况和经营成果的变动趋势的一种方法。

趋势分析法的具体运用主要有以下三种方式:

(1)重要财务指标的比较

重要财务指标的比较是将不同时期财务报告中的相同指标或比率进行比较,直接观察其增减变动情况及变动幅度，考察其发展趋势，预测其发展前景。对不同时期财务指标的比较，可以有两种方法：

①定基动态比率。它是以某一时期的数额为固定的基期数额而计算出来的动态比率。其计算公式为：

$$定基动态比率 = 分析期数额/固定基期数额$$

②环比动态比率。它是以每一分析期的前期数额为基期数额而计算出来的动态比率。其计算公式为：

$$环比动态比率 = 分析期数额/前期数额$$

（2）会计报表的比较

会计报表的比较是将连续数期的会计报表的金额并列起来，比较其相同指标的增减变动金额和幅度，据以判断企业财务状况和经营成果发展变化的一种方法。

（3）会计报表项目构成的比较

会计报表项目构成的比较是在会计报表比较的基础上发展而来的。它是以会计报表中的某个总体指标作为 100%，再计算出其各组成项目占该总体指标的百分比，从而来比较各个项目百分比的增减变动，以此来判断有关财务活动的变化趋势。

2）比率分析法

比率分析法是指利用财务报表中两项相关数值的比率揭示企业财务状况和经营成果的一种分析方法。根据分析的目的和要求的不同，比率分析主要有以下 3 种：

①构成比率。构成比率又称结构比率，是某个经济指标的各个组成部分与总体的比率，反映部分与总体的关系。其计算公式为：

$$构成比率 = 某个组成部分数额/总体数额$$

利用构成比率，可以考察总体中某个部分的形成和安排是否合理，以便协调各项财务活动。

②效率比率。它是某项经济活动中所费与所得的比率，反映投入与产出的关系。利用效率比率指标，可以进行得失比较，考察经营成果，评价经济效益。

③相关比率。它是根据经济活动客观存在的相互依存、相互联系的关系，以某个项目和与其有关但又不同的项目加以对比所得的比率，反映有关经济活动的相互关系。比率分析法的优点是计算简便，计算结果容易判断，而且可以使某些指标在不同规模的企业之间进行比较，甚至也能在一定程度上超越行业间的差别进行比较。但采用这一方法时对比率指标的使用应注意以下几点：

a. 对比项自的相关性。计算比率的子项和母项必须具有相关性，把不相关的项目进行对比是没有意义的。

b. 对比口径的一致性。计算比率的子项和母项必须在计算时间、范围等方面保持口径一致。

c. 衡量标准的科学性。运用比率分析,需要选用一定的标准与之对比,以便对企业的财务状况作出评价。通常而言,科学合理的对比标准有:预定目标;历史标准;行业标准;公认标准。

3) 因素分析法

因素分析法也称因素替换法、连环替代法,它是用来确定几个相互联系的因素对分析对象——综合财务指标或经济指标的影响程度的一种分析方法。采用这种方法的出发点在于,当有若干因素对分析对象发生影响作用时,假定其他各个因素都无变化,顺序确定每一个因素单独变化所产生的影响。

4. 财务分析指标及评价

总结和评价企业财务状况与经营成果的分析指标包括偿债能力指标、运营能力指标、盈利能力指标和发展能力指标。

1) 偿债能力分析

偿债能力是指企业偿还到期债务(包括本息)的能力。偿债能力分析包括短期偿债能力分析和长期偿债能力分析。

(1) 短期偿债能力分析

短期偿债能力是指企业流动资产对流动负债及时足额偿还的保证程度,是衡量企业当前财务能力,特别是流动资产变现能力的重要标志。

企业短期偿债能力分析主要采用比率分析法,衡量指标主要有流动比率、速动比率和现金流动负债率。

① 流动比率。流动比率是流动资产与流动负债的比率,表示企业每元流动负债有多少流动资产作为偿还的保证,反映了企业的流动资产偿还流动负债的能力。其计算公式为:

$$流动比率 = 流动资产 \div 流动负债$$

一般情况下,流动比率越高,反映企业短期偿债能力越强,因为该比率越高,不仅反映企业拥有较多的营运资金抵偿短期债务,而且表明企业可以变现的资产数额较大,债权人的风险越小。但是,过高的流动比率并不均是好现象。

从理论上讲,流动比率维持在2:1是比较合理的。但是,由于行业性质不同,流动比率的实际标准也不同。所以,在分析流动比率时,应将其与同行业平均流动比率,本企业历史的流动比率进行比较,才能得出合理的结论。

例:A 公司 2010 年 12 月 31 日的资产负债表资料如下:年初流动资产为 6 127 100元,流动负债为 2 977 100 元;年末流动资产为 5 574 751 元,流动负债为 1 644 390元。则流动比率为:

年初流动比率 = 6 127 100/2 977 100 = 2.06

年末流动比率 = 5 574 751/1 644 390 = 3.39

上述数据表明:A 公司 2010 年年初、年末的流动比率超过一般公认标准,因此说明 A 公司具有较强的短期偿债能力。

②速动比率。速动比率又称酸性测试比率,是企业速动资产与流动负债的比率。其计算公式为:

$$速动比率 = 速动资产 \div 流动负债$$

其中:　　　　　速动资产 = 流动资产 - 存货

或:　　　　　速动资产 = 流动资产 - 存货 - 预付账款 - 待摊费用

计算速动比率时,流动资产中扣除存货,是因为存货在流动资产中变现速度较慢,有些存货可能滞销,无法变现。至于预付账款和待摊费用根本不具有变现能力,只是减少企业未来的现金流出量,所以理论上也应加以剔除,但实务中,由于它们在流动资产中所占的比重较小,计算速动资产时也可以不扣除。

传统经验认为,速动比率维持在 1:1 较为正常,它表明企业的每 1 元流动负债就有 1 元易于变现的流动资产来抵偿,短期偿债能力有可靠的保证。

速动比率过低,企业的短期偿债风险较大,速动比率过高,企业在速动资产上占用资金过多,会增加企业投资的机会成本。但以上评判标准并不是绝对的。

例:A 公司 2010 年 12 月 31 日的资产负债表资料如下:年初流动资产为 6 127 100 元,存货为 3 870 000 元,流动负债为 2 977 100 元;年末流动资产为 5 574 751 元,存货为 3 862 050 元,流动负债为 1 644 390 元。则速动比率为:

$$年初速动比率 = (6\ 127\ 100 - 3\ 870\ 000)/2\ 977\ 100 = 0.76$$

$$年末速动比率 = (5\ 574\ 751 - 3\ 862\ 050)/1\ 644\ 390 = 1.04$$

上述数据表明:A 公司 2010 年年末的速冻比率比年初有较大提高,且高于一般公认标准,因此 A 公司具有较强的短期偿债能力。

③现金流动负债比率。现金流动负债比率是企业一定时期的经营现金净流量与流动负债的比率,它可以从现金流量角度来反映企业当期偿付短期负债的能力。其计算公式为:

$$现金流动负债比率 = 年经营现金净流量 \div 年末流动负债。$$

式中年经营现金净流量指一定时期内,由企业经营活动所产生的现金及现金等价物的流入量与流出量的差额。

该指标是从现金流入和流出的动态角度对企业实际偿债能力进行考察。用该指标评价企业偿债能力更为谨慎。该指标较大,表明企业经营活动产生的现金净流量较多,能够保障企业按时偿还到期债务。但也不是越大越好,太大则表示企业流动资金利用不充分,收益能力不强。

例:A 公司 2009 年度经营现金净流量为 603 500 元,2009 年末的流动负债为 2 977 100元;2010 年度的经营现金净流量为 649 500,2010 年末流动负债为 1 644 390

元。则现金流动负债比率为：

$$2009 年度现金流动负债比率 = 603\ 500/2\ 977\ 100 = 0.20$$

$$2010 年度现金流动负债比率 = 649\ 500/1\ 644\ 390 = 0.39$$

上述数据说明：A公司2010年度的现金流动负债比率比2009年度有所提高，表明A公司的短期偿债能力有所增强。

上面三个指标是反映企业短期偿债能力的基本指标，在分析一个企业的短期偿债能力时应将三者结合起来，这样才能比较客观的评价企业的偿债能力。

（2）长期偿债能力分析

长期偿债能力是指企业偿还长期负债的能力。它的大小是反映企业财务状况稳定与否及安全程度高低的重要标志。其分析指标主要有四项。

①资产负债率。资产负债率又称负债比率，是企业的负债总额与资产总额的比率。它表示企业资产总额中，债权人提供资金所占的比重，以及企业资产对债权人权益的保障程度。其计算公式为：

$$资产负债率 = （负债总额 \div 资产总额）\times 100\%$$

资产负债率高低对企业的债权人和所有者具有不同的意义。债权人希望负债比率越低越好，此时，其债权的保障程度就越高。对所有者而言，最关心的是投入资本的收益率。只要企业的总资产收益率高于借款的利息率，举债越多，即负债比率越大，所有者的投资收益越大。一般情况下，企业负债经营规模应控制在一个合理的水平，负债比重应掌握在一定的标准内。

例：A公司2009年年初的负债总额为3 877 100元，资产总额为11 352 100元；年末的负债总额3 384 390元，资产总额为11 248 251元。则资产负债率为：

$$年初资产负债率 = 3\ 877\ 100/11\ 352\ 100 = 0.34$$

$$年末资产负债率 = 3\ 384\ 390/11\ 248\ 251 = 0.30$$

上述数据说明：A公司年初、年末的资产负债率均不高，表明A公司长期偿债能力较强，这样有利于增强债权人对公司出借资金的信心。

②产权比率。产权比率是指负债总额与所有者权益总额的比率，是企业财务结构稳健与否的重要标志，也称资本负债率。其计算公式为：

$$负债与所有者权益比率 = （负债总额 \div 所有者权益总额）\times 100\%$$

该比率反映了所有者权益对债权人权益的保障程度，即在企业清算时债权人权益的保障程度。该指标越低，表明企业的长期偿债能力越强，债权人权益的保障程度越高，承担的风险越小，但企业不能充分地发挥负债的财务杠杆效应。

例：A公司2010年年初的负债总额为3 877 100元，所有者权益总额为7 475 000元；年末的负债总额3 384 390元，所有者权益总额为7 863 862元。则产权比率为：

年初产权比率 = 3 877 100/7 475 000 = 0.52

年末产权比率 = 3 384 390/7 863 862 = 0.43

上述数据说明:A公司年初、年末的产权比率呈现下降的趋势,表明A公司长期偿债能力较强,债权人权益的保障程度较高。

③负债与有形净资产比率。负债与有形净资产比率是负债总额与有形净资产的比例关系,表示企业有形净资产对债权人权益的保障程度,其计算公式为:

负债与有形净资产比率 = (负债总额 ÷ 有形净资产) × 100%

有形净资产 = 所有者权益 - 无形资产 - 递延资产

企业的无形资产、递延资产等一般难以作为偿债的保证,从净资产中将其剔除,可以更合理地衡量企业清算时对债权人权益的保障程度。该比率越低,表明企业长期偿债能力越强。

例:A公司2010年年初的负债总额为3 877 100元,所有者权益总额为7 475 000元,无形资产为1 200 000元;年末的负债总额为3 384 390元,所有者权益总额为7 863 862元,无形资产为1 110 000元。则负债与有形资产比率为:

年初负债与有形资产比率 = 3 877 100/(7 475 000 - 1 200 000) = 0.62

年末负债与有形资产比率 = 3 384 390/(7 863 862 - 1 110 000) = 0.50

上述数据说明:A公司年初、年末的负债与有形资产比率呈现下降的趋势,表明A公司长期偿债能力增强了。

④利息保障倍数。利息保障倍数又称为已获利息倍数,是企业息税前利润与利息费用的比率,是衡量企业偿付负债利息能力的指标。其计算公式为:利息保障倍数 = 息税前利润 ÷ 利息费用。上式中,利息费用是指本期发生的全部应付利息,包括流动负债的利息费用,长期负债中进入损益的利息费用以及进入固定资产原价中的资本化利息。利息保障倍数越高,说明企业支付利息费用的能力越强,该比率越低,说明企业难以保证用经营所得来及时足额地支付负债利息。因此,它是企业是否举债经营,衡量其偿债能力强弱的主要指标。若要合理地确定企业的利息保障倍数,需将该指标与其他企业,特别是同行业平均水平进行比较。根据稳健原则,应以指标最低年份的数据作为参照物。但是,一般情况下,利息保障倍数不能低于1。

例:A公司2010年度利润表资料如下:税前利润为543 450元,利息费用为62 250元,则A公司2010年的利息保障倍数 = (543 450 + 62 250)/62 250 = 9.73。

上述数据说明:A公司年利息保障倍数大于1,表明A公司长期偿债能力强,而且偿还本金的能力也很强。

2)营运能力分析

营运能力分析是指通过计算企业资金周转的有关指标分析其资产利用的效率,是对企业管理层管理水平和资产运用能力的分析。

（1）应收款项周转率

应收款项周转率也称应收款项周转次数，是一定时期内商品或产品主营业务收入净额与平均应收款项余额的比值，是反映应收款项周转速度的一项指标。其计算公式为：

应收款项周转率（次数）＝主营业务收入净额÷平均应收账款余额

其中：主营业务收入净额＝主营业务收入－销售折让与折扣

平均应收账款余额＝（应收款项年初数＋应收款项年末数）÷2

应收款项周转天数＝360÷应收账款周转率

＝（平均应收账款×360）÷主营业务收入净额

应收账款包括"应收账款净额"和"应收票据"等全部赊销账款。应收账款净额是指扣除坏账准备后的余额，应收票据如果已向银行办理了贴现手续，则不应包括在应收账款余额内。

应收账款周转率反映了企业应收账款变现速度的快慢及管理效率的高低，周转率越高表明：收账迅速，账龄较短；资产流动性强，短期偿债能力强；可以减少收账费用和坏账损失，从而相对增加企业流动资产的投资收益。同时借助应收账款周转期与企业信用期限的比较，还可以评价购买单位的信用程度，以及企业原订的信用条件是否适当。

但是，在评价一个企业应收款项周转率是否合理时，应与同行业的平均水平相比较而定。

例：A 公司 2010 年度销售收入净额为 1 875 000 元，年初应收账款净额为448 650 元，年末应收账款净额为 897 300 元，则 A 公司 2010 年的应收账款周转率（次数）＝1 875 000/[（448 650＋897 300）/2]＝2.79，A 公司 2010 年的应收账款周转率（天数）＝360/2.79＝129.03（天）。

上述数据说明：A 公司收账较迅速，表明 A 公司营运能力强。

（2）存货周转率

存货周转率也称存货周转次数，是企业一定时期内的主营业务成本与存货平均余额的比率，它是反映企业的存货周转速度和销货能力的一项指标，也是衡量企业生产经营中存货营运效率的一项综合性指标。其计算公式为：

存货周转率（次数）＝主营业务成本÷存货平均余额

存货平均余额＝（存货年初数＋存货年末数）÷2

存货周转天数＝360÷存货周转率＝（平均存货×360）÷主营业务成本

存货周转速度快慢，不仅反映出企业采购、出错、生产、销售各环节管理工作状况的好坏，而且对企业的偿债能力及获利能力产生决定性的影响。一般来说，存货周转率越高越好，存货周转率越高，表明其变现的速度越快，周转额越大，资金占用水平越低。存货占用水平低,存货积压的风险就越小,企业的变现能力以及资金使用效率就越好。但是存货周转率分析中,应注意剔除存货计价方法不同所产生的影响。

例:A 公司 2010 年度销货成本为 1 125 000 元,年初的存货余额为 3 870 000 元,年末存货余额为 3 862 050 元,则存货周转率(次数) = 1 125 000/[(3 870 000 + 3 862 050)/2] = 0.29,存货周转天数 = 360/0.29 = 1 241。

上述数据说明:A 公司存货周转不快,表明 A 公司营运能力 2010 年度盈利能力不是很强。

(3)总资产周转率

总资产周转率是企业主营业务收入净额与资产总额的比率。它可以用来反映企业全部资产的利用效率。其计算公式为:

$$总资产周转率 = 主营业务收入净额 \div 平均资产总额$$
$$平均资产总额 = (期初资产总额 + 期末资产总额) \div 2$$

资产平均占用额应按分析期的不同分别加以确定,并应当与分子的主营业务收入净额在时间上保持一致。

总资产周转率反映了企业全部资产的使用效率。该周转率高,说明全部资产的经营效率高,取得的收入多;该周转率低,说明全部资产的经营效率低,取得的收入少,最终会影响企业的盈利能力。企业应采取各项措施来提高企业的资产利用程度,如提高销售收入或处理多余的资产。

例:A 公司 2010 年度销售收入净额为 1 875 000 元,年初资产总额为 11 352 100 元,年末资产总额为 11 248 251 元,则 A 公司 2010 年的总资产周转率 = 1 875 000/[(11 352 100 + 11 248 251)/2] = 0.17。

上述数据说明:A 公司总资产周转率不快,表明 A 公司营运能力不强。

(4)固定资产周转率

固定资产周转率是指企业年销售收入净额与固定资产平均净值的比率。它是反映企业固定资产周转情况,从而衡量固定资产利用效率的一项指标。其计算公式为:

$$固定资产周转率 = 主营业务收入净额 \div 固定资产平均净值$$
$$固定资产平均净值 = (期初固定资产净值 + 期末固定资产净值) \div 2$$

固定资产周转率高,不仅表明了企业充分利用了固定资产,同时也表明企业固定资产投资得当,固定资产结构合理,能够充分发挥其效率。反之,固定资产周转率低,表明固定资产使用效率不高,提供的生产成果不多,企业的营运能力欠佳。

在实际分析该指标时,应剔除某些因素的影响。一方面,固定资产的净值随着折旧计提而逐渐减少,因固定资产更新,净值会突然增加。另一方面,由于折旧方法不同,固定资产净值缺乏可比性。

例:A 公司 2010 年度销售收入净额为 1 875 000 元,年初固定资产净额为

1 400 000元,年末固定资产净额为 1 221 500 元,则 A 公司 2010 年的固定资产周转率(次数)= 1 875 000/[(1 400 000 + 1 221 500)/2] = 1.43。

上述数据说明:A 公司固定资产周转较快,表明 A 公司营运能力较强。

3)盈利能力分析

盈利能力就是企业资金增值的能力,它通常体现为企业收益数额的大小与水平的高低。企业盈利能力的分析可从一般分析和社会贡献能力分析两方面研究。

可以按照会计基本要素设置销售利润率、成本利润率、资产利润率、自有资金利润率和资本保值增值率等指标,借以评价企业各要素的盈利能力及资本保值增值情况。

(1)主营业务毛利率

主营业务毛利率是销售毛利与主营业务收入净额之比,其计算公式为:

$$主营业务毛利率 = 销售毛利 \div 主营业务收入净额 \times 100\%$$

$$其中:销售毛利 = 主营业务收入净额 - 主营业务成本$$

主营业务毛利率指标反映了产品或商品销售的初始获利能力。该指标越高,表示取得同样销售收入的销售成本越低,销售利润越高。

(2)主营业务利润率

主营业务利润率是企业的利润与主营业务收入净额的比率,其计算公式为:

$$主营业务利润率 = 利润 \div 主营业务收入净额 \times 100\%$$

根据利润表的构成,企业的利润分为:主营业务利润、营业利润、利润总额和净利润四种形式。其中,利润总额和净利润包含着非销售利润因素,所以能够更直接反映销售获利能力的指标是主营业务利润率和营业利润率。通过考察主营业务利润占整个利润总额比重的升降,可以发现企业经营理财状况的稳定性、面临的危险或可能出现的转机迹象。主营业务利润率指标一般要计算主营业务利润率和主营业务净利润率。

主营业务利润率指标反映了每元主营业务收入净额给企业带来的利润。该指标越大,说明企业经营活动的盈利水平较高。

主营业务毛利率和主营业务利润指标分析中,应将企业连续几年的利润率加以比较,并对其盈利能力的趋势作出评价。

例:A 公司 2010 年度营业收入为 1 875 000 元,营业利润为 750 000 元,则营业利润率 =(750 000/1 875 000)× 100% = 40%。

(3)资产净利率

资产净利率是企业净利润与平均资产总额的比率。它是反映企业资产综合利用效果的指标。其计算公式为:

$$资产净利率 = 净利润 \div 平均资产总额$$

平均资产总额为期初资产总额与期末资产总额的平均数。资产净利率越高,表明企业资产利用的效率越好,整个企业盈利能力越强,经营管理水平越高。

例:A 公司 2010 年度净利润为 388 861.50 元,年初资产总额为 11 352 100 元,年末资产总额为 11 248 251 元,则资产净利率 = 3 888 611.50/(11 352 100 + 11 248 251) ÷ 2 × 100% = 3.44%。

(4)净资产收益率

净资产收益率,亦称净值报酬率或权益报酬率,它是指企业一定时期内的净利润与平均净资产的比率。它可以反映投资者投入企业的自有资本获取净收益的能力,即反映投资与报酬的关系,因而是评价企业资本经营效率的核心指标。其计算公式为:

净资产收益率 = 净利润 ÷ 平均净资产 × 100%

①净利润是指企业的税后利润,是未作如何分配的数额。

②平均净资产是企业年初所有者权益与年末所有者权益的平均数,平均净资产 = (所有者权益年初数 + 所有者权益年末数) ÷ 2。

净资产收益率是评价企业自有资本及其积累获取报酬水平的最具综合性与代表性的指标,反映企业资本营运的综合效益。该指标通用性强,适用范围广,不受行业局限。在我国上市公司业绩综合排序中,该指标居于首位。通过对该指标的综合对比分析,可以看出企业获利能力在同行业中所处的地位,以及与同类企业的差异水平。一般认为,企业净资产收益率越高,企业自有资本获取收益的能力越强,运营效益越好,对企业投资人、债权人的保障程度越高。

例:A 公司 2010 年度净利润为 388 861.50 元,年初净资产总额为 7 475 000 元,年末净资产总额为 7 863 862 元,则净资产收益率 = 3 888 611.50/(7 475 000 + 7 863 862) ÷ 2 × 100% = 5.07%。

(5)盈余现金保障倍数

盈余现金保障倍数是企业一定时期经营现金净流量与净利润的比值,反映了企业当期利润中现金收益的保障程度,真实反映了企业盈余的质量,是评价企业盈利状况的辅助指标。其计算公式为:

盈余现金保障倍数 = 经营现金净流量 ÷ 净利润

一般来讲,当企业当期利润大于 0 时,盈余现金保障倍数应大于 1。该指标越大,表明企业经营活动产生的净利润对现金的贡献越大。

例:A 公司 2010 年度净利润为 388 861.50 元,经营现金净流量为 450 056.45 元,则盈余现金保障倍数 = 450 056.45 ÷ 388 861.50 = 1.16。

上述数据表明:A 公司 2010 年的经营活动产生的净利润对现金的贡献比较大。

4)发展能力分析

发展能力是企业在生存的基础上,扩大规模,壮大实力的潜在能力。在分析企业发展能力时,主要考察以下指标:

（1）销售（营业）增长率

销售（营业）增长率是指企业本年销售（营业）收入增长额同上年销售（营业）收入总额的比率。这里，企业销售（营业）收入，是指企业的主营业务收入。销售（营业）增长率表示与上年相比，企业销售（营业）收入的增减变化情况，是评价企业成长状况和发展能力的重要指标。其计算公式为：

销售（营业）增长率＝本年销售（营业）增长额÷上年销售（营业）收入总额
×100%

该指标是衡量企业经营状况和市场占有能力、预测企业经营业务拓展趋势的重要标志，也是企业扩张增量和存量资本的重要前提。不断增加的销售（营业）收入，是企业生存的基础和发展的条件，世界 500 强就主要以销售收入的多少进行排序。该指标若大于零，表示企业本年的销售（营业）收入有所增长，指标值越高，表明增长速度越快，企业市场前景越好；若该指标小于零，则说明企业或是产品不适销对路、质次价高，或是在售后服务等方面存在问题，产品销售不出去，市场份额萎缩。该指标在实际操作时，应结合企业历年的销售（营业）水平、企业市场占有情况、行业未来发展及其他影响企业发展的潜在因素进行前瞻性预测，或者结合企业前 3 年的销售（营业）收入增长率作出趋势性分析判断。

例：A 公司 2009 年度营业收入 1 000 万元，2010 年度营业收入 1 500 万元，则 A 公司营业收入增长率为：销售（营业）收入增长率 ＝（1 500 － 1 000）÷ 1000 × 100% ＝50%

（2）资本积累率

资本积累率是指企业本年所有者权益增长额同年初所有者权益的比率，它可以表示企业当年资本的积累能力，是评价企业发展潜力的重要指标。其计算公式为：

资本积累率＝本年所有者权益增长额/年初所有者权益×100%

该指标是企业当年所有者权益总的增长率，反映了企业所有者权益在当年的变动水平。资本积累率体现了企业资本的积累情况，是企业发展强盛的标志，也是企业扩大再生产的源泉，展示了企业的发展活力。资本积累率反映了投资者投入企业资本的保全性和增长性，该指标越高，表明企业的资本积累越多，企业资本保全性越强，持续发展的能力越大。该指标如为负值，表明企业资本受到侵蚀，所有者利益受到损害，应予充分重视。

（3）总资产增长率

总资产增长率是企业本年总资产增长额同年初资产总额的比率，它可以衡量企业本期资产规模的增长情况，评价企业经营规模总量上的扩张程度。其计算公式为：

总资产增长率 ＝本年总资产增长额÷年初资产总额×100%

该指标是从企业资产总量扩张方面衡量企业的发展能力，表明企业规模增长水平对企业发展后劲的影响。该指标越高,表明企业一个经营周期内资产经营规模扩张的速度越快。但实际操作时,应注意资产规模扩张的质与量的关系,以及企业的后续发展能力,避免资产盲目扩张。

例:A公司2010年度销售收入净额为1 875 000元,年初资产总额为11 352 100元,年末资产总额为11 248 251元,则总资产周转率=1 875 000÷(11 352 100+11 248 251)/2=0.17。

5)上市公司市场价值指标分析

上市公司市场价值分析的指标主要有:每股收益、市盈率、股利支付率、每股资产和市净率等。

(1)每股收益

投资者往往更关心每股收益,这是因为:该指标为会计准则所特别重视;会计报表使用者在选择投资方案时,往往视其为一个非常重要的比率;实证研究表明,该指标与公司股票市场价表现之间有着一定的相关性;每股收益也是其他比率分析(如市盈率、股利支付率)的基础。每股收益仅仅是对普通股而言的,计算每股收益的基本公式如下:

$$每股收益=(净利润-优先股股利)÷年末普通股总数$$

上式中,净利润一般指损益表中扣除了所得税之后的利润。由于在向普通股股东分配股利之前优先股股东享有优先分配股利的权利,所以,在分子中,应该分配给优先股的股利,必须予以扣除。每股收益反映每一普通股的获利水平。该指标越高,表示每一普通股可得的利润越多,股东投资效益越好;反之,该指标越低,表明每一普通股可得的利润越少,股东投资收益越差。

例:A公司2009年度净利润为2 500万元,假设公司发行在外的流通股数为1 200万股,则每股收益=2 500÷1 200=2.08(元)

(2)市盈率

市盈率也称价格盈余比率或价格与收益比率,是指普通股每股市价与每股收益的比率。这里的市价是指普通股每股在证券市场的买卖价格。用每股收益与市价进行比较,目的是反映普通股当期盈余与市场价格的关系,它可以为投资者提供重要的决策参考。其计算公式为:

$$市盈率=每股市价÷每股收益$$

市盈率是反映上市公司获利能力的一个重要财务比率,影响市盈率高低的因素既有证券市场的供求关系(分子),又有公司本身的获利能力(分母),所以这一比率一方面可证实该普通股的被看好程度,另一方面也体现出一定的风险程度。

但是市盈率也有一定的局限性。首先该比率是以某一时点的股票市价与某一时期(加上年度)的每股收益进行比较,信息在时间上的差异为投资分析带来一定的遗憾；其次，由于各公司的税负、价格、还贷等政策不尽相同，所以每股收益确定的口径也就不一致，这就为运用该指标在各公司之间进行比较带来一定的困难。

例：A 公司 2009 年年末每股收益为 2.08 元，公司股票的市场收盘价为 24 元，则市盈率 = 24 ÷ 2.08 = 11.54。

（3）股利支付率

股利支付率是以每股现金股利除以每股收益得出的比值。反映每股收益中实际支付现金股利的水平。其计算公式为：

$$股利支付率 = 每股股利 ÷ 每股收益 × 100\%$$

股利支付率与公司的盈利状况并不存在必然的联系，股利支付率取决于公司的业务性质、经营成果、财务状况、发展前景和公司管理层在股利发放处理上的方针等。一般来说，较高的股利支付率会为投资者所欢迎。

例：A 公司 2009 年年末每股收益为 2.08 元，公司计划今年发放现金股利每股 0.8 元，则股利支付率 = 0.8 ÷ 2.08 × 100\% = 38.46\%。

（4）每股净资产

每股净资产，也称每股账面价值，是股东权益总额除以发行在外的股票股数。其计算公式为：

$$每股净资产 = 股东权益 ÷ 普通股股数$$

倘若公司同时还发行了优先股，则要在上式分子中减去归属优先股的股票清算价值和优先股股利等优先股股东权益，余下的部分才属于普通股股东权益。

将该指标与股票市价进行比较，可以用来判断以当前的投资代价换取该股票既定的会计账面价值是否值得。另外，在公司兼并时，该指标与公允市价往往都是兼并方需要研究的指标。

例：A 公司 2009 年年末股东权益总额为 7 863 862 元，流通在外的股票数量有 100 万股，则每股净资产 = 7 863 862 元 ÷ 1 000 000 = 7.86（元/股）。

（5）市净率

市净率反映每股市价与每股净资产的倍数关系，一些投资者往往以其来衡量投资风险。其计算公式是：

$$市净率 = 每股市价 ÷ 每股净资产$$

每股净资产是股票的账面价值，它是用成本计量的；每股市价是这些资产的现在价值，它是证券市场上交易的结果。投资者认为，市价高于账面价值对企业资产的质量好，有发展潜力；反之，则资产质量差，没有发展前景。优质股票的市价都超出每股净资产许多，一般说来，市净率达到 3 就可以树立较好的公司形象。市价低于每股净资产的股票，就像售价低于成本的商品一样，属于"处理品"，其是否值得购买，决定于今后公司是否有转机，如，公司通过资产重组提高了获利能力。

例:A公司2009年年末每股市场收盘价为24元,每股净资产为7.86元,则市净率=24÷7.86=3.05。

任务指导7.4　完成任务情景7.4中的工作任务。

目的:熟悉物业企业财务分析和评价的方法。

步骤:第1步,仔细阅读任务情景7.4;

　　　第2步,做好进行分析的环境、资料和物品准备;

　　　第3步,学生分成学习小组进行讨论计算,最后给出结论。

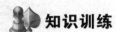 **知识训练**

(一)单项选择题

1.在下列财务分析主体中,必须对企业运营能力、偿债能力。获利能力及发展能力的全部信息予以详尽了解和掌握的是( )。

　　A.企业所有者　　B.企业债权人　　C.企业经营决策者　　D.税务机关

2.采用比较分析法时,应注意的问题不包括( )。

　　A.指标的计算口径必须一致

　　B.衡量标准的科学性(属于采用比率分析法应该注意的问题)

　　C.剔除偶发性项目的影响

　　D.运用例外原则

3.A公司需要对公司的销售收入进行分析,通过分析可以得到2007、2008、2009年销售收入的环比动态比率分别为110%、115%和95%。则如果该公司以2007年作为基期,2009年作为分析期,则其定基动态比率( )。

　　A.126.5%　　　　B.109.25%　　　　C.104.5%　　　　D.120.18%

4.下列关于财务分析方法的局限性说法不正确的是( )。

　　A.无论何种分析法均是对过去经济事项的反映,得出的分析结论是非常全面的

　　B.因素分析法的一些假定往往与事实不符

　　C.在某种情况下,使用比率分析法无法得出令人满意的结论

　　D.比较分析法要求比较的双方必须具有可比性

5.某公司2010年初发行在外的普通股股数为100万股,2010年4月1日增发15万股,9月1日回购12万股。2010年年末股东权益为1 232万元,则每股净资产为( )元/股。

　　A.11.96　　　　B.12　　　　C.10.53　　　　D.10.71

6.某公司2010年1月1日发行票面利率为5%的可转换债券,面值1 000万元,规定每100元面值可转换为1元面值普通股80股。2010年净利润5 000万元,2010年

发行在外普通股4 000万股,公司适用的所得税率为30%。则该企业2010年的稀释每股收益为(　　)。

    A. 1. 25   B. 1. 26   C. 2. 01   D. 1. 05

7. 人们一般将其视为企业能否成功地达到其利润目标的计量标志的是(　　)。

    A. 每股收益   B. 每股净资产   C. 每股股利   D. 市盈率

8. 管理层讨论与分析信息大多涉及"内部性"较强的定性软信息,因此我国实行披露的原则是(　　)。

    A. 自愿原则   B. 强制性原则

    C. 强制与自愿相结合原则   D. A、B、C 三个选项都不正确

9. 在杜邦财务分析体系中,起点指标是(　　)。

    A. 净资产收益率   B. 总资产净利率

    C. 总资产周转率   D. 销售净利率

10. (　　)反映了企业净利润与销售收入的关系,它的高低取决于销售收入与成本总额的高低。

    A. 权益乘数   B. 销售净利率   C. 净资产收益率   D. 产权比率

(二)多项选择题

1. 下列关于财务分析的说法正确的有(　　)。

    A. 以企业财务报告为主要依据

    B. 对企业的财务状况和经营成果进行评价和剖析

    C. 反映企业在运营过程中的利弊得失和发展趋势

    D. 为改进企业财务管理工作和优化经济决策提供重要的财务信息

2. 关于因素分析法下列说法不正确的有(　　)。

    A. 使用因素分析法分析某一因素对分析指标的影响时,假定其他因素都不变

    B. 在使用因素分析法时替代顺序无关紧要

    C. 差额分析法是连环替代法的一种简化形式

    D. 因素分析法的计算结果都是准确的

3. 采用比较分析法时,应当注意(　　)。

    A. 所对比指标的计算口径必须一致

    B. 应剔除偶发性项目的影响

    C. 应运用例外原则对某项有显著变动的指标做重点分析

    D. 对比项目的相关性

4. 属于财务分析的局限性表现在(　　)。

    A. 资料来源的局限性   B. 分析方法的局限性

    C. 分析对象的局限性   D. 分析指标的局限性

5. 下列说法不正确的有( )。

    A. 减少利息支出可以降低息税前利润

    B. 每股利润和每股收益是同义词

    C. 市盈率＝每股收益/每股市价

    D. 可转换债券属于稀释性潜在普通股

6. 下列说法不正确的是( )。

    A. 一般认为,净资产收益率越高,表明投资收益的能力越强

    B. 基本每股收益＝归属于公司普通股股东的净利润/发行在外的普通股股数

    C. 每股股利＝股利总额/流通股的加权平均数

    D. 上市公司的市盈率一直是广大股票投资者进行中长期投资的重要决策指标

(三)判断题

1. 相关比率,是某项财务活动中所费与所得的比率,反映投入与产出的关系。

                                      ( )

2. 比率指标的计算一般都是建立在以预算数据为基础的财务报表之上的,这使比率指标提供的信息与决策之间的相关性大打折扣。   ( )

3. 财务报表是按照会计准则编制的,所以能准确地反映企业的客观实际。( )

4. 上市公司的市盈率一直是广大股票投资者进行中长期投资的重要决策指标。

                                        ( )

思考练习

(1)简述财务分析的概念和意义。

(2)简述财务分析的主要局限。

(3)财务分析中常用的基本财务比率有哪些,理解其含义和用途。

(4)简述财务综合分析的特点。

附　录

附录 I　物业服务管理收费行政法规、部门规章、有关文件

《物业管理企业财务管理规定》

财基字[1998]7 号

第一章　总　则

第一条　为了规范物业管理企业财务行为,有利于企业公平竞争,加强财务管理和经济核算,结合物业管理企业的特点及其管理要求,制定本规定。

除本规定另有规定外,物业管理企业执行《施工、房地产开发企业财务制度》。

第二条　本规定适用于中华人民共和国境内的各类物业管理企业(以下简称企业),包括国有企业、集体企业、私营企业、外商投资企业等各类经济性质的企业;有限责任公司、股份有限公司等各类组织形式的企业。

其他行业独立核算的物业管理企业也适用本规定。

第二章　代管基金

第三条　代管基金是指企业接受业主管理委员会或者物业产权人、使用人委托代管的房屋共用部位维修基金和共用设施设备维修基金。

房屋共用部位维修基金是指专项用于房屋共用部位大修理的资金。房屋的共用部位,是指承重结构部位(包括楼盖、屋顶、梁、柱、内外墙体和基础等)、外墙面、楼梯间、走廊通道、门厅、楼内存车库等。

共用设施设备维修基金

共用设施设备维修基金是指专项用于共用设施和共用设备大修理的资金。共用设施设备是指共用的上下水管道、公用水箱、加压水泵、电梯、公用天线、供电干线、共用照明、暖气干线、消防设施、

住宅区的道路、路灯、沟渠、池、井、室外停车场、游泳池、各类球场等。

第四条 代管基金作为企业长期负债管理。

代管基金应当专户存储,专款专用,并定期接受业主管理委员会或者物业产权人、使用人的检查与监督。

代管基金利息净收入应当经业主管理委员会或者物业产权人、使用人认可后转作代管基金滚存使用和管理。

第五条 企业有偿使用业主管理委员会或者物业产权人、使用人提供的管理用房、商业用房和共用设施设备,应当设立备查账簿单独进行实物管理,并按照国家法律、法规的规定或者双方签订的合同、协议支付有关费用(如租赁费、承包费等)。

商业用房

管理用房是指业主管理委员会或者物业产权人、使用人向企业提供的办公用房。

商业用房是指业主管理委员会或者物业产权人、使用人向企业提供的经营用房。

第六条 企业支付的管理用房和商业用房有偿使用费,经业主管理委员会或者物业产权人、使用人认可后转作企业代管的房屋共用部位的维修基金;企业支付的共用设施设备有偿使用费,经业主管理委员会或者物业产权人、使用人认可后转作企业代管的共用设施设备维修基金。

第三章 成本和费用

第七条 企业在从事物业管理活动中,为物业产权人、使用人提供维修、管理和服务等过程中发生的各项支出,按照国家规定计入成本、费用。

第八条 企业在从事物业管理活动中发生的各项直接支出,计入营业成本。营业成本包括直接人工费、直接材料费和间接费用等。实行一级成本核算的企业,可不设间接费用,有关支出直接计入管理费用。

直接人工费包括企业直接从事物业管理活动等人员的工资、奖金及职工福利费等。

直接材料费包括企业在物业管理活动中直接消耗的各种材料、辅助材料、燃料和动力、构配件、零件、低值易耗品、包装物等。

间接费用包括企业所属物业管理单位管理人员的工资、奖金及职工福利费、固定资产折旧费及修理费、水电费、取暖费、办公费、差旅费、邮电通信费、交通运输费、租赁费、财产保险费、劳动保护费、保安费、绿化维护费、低值易耗品摊销及其他费用等。

第九条 企业经营共用设施设备,支付的有偿使用费,计入营业成本。

第十条 企业支付的管理用房有偿使用费,计入营业成本或者管理费用。

第十一条 企业对管理用房进行装饰装修发生的支出,计入递延资产,在有效使用期限内,分期摊入营业成本或者管理费用。

第十二条 企业可以于年度终了,按照年末应收账款余额的 0.3% ~ 0.5% 计提坏账准备金,计入管理费用。

企业发生的坏账损失,冲减坏账准备金。收回已核销的坏账,增加坏账准备金。

不计提取坏账准备金的企业,发生的坏账损失,计入管理费用。收回已核销的坏账,冲减管理费用。

第四章　营业收入及利润

第十三条　营业收入是指企业从事物业管理和其他经营活动所取得的各项收入,包括主营业务收入和其他业务收入。

第十四条　主营业务收入是指企业在从事物业管理活动中,为物业产权人、使用人提供维修、管理和服务所取得的收入,包括物业管理收入、物业经营收入和物业大修收入。

物业管理收入是指企业向物业产权人、使用人收取的公共性服务费收入、公众代办性服务费收入和特约服务收入。

物业经营收入

物业经营收入是指企业经营业主管理委员会或者物业产权人、使用人提供的房屋建筑物和共用设施取得的收入,如房屋出租收入和经营停车场、游泳池、各类球场等共用设施收入。

物业大修收入是指企业接受业主管理委员会或者物业产权人、使用人的委托,对房屋共用部位、共用设施设备进行大修取得的收入。

第十五条　企业应当在劳务已经提供,同时收讫价款或取得收取价款的凭证时确认为营业收入的实现。

物业大修收入应当经业主管理委员会或者物业产权人、使用人签证认可后,确认为营业收入的实现。

企业与业主管理委员会或者物业产权人、使用人双方签订付款合同或协议的,应当根据合同或者协议所规定的付款日期确认为营业收入的实现。

第十六条　企业利润总额包括营业利润、投资净收益、营业外收支净额以及补贴收入。

第十七条　补贴收入是指国家拨给企业的政策性亏损补贴和其他补贴。

第十八条　营业利润包括主营业务利润和其他业务利润。

主营业务利润是指主营业务收入减去营业税金及附加,再减去营业成本、管理费用及财务费用后的净额。

附加税

营业税金及附加包括营业税、城市维护建设税和教育费附加。

其他业务利润是指其他业务收入减去其他业务支出和其他业务缴纳的税金及附加后的净额。

第十九条　其他业务收入是指企业从事主营业务以外的其他业务活动所取得的收入,包括房屋中介代销手续费收入、材料物资销售收入、废品回收收入、商业用房经营收入及无形资产转让收入等。

商业用房经营

商业用房经营收入是指企业利用业主管理委员会或者物业产权人、使用人提供的商业用房,从事经营活动取得的收入,如开办健身房、歌舞厅、美容美发屋、商店、饮食店等经营收入。

第二十条　其他业务支出是指企业从事其他业务活动所发生的有关成本和费用支出。

企业支付的商业用房有偿使用费,计入其他业务支出。

企业对商业用房进行装饰装修发生的支出,计入递延资产,在有效使用期限内,分期摊入其他业务支出。

第五章　附　则

第二十一条　本规定自 1998 年 1 月 1 日起施行。

《物业服务收费管理办法》
发改价格[2003]1864 号

第一条　为规范物业服务收费行为,保障业主和物业管理企业的合法权益,根据《中华人民共和国价格法》和《物业管理条例》制定本办法。

第二条　本办法所称物业服务收费,是指物业管理企业按照物业服务合同的约定,对房屋及配套的设施设备和相关场地进行维修、养护、管理,维护相关区域内的环境卫生和秩序,向业主所收取的费用。

第三条　国家提倡业主通过公开、公平、公正的市场竞争机制选择物业管理企业;鼓励物业管理企业开展正当的价格竞争,禁止价格欺诈,促进物业服务收费通过市场竞争形成。

第四条　国务院价格主管部门会同国务院建设行政主管部门负责全国物业服务收费的监督管理工作。

县级以上地方人民政府价格主管部门会同同级房地产行政主管部门负责本行政区域内物业服务收费的监督管理工作。

第五条　物业服务收费应当遵循合理、公开以及费用与服务水平相适应的原则。

第六条　物业服务收费应当区分不同物业的性质和特点分别实行政府指导价和市场调节价。具体定价形式由省、自治区、直辖市人民政府价格主管部门会同房地产行政主管部门确定。

第七条　物业服务收费实行政府指导价的,有定价权限的人民政府价格主管部门应当会同房地产行政主管部门根据物业管理服务等级标准等因素,制定相应的基准价及其浮动幅度,并定期公布。具体收费标准由业主与物业管理企业根据规定的基准价和浮动幅度在物业服务合同中约定。

实行市场调节价的物业服务收费,由业主与物业管理企业在物业服务合同中约定。

第八条　物业管理企业应当按照政府价格主管部门的规定实行明码标价,在物业管理区域内的显著位置,将服务内容、服务标准以及收费项目、收费标准等有关情况进行公示。

第九条　业主与物业管理企业可以采取包干制或者酬金制等形式约定物业服务费用。

包干制是指由业主向物业管理企业支付固定物业服务费用,盈余或者亏损均由物业管理企业享有或者承担的物业服务计费方式。

酬金制是指在预收的物业服务资金中按约定比例或者约定数额提取酬金支付给物业管理企业,其余全部用于物业服务合同约定的支出,结余或者不足均由业主享有或者承担的物业服务计费方式。

第十条 建设单位与物业买受人签订的买卖合同,应当约定物业管理服务内容、服务标准、收费标准、计费方式及计费起始时间等内容,涉及物业买受人共同利益的约定应当一致。

第十一条 实行物业服务费用包干制的,物业服务费用的构成包括物业服务成本、法定税费和物业管理企业的利润。

实行物业服务费用酬金制的,预收的物业服务资金包括物业服务支出和物业管理企业的酬金。

物业服务成本或者物业服务支出构成一般包括以下部分:

①管理服务人员的工资、社会保险和按规定提取的福利费等;

②物业共用部位、共用设施设备的日常运行、维护费用;

③物业管理区域清洁卫生费用;

④物业管理区域绿化养护费用;

⑤物业管理区域秩序维护费用;

⑥办公费用;

⑦物业管理企业固定资产折旧;

⑧物业共用部位、共用设施设备及公众责任保险费用;

⑨经业主同意的其他费用。

物业共用部位、共用设施设备的大修、中修和更新、改造费用,应当通过专项维修资金予以列支,不得计入物业服务支出或者物业服务成本。

第十二条 实行物业服务费用酬金制的,预收的物业服务支出属于代管性质,为所交纳的业主所有,物业管理企业不得将其用于物业服务合同约定以外的支出。

物业管理企业应当向业主大会或者全体业主公布物业服务资金年度预决算并每年不少于一次公布物业服务资金的收支情况。

业主或者业主大会对公布的物业服务资金年度预决算和物业服务资金的收支情况提出质询时,物业管理企业应当及时答复。

第十三条 物业服务收费采取酬金制方式,物业管理企业或者业主大会可以按照物业服务合同约定聘请专业机构对物业服务资金年度预决算和物业服务资金的收支情况进行审计。

第十四条 物业管理企业在物业服务中应当遵守国家的价格法律法规,严格履行物业服务合同,为业主提供质价相符的服务。

第十五条 业主应当按照物业服务合同的约定按时足额交纳物业服务费用或者物业服务资金。业主违反物业服务合同约定逾期不交纳服务费用或者物业服务资金的,业主委员会应当督促其限期交纳;逾期仍不交纳的,物业管理企业可以依法追缴。

业主与物业使用人约定由物业使用人交纳物业服务费用或者物业服务资金的,从其约定,业主负连带交纳责任。

物业发生产权转移时,业主或者物业使用人应当结清物业服务费用或者物业服务资金。

第十六条 纳入物业管理范围的已竣工但尚未出售,或者因开发建设单位原因未按时交给物业买受人的物业,物业服务费用或者物业服务资金由开发建设单位全额交纳。

第十七条 物业管理区域内,供水、供电、供气、供热、通信、有线电视等单位应当向最终用户收取有关费用。物业管理企业接受委托代收上述费用的,可向委托单位收取手续费,不得向业主收取手续费等额外费用。

第十八条　利用物业共用部位、共用设施设备进行经营的,应当在征得相关业主、业主大会、物业管理企业的同意后,按照规定办理有关手续。业主所得收益应当主要用于补充专项维修资金,也可以按照业主大会的决定使用。

第十九条　物业管理企业已接受委托实施物业服务并相应收取服务费用的,其他部门和单位不得重复收取性质和内容相同的费用。

第二十条　物业管理企业根据业主的委托提供物业服务合同约定以外的服务,服务收费由双方约定。

第二十一条　政府价格主管部门会同房地产行政主管部门,应当加强对物业管理企业的服务内容、标准和收费项目、标准的监督。物业管理企业违反价格法律、法规和规定,由政府价格主管部门依据《中华人民共和国价格法》和《价格违法行为行政处罚规定》予以处罚。

第二十二条　各省、自治区、直辖市人民政府价格主管部门、房地产行政主管部门可以依据本办法制定具体实施办法,并报国家发展和改革委员会、建设部备案。

第二十三条　本办法由国家发展和改革委员会会同建设部负责解释。

第二十四条　本办法自 2004 年 1 月 1 日起执行,原国家计委、建设部印发的《城市住宅小区物业管理服务收费暂行办法》(计价费[1996]266 号)同时废止。

《物业服务收费明码标价规定》
发改价检[2004]1428 号

第一条　为进一步规范物业服务收费行为,提高物业服务收费透明度,维护业主和物业管理企业的合法权益,促进物业管理行业的健康发展,根据《中华人民共和国价格法》《物业管理条例》和《关于商品和服务实行明码标价的规定》,制定本规定。

第二条　物业管理企业向业主提供服务(包括按照物业服务合同约定提供物业服务以及根据业主委托提供物业服务合同约定以外的服务),应当按照本规定实行明码标价,标明服务项目、收费标准等有关情况。

第三条　物业管理企业实行明码标价,应当遵循公开、公平和诚实信用的原则,遵守国家价格法律、法规、规章和政策。

第四条　政府价格主管部门应当会同同级房地产主管部门对物业服务收费明码标价进行管理。政府价格主管部门对物业管理企业执行明码标价规定的情况实施监督检查。

第五条　物业管理企业实行明码标价应当做到价目齐全,内容真实,标示醒目,字迹清晰。

第六条　物业服务收费明码标价的内容包括:物业管理企业名称、收费对象、服务内容、服务标准、计费方式、计费起始时间、收费项目、收费标准、价格管理形式、收费依据、价格举报电话12358 等。

实行政府指导价的物业服务收费应当同时标明基准收费标准、浮动幅度,以及实际收费标准。

第七条　物业管理企业在其服务区域内的显著位置或收费地点,可采取公示栏、公示牌、收费表、收费清单、收费手册、多媒体终端查询等方式实行明码标价。

第八条 物业管理企业接受委托代收供水、供电、供气、供热、通信、有线电视等有关费用的,也应当依照本规定第六条、第七条的有关内容和方式实行明码标价。

第九条 物业管理企业根据业主委托提供的物业服务合同约定以外的服务项目,其收费标准在双方约定后应当以适当的方式向业主进行明示。

第十条 实行明码标价的物业服务收费的标准等发生变化时,物业管理企业应当在执行新标准前一个月,将所标示的相关内容进行调整,并应标示新标准开始实行的日期。

第十一条 物业管理企业不得利用虚假的或者使人误解的标价内容、标价方式进行价格欺诈。不得在标价之外,收取任何未予标明的费用。

第十二条 对物业管理企业不按规定明码标价或者利用标价进行价格欺诈的行为,由政府价格主管部门依照《中华人民共和国价格法》《价格违法行为行政处罚规定》《关于商品和服务实行明码标价的规定》《禁止价格欺诈行为的规定》进行处罚。

第十三条 本规定自 2004 年 10 月 1 日起施行。

《住宅专项维修资金管理办法》(全文)

中华人民共和国建设部
中华人民共和国财政部   令

第 165 号

《住宅专项维修资金管理办法》已经 2007 年 10 月 30 日建设部第 142 次常务会议讨论通过,经财政部联合签署,现予发布,自 2008 年 2 月 1 日起施行。

建设部部长　汪光焘
财政部部长　谢旭人
二〇〇七年十二月四日

住宅专项维修资金管理办法

第一章　总　则

第一条 为了加强对住宅专项维修资金的管理,保障住宅共用部位、共用设施设备的维修和正常使用,维护住宅专项维修资金所有者的合法权益,根据《物权法》《物业管理条例》等法律、行政法规,制定本办法。

第二条 商品住宅、售后公有住房住宅专项维修资金的交存、使用、管理和监督,适用本办法。

本办法所称住宅专项维修资金,是指专项用于住宅共用部位、共用设施设备保修期满后的维修和更新、改造的资金。

第三条 本办法所称住宅共用部位,是指根据法律、法规和房屋买卖合同,由单幢住宅内业主或者单幢住宅内业主及与之结构相连的非住宅业主共有的部位,一般包括:住宅的基础、承重墙体、柱、梁、楼板、屋顶以及户外的墙面、门厅、楼梯间、走廊通道等。

本办法所称共用设施设备,是指根据法律、法规和房屋买卖合同,由住宅业主或者住宅业主及有关非住宅业主共有的附属设施设备,一般包括电梯、天线、照明、消防设施、绿地、道路、路灯、沟渠、池、井、非经营性车场车库、公益性文体设施和共用设施设备使用的房屋等。

第四条 住宅专项维修资金管理实行专户存储、专款专用、所有权人决策、政府监督的原则。

第五条 国务院建设主管部门会同国务院财政部门负责全国住宅专项维修资金的指导和监督工作。

县级以上地方人民政府建设(房地产)主管部门会同同级财政部门负责本行政区域内住宅专项维修资金的指导和监督工作。

第二章 交 存

第六条 下列物业的业主应当按照本办法的规定交存住宅专项维修资金:

(一)住宅,但一个业主所有且与其他物业不具有共用部位、共用设施设备的除外;

(二)住宅小区内的非住宅或者住宅小区外与单幢住宅结构相连的非住宅。

前款所列物业属于出售公有住房的,售房单位应当按照本办法的规定交存住宅专项维修资金。

第七条 商品住宅的业主、非住宅的业主按照所拥有物业的建筑面积交存住宅专项维修资金,每平方米建筑面积交存首期住宅专项维修资金的数额为当地住宅建筑安装工程每平方米造价的5%至8%。

直辖市、市、县人民政府建设(房地产)主管部门应当根据本地区情况,合理确定、公布每平方米建筑面积交存首期住宅专项维修资金的数额,并适时调整。

第八条 出售公有住房的,按照下列规定交存住宅专项维修资金:

(一)业主按照所拥有物业的建筑面积交存住宅专项维修资金,每平方米建筑面积交存首期住宅专项维修资金的数额为当地房改成本价的2%。

(二)售房单位按照多层住宅不低于售房款的20%、高层住宅不低于售房款的30%,从售房款中一次性提取住宅专项维修资金。

第九条 业主交存的住宅专项维修资金属于业主所有。

从公有住房售房款中提取的住宅专项维修资金属于公有住房售房单位所有。

第十条 业主大会成立前,商品住宅业主、非住宅业主交存的住宅专项维修资金,由物业所在地直辖市、市、县人民政府建设(房地产)主管部门代管。

直辖市、市、县人民政府建设(房地产)主管部门应当委托所在地一家商业银行,作为本行政区域内住宅专项维修资金的专户管理银行,并在专户管理银行开立住宅专项维修资金专户。

开立住宅专项维修资金专户,应当以物业管理区域为单位设账,按房屋户门号设分户账;未划定物业管理区域的,以幢为单位设账,按房屋户门号设分户账。

第十一条 业主大会成立前,已售公有住房住宅专项维修资金,由物业所在地直辖市、市、县人民政府财政部门或者建设(房地产)主管部门负责管理。

负责管理公有住房住宅专项维修资金的部门应当委托所在地一家商业银行,作为本行政区域内公有住房住宅专项维修资金的专户管理银行,并在专户管理银行开立公有住房住宅专项维修资金专户。

开立公有住房住宅专项维修资金专户,应当按照售房单位设账,按幢设分账;其中,业主交存的住宅专项维修资金,按房屋户门号设分户账。

第十二条 商品住宅的业主应当在办理房屋入住手续前,将首期住宅专项维修资金存入住宅专项维修资金专户。

已售公有住房的业主应当在办理房屋入住手续前,将首期住宅专项维修资金存入公有住房住宅专项维修资金专户或者交由售房单位存入公有住房住宅专项维修资金专户。

公有住房售房单位应当在收到售房款之日起 30 日内,将提取的住宅专项维修资金存入公有住房住宅专项维修资金专户。

第十三条 未按本办法规定交存首期住宅专项维修资金的,开发建设单位或者公有住房售房单位不得将房屋交付购买人。

第十四条 专户管理银行、代收住宅专项维修资金的售房单位应当出具由财政部或者省、自治区、直辖市人民政府财政部门统一监制的住宅专项维修资金专用票据。

第十五条 业主大会成立后,应当按照下列规定划转业主交存的住宅专项维修资金:

(一)业主大会应当委托所在地一家商业银行作为本物业管理区域内住宅专项维修资金的专户管理银行,并在专户管理银行开立住宅专项维修资金专户。

开立住宅专项维修资金专户,应当以物业管理区域为单位设账,按房屋户门号设分户账。

(二)业主委员会应当通知所在地直辖市、市、县人民政府建设(房地产)主管部门;涉及已售公有住房的,应当通知负责管理公有住房住宅专项维修资金的部门。

(三)直辖市、市、县人民政府建设(房地产)主管部门或者负责管理公有住房住宅专项维修资金的部门应当在收到通知之日起 30 日内,通知专户管理银行将该物业管理区域内业主交存的住宅专项维修资金账面余额划转至业主大会开立的住宅专项维修资金账户,并将有关账目等移交业主委员会。

第十六条 住宅专项维修资金划转后的账目管理单位,由业主大会决定。业主大会应当建立住宅专项维修资金管理制度。

业主大会开立的住宅专项维修资金账户,应当接受所在地直辖市、市、县人民政府建设(房地产)主管部门的监督。

第十七条 业主分户账面住宅专项维修资金余额不足首期交存额30%的,应当及时续交。

成立业主大会的,续交方案由业主大会决定。

未成立业主大会的,续交的具体管理办法由直辖市、市、县人民政府建设(房地产)主管部门会同同级财政部门制定。

第三章 使 用

第十八条 住宅专项维修资金应当专项用于住宅共用部位、共用设施设备保修期满后的维修和更新、改造,不得挪作他用。

第十九条 住宅专项维修资金的使用,应当遵循方便快捷、公开透明、受益人和负担人相一致的原则。

第二十条 住宅共用部位、共用设施设备的维修和更新、改造费用,按照下列规定分摊:

(一)商品住宅之间或者商品住宅与非住宅之间共用部位、共用设施设备的维修和更新、改造费用,由相关业主按照各自拥有物业建筑面积的比例分摊。

(二)售后公有住房之间共用部位、共用设施设备的维修和更新、改造费用,由相关业主和公有住房售房单位按照所交存住宅专项维修资金的比例分摊;其中,应由业主承担的,再由相关业主按照各自拥有物业建筑面积的比例分摊。

(三)售后公有住房与商品住宅或者非住宅之间共用部位、共用设施设备的维修和更新、改造费用,先按照建筑面积比例分摊到各相关物业。其中,售后公有住房应分摊的费用,再由相关业主和公有住房售房单位按照所交存住宅专项维修资金的比例分摊。

第二十一条 住宅共用部位、共用设施设备维修和更新、改造,涉及尚未售出的商品住宅、非住宅或者公有住房的,开发建设单位或者公有住房单位应当按照尚未售出商品住宅或者公有住房的建筑面积,分摊维修和更新、改造费用。

第二十二条 住宅专项维修资金划转业主大会管理前,需要使用住宅专项维修资金的,按照以下程序办理:

(一)物业服务企业根据维修和更新、改造项目提出使用建议;没有物业服务企业的,由相关业主提出使用建议;

(二)住宅专项维修资金列支范围内专有部分占建筑物总面积三分之二以上的业主且占总人数三分之二以上的业主讨论通过使用建议;

(三)物业服务企业或者相关业主组织实施使用方案;

(四)物业服务企业或者相关业主持有关材料,向所在地直辖市、市、县人民政府建设(房地产)主管部门申请列支;其中,动用公有住房住宅专项维修资金的,向负责管理公有住房住宅专项维修资金的部门申请列支;

(五)直辖市、市、县人民政府建设(房地产)主管部门或者负责管理公有住房住宅专项维修资金的部门审核同意后,向专户管理银行发出划转住宅专项维修资金的通知;

(六)专户管理银行将所需住宅专项维修资金划转至维修单位。

第二十三条 住宅专项维修资金划转业主大会管理后,需要使用住宅专项维修资金的,按照以下程序办理:

(一)物业服务企业提出使用方案,使用方案应当包括拟维修和更新、改造的项目、费用预算、列支范围、发生危及房屋安全等紧急情况以及其他需临时使用住宅专项维修资金的情况的处置办法等;

(二)业主大会依法通过使用方案;

(三)物业服务企业组织实施使用方案;

(四)物业服务企业持有关材料向业主委员会提出列支住宅专项维修资金;其中,动用公有住房住宅专项维修资金的,向负责管理公有住房住宅专项维修资金的部门申请列支;

(五)业主委员会依据使用方案审核同意,并报直辖市、市、县人民政府建设(房地产)主管部门备案;动用公有住房住宅专项维修资金的,经负责管理公有住房住宅专项维修资金的部门审核同意;直辖市、市、县人民政府建设(房地产)主管部门或者负责管理公有住房住宅专项维修资金的部门发现不符合有关法律、法规、规章和使用方案的,应当责令改正;

（六）业主委员会、负责管理公有住房住宅专项维修资金的部门向专户管理银行发出划转住宅专项维修资金的通知；

（七）专户管理银行将所需住宅专项维修资金划转至维修单位。

第二十四条 发生危及房屋安全等紧急情况，需要立即对住宅共用部位、共用设施设备进行维修和更新、改造的，按照以下规定列支住宅专项维修资金：

（一）住宅专项维修资金划转业主大会管理前，按照本办法第二十二条第四项、第五项、第六项的规定办理；

（二）住宅专项维修资金划转业主大会管理后，按照本办法第二十三条第四项、第五项、第六项和第七项的规定办理。

发生前款情况后，未按规定实施维修和更新、改造的，直辖市、市、县人民政府建设（房地产）主管部门可以组织代修，维修费用从相关业主住宅专项维修资金分户账中列支；其中，涉及已售公有住房的，还应当从公有住房住宅专项维修资金中列支。

第二十五条 下列费用不得从住宅专项维修资金中列支：

（一）依法应当由建设单位或者施工单位承担的住宅共用部位、共用设施设备维修、更新和改造费用；

（二）依法应当由相关单位承担的供水、供电、供气、供热、通信、有线电视等管线和设施设备的维修、养护费用；

（三）应当由当事人承担的因人为损坏住宅共用部位、共用设施设备所需的修复费用；

（四）根据物业服务合同约定，应当由物业服务企业承担的住宅共用部位、共用设施设备的维修和养护费用。

第二十六条 在保证住宅专项维修资金正常使用的前提下，可以按照国家有关规定将住宅专项维修资金用于购买国债。

利用住宅专项维修资金购买国债，应当在银行间债券市场或者商业银行柜台市场购买一级市场新发行的国债，并持有到期。

利用业主交存的住宅专项维修资金购买国债的，应当经业主大会同意；未成立业主大会的，应当经专有部分占建筑物总面积三分之二以上的业主且占总人数三分之二以上业主同意。

利用从公有住房售房款中提取的住宅专项维修资金购买国债的，应当根据售房单位的财政隶属关系，报经同级财政部门同意。

禁止利用住宅专项维修资金从事国债回购、委托理财业务或者将购买的国债用于质押、抵押等担保行为。

第二十七条 下列资金应当转入住宅专项维修资金滚存使用：

（一）住宅专项维修资金的存储利息；

（二）利用住宅专项维修资金购买国债的增值收益；

（三）利用住宅共用部位、共用设施设备进行经营的，业主所得收益，但业主大会另有决定的除外；

（四）住宅共用设施设备报废后回收的残值。

第四章 监督管理

第二十八条 房屋所有权转让时，业主应当向受让人说明住宅专项维修资金交存和结余情况并出具有效证明,该房屋分户账中结余的住宅专项维修资金随房屋所有权同时过户。

受让人应当持住宅专项维修资金过户的协议、房屋权属证书、身份证等到专户管理银行办理分户账更名手续。

第二十九条 房屋灭失的,按照以下规定返还住宅专项维修资金:

(一)房屋分户账中结余的住宅专项维修资金返还业主;

(二)售房单位交存的住宅专项维修资金账面余额返还售房单位;售房单位不存在的,按照售房单位财务隶属关系,收缴同级国库。

第三十条 直辖市、市、县人民政府建设(房地产)主管部门,负责管理公有住房住宅专项维修资金的部门及业主委员会,应当每年至少一次与专户管理银行核对住宅专项维修资金账目,并向业主、公有住房售房单位公布下列情况:

(一)住宅专项维修资金交存、使用、增值收益和结存的总额;

(二)发生列支的项目、费用和分摊情况;

(三)业主、公有住房售房单位分户账中住宅专项维修资金交存、使用、增值收益和结存的金额;

(四)其他有关住宅专项维修资金使用和管理的情况。

业主、公有住房售房单位对公布的情况有异议的,可以要求复核。

第三十一条 专户管理银行应当每年至少一次向直辖市、市、县人民政府建设(房地产)主管部门,负责管理公有住房住宅专项维修资金的部门及业主委员会发送住宅专项维修资金对账单。

直辖市、市、县建设(房地产)主管部门,负责管理公有住房住宅专项维修资金的部门及业主委员会对资金账户变化情况有异议的,可以要求专户管理银行进行复核。

专户管理银行应当建立住宅专项维修资金查询制度,接受业主、公有住房售房单位对其分户账中住宅专项维修资金使用、增值收益和账面余额的查询。

第三十二条 住宅专项维修资金的管理和使用,应当依法接受审计部门的审计监督。

第三十三条 住宅专项维修资金的财务管理和会计核算应当执行财政部有关规定。

财政部门应当加强对住宅专项维修资金收支财务管理和会计核算制度执行情况的监督。

第三十四条 住宅专项维修资金专用票据的购领、使用、保存、核销管理,应当按照财政部以及省、自治区、直辖市人民政府财政部门的有关规定执行,并接受财政部门的监督检查。

第五章 法律责任

第三十五条 公有住房售房单位有下列行为之一的,由县级以上地方人民政府财政部门会同同级建设(房地产)主管部门责令限期改正:

(一)未按本办法第八条、第十二条第三款规定交存住宅专项维修资金的;

(二)违反本办法第十三条规定将房屋交付买受人的;

(三)未按本办法第二十一条规定分摊维修、更新和改造费用的。

第三十六条 开发建设单位违反本办法第十三条规定将房屋交付买受人的,由县级以上地方人民政府建设(房地产)主管部门责令限期改正;逾期不改正的,处以 3 万元以下的罚款。

开发建设单位未按本办法第二十一条规定分摊维修、更新和改造费用的,由县级以上地方人民政府建设(房地产)主管部门责令限期改正;逾期不改正的,处以 1 万元以下的罚款。

第三十七条 违反本办法规定,挪用住宅专项维修资金的,由县级以上地方人民政府建设(房地产)主管部门追回挪用的住宅专项维修资金,没收违法所得,可以并处挪用金额2倍以下的罚款;构成犯罪的,依法追究直接负责的主管人员和其他直接责任人员的刑事责任。

物业服务企业挪用住宅专项维修资金,情节严重的,除按前款规定予以处罚外,还应由颁发资质证书的部门吊销资质证书。

直辖市、市、县人民政府建设(房地产)主管部门挪用住宅专项维修资金的,由上一级人民政府建设(房地产)主管部门追回挪用的住宅专项维修资金,对直接负责的主管人员和其他直接责任人员依法给予处分;构成犯罪的,依法追究刑事责任。

直辖市、市、县人民政府财政部门挪用住宅专项维修资金的,由上一级人民政府财政部门追回挪用的住宅专项维修资金,对直接负责的主管人员和其他直接责任人员依法给予处分;构成犯罪的,依法追究刑事责任。

第三十八条 直辖市、市、县人民政府建设(房地产)主管部门违反本办法第二十六条规定的,由上一级人民政府建设(房地产)主管部门责令限期改正,对直接负责的主管人员和其他直接责任人员依法给予处分;造成损失的,依法赔偿;构成犯罪的,依法追究刑事责任。

直辖市、市、县人民政府财政部门违反本办法第二十六条规定的,由上一级人民政府财政部门责令限期改正,对直接负责的主管人员和其他直接责任人员依法给予处分;造成损失的,依法赔偿;构成犯罪的,依法追究刑事责任。

业主大会违反本办法第二十六条规定的,由直辖市、市、县人民政府建设(房地产)主管部门责令改正。

第三十九条 对违反住宅专项维修资金专用票据管理规定的行为,按照《财政违法行为处罚处分条例》的有关规定追究法律责任。

第四十条 县级以上人民政府建设(房地产)主管部门、财政部门及其工作人员利用职务上的便利,收受他人财物或者其他好处,不依法履行监督管理职责,或者发现违法行为不予查处的,依法给予处分;构成犯罪的,依法追究刑事责任。

第六章 附 则

第四十一条 省、自治区、直辖市人民政府建设(房地产)主管部门会同同级财政部门可以依据本办法,制定实施细则。

第四十二条 本办法实施前,商品住宅、公有住房已经出售但未建立住宅专项维修资金的,应当补建。具体办法由省、自治区、直辖市人民政府建设(房地产)主管部门会同同级财政部门依据本办法制定。

第四十三条 本办法由国务院建设主管部门、财政部门共同解释。

第四十四条 本办法自2008年2月1日起施行,1998年12月16日建设部、财政部发布的《住宅共用部位共用设施设备维修基金管理办法》(建住房[1998]213号)同时废止。

附录 Ⅱ　货币时间价值系数表

附录 A　复利终值系数表

$$(F/P,i,n) = (1+i)^n$$

利率 i 期数 n	1%	2%	3%	4%	5%	6%	7%	8%	9%	10%
1	1.0100	1.0200	1.0300	1.0400	1.0500	1.0600	1.0700	1.0800	1.0900	1.1000
2	1.0201	1.0404	1.0609	1.0816	1.1025	1.1236	1.1449	1.1664	1.1881	1.2100
3	1.0303	1.0612	1.0927	1.1249	1.1576	1.1910	1.2250	1.2597	1.2950	1.3310
4	1.0406	1.0824	1.1255	1.1699	1.2155	1.2625	1.3108	1.3605	1.4116	1.4641
5	1.0510	1.1041	1.1593	1.2167	1.2763	1.3382	1.4026	1.4693	1.5386	1.6105
6	1.0615	1.1262	1.1941	1.2653	1.3401	1.4185	1.5007	1.5869	1.6771	1.7716
7	1.0721	1.1487	1.2299	1.3159	1.4071	1.5036	1.6058	1.7138	1.8280	1.9487
8	1.0829	1.1717	1.2668	1.3686	1.4775	1.5938	1.7182	1.8509	1.9926	2.1436
9	1.0937	1.1951	1.3048	1.4233	1.5513	1.6895	1.8385	1.9990	2.1719	2.3579
10	1.1046	1.2190	1.3439	1.4802	1.6289	1.7908	1.9672	2.1589	2.3674	2.5937
11	1.1157	1.2434	1.3842	1.5395	1.7103	1.8983	2.1049	2.3316	2.5804	2.8531
12	1.1268	1.2682	1.4258	1.6010	1.7959	2.0122	2.2522	2.5182	2.8127	3.1384
13	1.1381	1.2936	1.4685	1.6651	1.8856	2.1329	2.4098	2.7196	3.0658	3.4523
14	1.1495	1.3195	1.5126	1.7317	1.9799	2.2609	2.5785	2.9372	3.3417	3.7975
15	1.1610	1.3459	1.5580	1.8009	2.0789	2.3966	2.7590	3.1722	3.6425	4.1772
16	1.1726	1.3728	1.6047	1.8730	2.1829	2.5404	2.9522	3.4259	3.9703	4.5950
17	1.1843	1.4002	1.6528	1.9479	2.2920	2.6928	3.1588	3.7000	4.3276	5.0545
18	1.1961	1.4282	1.7024	2.0258	2.4066	2.8543	3.3799	3.9960	4.7171	5.5599
19	1.2081	1.4568	1.7535	2.1068	2.5270	3.0256	3.6165	4.3157	5.1417	6.1159
20	1.2202	1.4859	1.8061	2.1911	2.6533	3.2071	3.8697	4.6610	5.6044	6.7275
21	1.2324	1.5157	1.8603	2.2788	2.7860	3.3996	4.1406	5.0338	6.1088	7.4002
22	1.2447	1.5460	1.9161	2.3699	2.9253	3.6035	4.4304	5.4365	6.6586	8.1403
23	1.2572	1.5769	1.9736	2.4647	3.0715	3.8197	4.7405	5.8715	7.2579	8.2543

续表

利率 *i* 期数 *n*	1%	2%	3%	4%	5%	6%	7%	8%	9%	10%
24	1.2697	1.6084	2.0328	2.5633	3.2251	4.0489	5.0724	6.3412	7.9111	9.8497
25	1.2824	1.6406	2.0938	2.6658	3.3864	4.2919	5.4274	6.8485	8.6231	10.835
26	1.2953	1.6734	2.1566	2.7725	3.5557	4.5494	5.8074	7.3964	9.3992	11.918
27	1.3082	1.7069	2.2213	2.8834	3.7335	4.8223	6.2139	7.9881	10.245	13.110
28	1.3213	1.7410	2.2879	2.9987	3.9201	5.1117	6.6488	8.6271	11.167	14.421
29	1.3345	1.7758	2.3566	3.1187	4.1161	5.4184	7.1143	9.3173	12.172	15.863
30	1.3478	1.8114	2.4273	3.2434	4.3219	5.7435	7.6123	10.063	13.268	17.449

附录 B 复利现值系数表

$$(P/F, i, n) = 1/(1+i)^n$$

利率 *i* 期数 *n*	1%	2%	3%	4%	5%	6%	7%	8%	9%	10%
1	0.9901	0.9804	0.9709	0.9615	0.9524	0.9434	0.9346	0.9259	0.9174	0.9091
2	0.9803	0.9612	0.9426	0.9246	0.9070	0.8900	0.8734	0.8573	0.8417	0.8264
3	0.9706	0.9423	0.9151	0.8890	0.8638	0.8396	0.8163	0.7938	0.7722	0.7513
4	0.9610	0.9238	0.8885	0.8548	0.8227	0.7921	0.7629	0.7350	0.7084	0.6830
5	0.9515	0.9057	0.8626	0.8219	0.7835	0.7473	0.7130	0.6806	0.6499	0.6209
6	0.9420	0.8880	0.8375	0.7903	0.7462	0.7050	0.6663	0.6302	0.5963	0.5645
7	0.9327	0.8706	0.8131	0.7599	0.7107	0.6651	0.6227	0.5835	0.5470	0.5132
8	0.9235	0.8535	0.7894	0.7307	0.6768	0.6274	0.5820	0.5403	0.5019	0.4665
9	0.9143	0.8368	0.7664	0.7026	0.6446	0.5919	0.5439	0.5002	0.4604	0.4241
10	0.9053	0.8203	0.7441	0.6756	0.6139	0.5584	0.5083	0.4632	0.4224	0.3855
11	0.8963	0.8043	0.7224	0.6496	0.5847	0.5268	0.4751	0.4289	0.3875	0.3505
12	0.8874	0.7885	0.7014	0.6246	0.5568	0.4970	0.4440	0.3971	0.3555	0.3186
13	0.8787	0.7730	0.6810	0.6006	0.5303	0.4688	0.4150	0.3677	0.3262	0.2897
14	0.8700	0.7579	0.6611	0.5775	0.5051	0.4423	0.3878	0.3405	0.2992	0.2633
15	0.8613	0.7430	0.6419	0.5553	0.4810	0.4173	0.3624	0.3152	0.2745	0.2394

续表

利率 i 期数 n	1%	2%	3%	4%	5%	6%	7%	8%	9%	10%
16	0.8528	0.7284	0.6232	0.5339	0.4581	0.3936	0.3387	0.2919	0.2519	0.2176
17	0.8444	0.7142	0.6050	0.5134	0.4363	0.3714	0.3166	0.2703	0.2311	0.1978
18	0.8360	0.7002	0.5874	0.4936	0.4155	0.3503	0.2959	0.2502	0.2120	0.1799
19	0.8277	0.6864	0.5703	0.4746	0.3957	0.3305	0.2765	0.2317	0.1945	0.1635
20	0.8195	0.6730	0.5537	0.4564	0.3769	0.3118	0.2584	0.2145	0.1784	0.1486
21	0.8114	0.6598	0.5375	0.4388	0.3589	0.2942	0.2415	0.1987	0.1637	0.1351
22	0.8034	0.6468	0.5219	0.4220	0.3418	0.2775	0.2257	0.1839	0.1502	0.1228
23	0.7954	0.6342	0.5067	0.4057	0.3256	0.2618	0.2109	0.1703	0.1378	0.1117
24	0.7876	0.6217	0.4919	0.3901	0.3101	0.2470	0.1971	0.1577	0.1264	0.1015
25	0.7798	0.6095	0.4776	0.3751	0.2953	0.2330	0.1842	0.1460	0.1160	0.0923
26	0.7720	0.5976	0.4637	0.3604	0.2812	0.2198	0.1722	0.1352	0.1064	0.0839
27	0.7644	0.5859	0.4502	0.3468	0.2678	0.2074	0.1609	0.1252	0.0976	0.0763
28	0.7568	0.5744	0.4371	0.3335	0.2551	0.1956	0.1504	0.1159	0.0895	0.0693
29	0.7493	0.5631	0.4243	0.3207	0.2429	0.1846	0.1406	0.1073	0.0822	0.0630
30	0.7419	0.5521	0.4120	0.3083	0.2314	0.1741	0.1314	0.0994	0.0754	0.0573

附录 C   年金终值系数表

$$(F/A,i,n) = [(1+i)^n - 1]/i$$

利率 i 期数 n	1%	2%	3%	4%	5%	6%	7%	8%	9%	10%
1	1.0000	1.0000	1.0000	1.0000	1.0000	1.0000	1.0000	1.0000	1.0000	1.0000
2	2.0100	2.0200	2.0300	2.0400	2.0500	2.0600	2.0700	2.0800	2.0900	2.1000
3	3.0301	3.0604	3.0909	3.1216	3.1525	3.1836	2.2149	3.2464	3.2781	3.3100
4	4.0604	4.1216	4.1836	4.2465	4.3101	4.3746	4.4399	4.5061	4.5731	4.6410
5	5.1010	5.2040	5.3091	5.4163	5.5256	5.6371	5.7507	5.8666	5.9847	6.1051
6	6.1520	6.3081	6.4684	6.6330	6.8019	6.9753	7.1533	7.3359	7.5233	7.7156
7	7.2135	7.4343	7.6625	7.8983	8.1420	8.3938	8.6540	8.9228	9.2004	9.4872

利率 i 期数 n	1%	2%	3%	4%	5%	6%	7%	8%	9%	10%
8	8.2857	8.5830	8.8923	9.2142	9.5491	9.8975	10.260	10.637	11.028	11.436
9	9.3685	9.7546	10.159	10.583	11.027	11.491	11.978	12.488	13.021	13.579
10	10.462	10.950	11.464	12.006	12.578	13.181	13.816	14.487	15.193	15.937
11	11.567	12.169	12.808	13.486	14.207	14.972	15.784	16.645	17.560	18.531
12	12.683	13.412	14.192	15.026	15.917	16.870	17.888	18.977	20.141	21.384
13	13.809	14.680	15.618	16.627	17.713	18.882	20.141	21.495	22.953	24.523
14	14.947	15.974	17.086	18.292	19.599	21.015	22.550	24.215	26.019	27.975
15	16.097	17.293	18.599	20.024	21.579	23.276	25.129	27.152	29.361	31.772
16	17.258	18.639	20.157	21.825	23.676	25.673	27.888	30.324	33.003	35.950
17	18.430	20.012	21.762	23.689	25.840	28.213	30.840	33.750	36.974	40.545
18	19.615	21.412	23.414	25.645	28.132	30.906	33.999	37.450	41.301	45.599
19	20.811	22.841	25.117	27.671	30.539	33.760	37.379	41.446	46.018	51.159
20	22.019	24.297	26.870	29.778	33.066	36.786	40.995	45.762	51.160	57.275
21	23.239	25.783	28.676	31.969	35.719	39.993	44.865	50.423	56.765	64.002
22	24.472	27.299	30.537	34.248	38.505	43.392	49.006	55.457	62.873	71.403
23	25.716	28.845	32.453	36.618	41.430	46.996	53.436	60.893	69.532	79.543
24	26.973	30.422	34.426	39.083	44.502	50.816	58.177	66.765	76.790	88.497
25	28.243	32.030	36.459	41.646	47.727	54.865	63.249	73.106	84.701	98.347
26	29.526	33.671	38.553	44.312	51.114	59.156	68.676	79.954	93.324	109.18
27	30.821	35.344	40.710	47.084	54.669	63.706	74.484	87.351	102.72	121.10
28	32.129	37.051	42.931	49.968	58.403	68.528	80.698	95.339	112.97	134.21
29	33.450	38.792	45.219	52.966	62.323	73.640	87.347	103.97	124.14	148.63
30	34.785	40.568	47.575	56.085	66.439	79.058	94.461	113.28	136.31	164.49

附录 D　年金现值系数表

$$(P/A,i,n) = [1 - (1+i)^{-n}]/i$$

利率 i 期数 n	1%	2%	3%	4%	5%	6%	7%	8%	9%
1	0.9901	0.9804	0.9709	0.9615	0.9524	0.9434	0.9346	0.9259	0.9174
2	1.9704	1.9416	1.9135	1.8861	1.8594	1.8334	1.8080	1.7833	1.7591
3	2.9410	2.8839	2.8286	2.7751	2.7232	2.6730	2.6243	2.5771	2.5313
4	3.9020	3.8077	3.7171	3.6299	3.5460	3.4651	3.3872	3.3121	3.2397
5	4.8534	4.7135	4.5797	4.4518	4.3295	4.2124	4.1002	3.9927	3.8897
6	5.7955	5.6014	5.4172	5.2421	5.0757	4.9173	4.7665	4.6229	4.4859
7	6.7282	6.4720	6.2303	6.0021	5.7864	5.5824	5.3893	5.2064	5.0330
8	7.6517	7.3255	7.0197	6.7327	6.4632	6.2098	5.9713	5.7466	5.5348
9	8.5660	8.1622	7.7861	7.4353	7.1078	6.8017	6.5152	6.2469	5.9952
10	9.4713	8.9826	8.5302	8.1109	7.7217	7.3601	7.0236	6.7101	6.4177
11	10.3676	9.7868	9.2526	8.7605	8.3064	7.8869	7.4987	7.1390	6.8052
12	11.2551	10.5753	9.9540	9.3851	8.8633	8.3838	7.9427	7.5361	7.1607
13	12.1337	11.3484	10.6350	9.9856	9.3936	8.8527	8.3577	7.9038	7.4869
14	13.0037	12.1062	11.2961	10.5631	9.8986	9.2950	8.7455	8.2442	7.7862
15	13.8651	12.8493	11.9379	11.1184	10.3797	9.7122	9.1079	8.5595	8.0607
16	14.7179	13.5777	12.5611	11.6523	10.8378	10.1059	9.4466	8.8514	8.3126
17	15.5623	14.2919	13.1661	12.1657	11.2741	10.4773	9.7632	9.1216	8.5436
18	16.3983	14.9920	13.7535	12.6593	11.6896	10.8276	10.0591	9.3719	8.7556
19	17.2260	15.6785	14.3238	13.1339	12.0853	11.1581	10.3356	9.6036	8.9501
20	18.0456	16.3514	14.8775	13.5903	12.4622	11.4699	10.5940	9.8181	9.1285
21	18.8570	17.0112	15.4150	14.0292	12.8212	11.7641	10.8355	10.0168	9.2922
22	19.6604	17.6580	15.9369	14.4511	13.1630	12.0416	11.0612	10.2007	9.4424
23	20.4558	18.2922	16.4436	14.8568	13.4886	12.3034	11.2722	10.3711	9.5802
24	21.2434	18.9139	16.9355	15.2470	13.7986	12.5504	11.4693	10.5288	9.7066
25	22.0232	19.5235	17.4131	15.6221	14.0939	12.7834	11.6536	10.6748	9.8226
26	22.7952	20.1210	17.8768	15.9828	14.3752	13.0032	11.8258	10.8100	9.9290
27	23.5596	20.7069	18.3270	16.3296	14.6430	13.2105	11.9867	10.9352	10.0266
28	24.3164	21.2813	18.7641	16.6631	14.8981	13.4062	12.1371	11.0511	10.1161
29	25.0658	21.8444	19.1885	16.9837	15.1411	13.5907	12.2777	11.1584	10.1983
30	25.8077	22.3965	19.6004	17.2920	15.3725	13.7648	12.4090	11.2578	10.2737

利率 i / 期数 n	10%	12%	14%	15%	16%	18%	20%	24%	28%	32%
1	0.9091	0.8929	0.8772	0.8696	0.8621	0.8475	0.8333	0.8065	0.7813	0.7576
2	1.7355	1.6901	1.6467	1.6257	1.6052	1.5656	1.5278	1.4568	1.3916	1.3315
3	2.4869	2.4018	2.3216	2.2832	2.2459	2.1743	2.1065	1.9813	1.8684	1.7663
4	3.1699	3.0373	2.9137	2.8550	2.7982	2.6901	2.5887	2.4043	2.2410	2.0957
5	3.7908	3.6048	3.4331	3.3522	3.2743	3.1272	2.9906	2.7454	2.5320	2.3452
6	4.3553	4.1114	3.8887	3.7845	3.6847	3.4976	3.3255	3.0205	2.7594	2.5342
7	4.8684	4.5638	4.2883	4.1604	4.0386	3.8115	3.6046	3.2423	2.9370	2.6775
8	5.3349	4.9676	4.6389	4.4873	4.3436	4.0776	3.8372	3.4212	3.0758	2.7860
9	5.7590	5.3282	4.9164	4.7716	4.6065	4.3030	4.0310	3.5655	3.1842	2.8681
10	6.1446	5.6502	5.2161	5.0188	4.8332	4.4941	4.1925	3.6819	3.2689	2.9304
11	6.4951	5.9377	5.4527	5.2337	5.0286	4.6560	4.3271	3.7757	3.3351	2.9776
12	6.8137	6.1944	5.6603	5.4206	5.1971	4.7932	4.4392	3.8514	3.3868	3.0133
13	7.1034	6.4235	5.8424	5.5831	5.3423	4.9095	4.5327	3.9124	3.4272	3.0404
14	7.3667	6.6282	6.0021	5.7245	5.4675	5.0081	4.6106	3.9616	3.4587	3.0609
15	7.6061	6.8109	6.1422	5.8474	5.5755	5.0916	4.6755	4.0013	3.4834	3.0764
16	7.8237	6.9740	6.2651	5.9542	5.6685	5.1624	4.7296	4.0333	3.5026	3.0882
17	8.0216	7.1196	6.3729	6.0472	5.7487	5.2223	4.7746	40.591	3.5177	3.0971
18	8.2014	7.2497	6.4674	6.1280	5.8178	5.2732	4.8122	4.0799	3.5294	3.1039
19	8.3649	7.3658	6.5504	6.1982	5.8775	5.3162	4.8435	4.0967	3.5386	3.1090
20	8.5136	7.4694	6.6231	6.2593	5.9288	5.3527	4.8696	4.1103	3.5458	3.1129
21	8.6487	7.5620	6.6870	6.3125	5.9731	5.3837	4.8913	4.1212	3.5514	3.1158
22	8.7715	7.6446	6.7429	6.3587	6.0113	5.4099	4.9094	4.1300	3.5558	3.1180
23	8.8832	7.7184	6.7921	6.3988	6.0442	5.4321	4.9245	4.1371	3.5592	3.1197
24	8.9847	7.7843	6.8351	6.4338	6.0726	5.4509	4.9371	4.1428	3.5619	3.1210
25	9.0770	7.8431	6.8729	6.4641	6.0971	5.4669	4.9476	4.1474	3.5640	3.1220
26	9.1609	7.8957	6.9061	6.4906	6.1182	5.4804	4.9563	4.1511	3.5656	3.1227
27	9.2372	7.9426	6.9352	6.5135	6.1364	5.4919	4.9636	4.1542	3.5669	3.1233
28	9.3066	7.9844	6.9607	6.5335	6.1520	5.5016	4.9697	4.1566	3.5679	3.1237
29	9.3696	8.0218	6.9830	6.5509	6.1656	5.5098	4.9747	4.1585	3.5687	3.1240
30	9.4269	8.0552	7.0027	6.5660	6.1772	5.5168	4.9789	4.1601	3.5693	3.1242

参考文献

[1] 张作祥. 物业管理概论[M]. 北京:清华大学出版社,2005.

[2] 胡泳灵. 物业管理成本费用的控制[J]. 商场现代化,2006(9).

[3] 何彩萍. 业主委员会的诉讼主体资格探讨[J]. 榆林学院学报,2010(5).

[4] 陈庆芳. 分业经营有利于促进行业规范发展[J]. 中国物业管理,2004(1).

[5] 肖军. 商业地产发展模式述评与借鉴[J]. 上海房地,2011(3).

[6] 王雨昕. 改进企业发展的资金管理模式[J]. 当代经济,2009(1).

[7] 李云. 部分地区物业管理市场现状调查[J]. 物业管理,2003(905).

[8] 许新民. 辩证地看待整合与发展[J]. 住宅与发展,2003(5).

[9] 杜江南. 从物业管理的服务价格看行业公平竞争[J]. 城市开发,2001(7).

[10] 郭险峰. 我国商业地产走向的思考与对策[J]. 国土资源,2005(10).

[11] 苗乐如. 新形势下商业地产面临的机遇与挑战[J]. 住宅产业,2011(3).

[12] 张红娜. 商业地产的"错位"和差异化路线[J]. 城市开发,2006(4).

[13] 刘波. 中国商业地产发展现状与趋势分析[J]. 国土资源,2009(5).

[14] 任宇平. 谋求商业房地产融资的多元化格局[J]. 华东经济管理,2007(8).

[15] 秦涌. 浅谈物业服务费用的收缴[J]. 中国科技信息,2009(1).

[16] 刘昌兵. 物业服务企业"弱势地位"境况解剖[J]. 中国物业管理,2004(3).

[17] 王景权. 商业地产典型模式解析[J]. 2011(4).

[18] 赵向农. 写字楼物业管理成本的精益控制[J]. 物业管理,2005(3).

[19] 王纲. 物业管理纠纷透析及对策研究[J]. 法制经纬,2010(4).

[20] 王润栓. 住宅物业管理综合费用探析[J]. 经济师,2004(2).

[21] 翁国强. "收费难"问题解决的根本思路[J]. 中国物业管理,2004(1).

[22] 韩朝. 社区物业管理[M]. 北京:清华大学出版社,2009.

[23] 刘莉,曹劲松. 智能小区评价[J]. 沈阳建筑工程学报,2004(4).

[24] 侯宇清. 关于《物业管理条例》的争议及完善[J]. 经济与社会,2010(4).

[25] 芮跃进. 试析物业纠纷案件的司法调处[J]. 天津法学,2010(1).

[26] 杨鹏,郑小晴. 从盈争平衡分析看居住性物业管理的规模经营[J]. 重庆建筑大学学报,2000(5).

[27] 杨永杰,汤守才. 物业经营管理[M]. 北京:化学工业出版社,2008.

［28］玉卓.教你做一名优秀的出纳［M］.北京:北京工业大学出版社,2010.

［29］施海丽.出纳实务［M］.北京:清华大学出版社,2010.

［30］中国物业管理协会.物业管理实务［M］.北京:中国建筑工业出版社,2010.

［31］中国物业管理协会.物业经营管理［M］.北京:中国建筑工业出版社,2010.